Dr. JOSEPH
MURPHY
Finde Dein höheres Selbst

– lebe Dein wahres Ich

WILHELM HEYNE VERLAG
MÜNCHEN

HEYNE RATGEBER ESOTERIK
08/9516

Aus dem Amerikanischen übertragen und bearbeitet von
Manfred Schmidt

Titel der Originalausgabe
SONGS OF GOD
erschienen bei De Vorss and Company, Inc., California

5. Auflage

Genehmigte Taschenbuchausgabe
Printed in Germany 1992
Umschlaggestaltung: Atelier Ingrid Schütz, München
Satz: VerlagsSatz Kort GmbH, München
Druck und Bindung: Presse-Druck Augsburg

ISBN 3-453-00957-6

Inhalt

Einleitung

Dr. Joseph Murphy
Die esoterische Bedeutung der Psalmen

Das Buch der Psalmen wird auch als »das Buch der Lobgesänge« bezeichnet. Das ist auf die Tatsache zurückzuführen, daß es als Gesangbuch im Tempel diente, in dem Lobgesänge wichtigster Bestandteil der Feierlichkeiten waren.

Es gibt 150 Psalmen, die praktisch jede vorstellbare menschliche Seelenlage spiegeln. Denn die Psalmen sind Lieder, die aus dem Herzen kommen; das Herz wiederum kann man sich vorstellen als das »heilige Gefäß«, den »goldenen Kelch« innerhalb des Körpertempels. Bezeichnenderweise war das »Herz« im Altertum gleichbedeutend mit Unterbewußtsein.

Vielen gilt das Buch der Psalmen als die »kleine Bibel«. Und in der Tat enthüllt es uns spirituelle Reichtümer kostbarster Art. Diese wunderbare Gedichtsammlung ist ein Bollwerk gegen alle Nöte der Menschheit. In diesen Psalmen steckt die Lösung für alle Probleme und eine Antwort auf jedes Gebet des Herzens.

Jeder von uns kann irgendwo in den 150 Psalmen sich selbst finden und geborgen fühlen. Das Wort »Hebräer« im Alten Testament bedeutet ein »Mensch, der Gott kennt«. Es bezieht sich also nicht auf eine bestimmte Rasse, sondern steht für jeden Menschen, der sich der Gegenwart Gottes in seinem Innern bewußt ist und dieses Wissen in seinem Leben anwendet.

Mit großem Nachdruck heißt es in den Psalmen »der Herr regiert«. Gott, der Herr, ist unser höheres Selbst. Die

»Wolken«, von denen der Psalmist zuweilen spricht, symbolisieren Vorhänge, die den Pavillon von Gottes Herrlichkeit verdecken.

Der »Donner« in den Psalmen ist die Stimme des Göttlichen in uns. Der »Blitz« steht für das göttliche Feuer oder die Wahrheit Gottes, die in unserem Gemüt und Herzen wieder auferstanden ist. »David« bedeutet »von Gott Geliebter«, ein Mensch, der die Wahrheiten Gottes liebt.

Wir müssen unterscheiden, ob wirklich der Herr in uns ist oder ob es ein irdischer Gott ist, der heute so, morgen so unserer Laune entspringt – einer vorübergehenden Stimmung. Dein Herr ist deine alles beherrschende Überzeugung, dein wirklicher innerer unterbewußter Glaube über dich selbst, dein Leben und das Universum.

In diesem Buch lernen wir die Bedeutung der wichtigsten Psalmen kennen, die dir einen Weg aufzeigen werden, dein Ziel im Leben zu erreichen, ganz gleich, worum es sich dabei handeln mag – sei es berufliches Fortkommen, eine spirituelle Heilung, sei es göttliche Führung und Schutz oder ein Wohlstand, wie du ihn dir nicht zu erträumen wagtest. Wir werden aus ein paar Psalmen einige der Schlüsselverse von überragender Bedeutung nehmen und dir die darin enthaltene Wahrheit enthüllen, die dich frei macht – frei von Furcht, von Zorn, von Aberglauben und falschem Dogma.

Ich möchte jedoch klarstellen, daß es mir in diesem Buch in erster Linie um den esoterischen Gehalt und nicht um den liturgischen Wert dieser altehrwürdigen Gesänge geht. Daher bin ich bestrebt, die innere Bedeutung einiger der wichtigsten Psalmen wie auch anderer Teile der Bibel zu erklären. Die zugrundeliegende Überlegung war: Die Bibel erzählt uns ja, wie Menschen in Schwierigkeiten geraten; aber sie lehrt uns eben auch, wie man sich wieder heraushelfen kann.

1
Höhepunkte der Psalmen 1, 2, 3

1. Psalm

Vers 1: *Wohl dem, der nicht wandelt im Rat der Gottlosen noch tritt auf den Weg der Sünder noch sitzt, wo die Spötter sitzen.*

Der 1. Vers sagt, daß der Mensch *gesegnet ist, der nicht im Rat der Gottlosen wandelt.* Mit anderen Worten, du bist gesegnet, wenn du nicht auf die falsche Propaganda der Welt hörst, auf ihre Ängste, Zweifel, falschen Voraussagen, negativen Konzepte und falschen Lehren über Gott und seine Gesetze.

Noch anders ausgedrückt: Du solltest alles zurückweisen, was sich nicht mit den ewigen Wahrheiten und Prinzipien des Lebens vereinbaren läßt. Erkenne, daß die Unendliche Intelligenz dein Führer ist, dein Berater, dein Wegweiser, dein Zahlmeister und der größte »Notdienst«, den es für dich auf der Welt gibt.

...noch tritt auf den Weg der Sünder: Eine »Sünde begehen« bedeutet »das Ziel verfehlen« – es versäumen, ein volles und glückliches Leben zu führen. Du »sündigst«, wenn du nicht deinen wahren Talenten und Anlagen Ausdruck gibst, nicht gedeihst und nicht beiträgst zum Wachstum, Frieden und Wohlstand der Menschheit. Du sündigst, wenn du die Gesetze des Geistes mißbrauchst. Denke Gutes, und Gutes wird folgen; denke Böses, und Böses folgt. Begreife, daß sich alles, was du in deinem Gemüt empfängst und für wahr hältst, verwirklichen wird – Gutes wie Böses. Du solltest wissen, daß sich alles, was du vertrauensvoll erwartest, in deinem Leben ereignen wird.

Das Gesetz des Lebens ist das Gesetz des Glaubens... *Dir geschehe, wie du geglaubt hast...* (Matth. 8,13). Glaube an das Höchste und Beste und erwarte das Beste im Leben, und das Beste von allem wird unweigerlich zu dir kommen. Deine Sünde liegt in deinem Fehler, deinem Irrtum, deinem falschen Urteil. Emerson sagte, die Sünde des falsch spielenden Musikers korrigieren heißt, ihn lehren, richtig zu spielen.

...noch sitzt, wo die Spötter sitzen: Eine hochmütige, überhebliche, spöttische Haltung anderen gegenüber zeigt, daß du mit dir selbst uneins bist. Du degradierst und erniedrigst dich und neigst daher auch dazu, dieses Gefühl der Feindseligkeit und Selbsterniedrigung auf andere zu projizieren. Ein Mensch mit Minderwertigkeitskomplexen wird gerne andere schlechtmachen und kritisieren. Er will andere auf seine eigene Ebene herunterziehen. Neider verleumden die Erfolgreichen.

»Mit Gott gehen« bedeutet, daß du dir, wo du auch hingehst, immer bewußt bist, daß göttliche Liebe vor dir hergeht und deinen Weg froh, glücklich und erfolgreich macht. Du gehst mit Gott, wenn du erkennst, daß Gott, der lebendige allmächtige Geist, mit dir geht und in dir spricht. Wenn du ein Geschäft, eine Werkstatt oder ein Büro betrittst, dann bringst du Frieden, Schönheit, Liebe und guten Willen mit dir. Du gehst mit Gott, wenn du erkennst, daß Gottes Liebe dich umgibt und dich einhüllt, wo immer du gerade hingehst. Es gibt Gott, denn Gott ist allgegenwärtig.

Alles, was dir ins Auge fällt, wenn du die Straße entlang gehst, ist ein Beweis für Gottes Gegenwart in allem. Fange an, Gott in allem zu sehen, in den Bäumen, in fließenden Bächen, in den Steinen – in allem.

Bedenke immer: Die Reise in deinem Gemüt geht vom Problem zur Lösung. Mach es dir zum Grundsatz, all die negativen Voraussagen und düsteren Prophezeiungen der Weltuntergangspropheten zu ignorieren. Diese Leute haben es an sich, ihre düsteren Tiraden des Untergangs in langen Klageliedern zu verbreiten, und wenn du denen Gehör schenkst, dann wandelst du im Rat der Gottlosen, denn deren Behauptungen verschmutzen dein Gemüt.

Wenn du es anderen gestattest, Gedanken der Furcht in dein Gemüt zu pflanzen, wirst du verunsichert werden. Dann trittst du auf den Weg der Sünder, denn wenn dein Gemüt von Furcht beherrscht wird, ziehst du Verluste und Fehlschläge sowie Ungemach jeglicher Art zu dir heran. *Was ich gefürchtet habe, ist über mich gekommen...* (Hiob 3,25).

Es gibt viele Menschen, die im üblichen Sinne gut sind; das heißt, sie befolgen alle Gesetze und Regeln, Riten und Zeremonien ihrer Kirche; und wenn sie dann mal krank oder vom Unglück heimgesucht werden oder einen finanziellen Verlust erleiden, dann hadern sie mit Gott und beklagen sich. Sie fragen: »Warum hat Gott mir das angetan?« Sie werden verbittert, feindselig, mürrisch und verlieren jeden Glauben an Gott. Sie wissen nicht, daß alles, was sich dem Unterbewußtsein einprägt, sich in ihrem äußeren Leben manifestiert. Es ist nicht das bloße Lippenbekenntnis, auf das es ankommt, sondern das, was du wirklich und aufrichtig tief in deinem Herzen glaubst – das wird sich verwirklichen.

Du allein bist verantwortlich für die Wahl, die du triffst. Du hast die Wahl, ein König oder ein Sklave zu sein. Du bist die Gesamtsumme alles dessen, was du dir ausgewählt hast. Wenn du über deine Verluste, deine Krankheit, dein Ungemach klagst, grübelst, jammerst, grollst und tobst – sitzt auch du da, wo die Spötter sitzen. Leider gibt es nur zu viele Menschen, die für die geistigen Gesetze nur Hohn und Spott übrig haben, die aber zugleich fest davon überzeugt sind, daß andere besser dran sind als sie. Mehr noch: Sie verargen es ihren Mitmenschen, daß sie wohlhabend und erfolgreich sind und auf der Leiter des Lebens nach oben steigen.

Im 2. Vers lesen wir: *...sondern hat Lust am Gesetz des Herrn und sinnt über sein Gesetz Tag und Nacht!* Das bedeutet, daß der spirituell gesinnte Mensch seine Aufmerksamkeit dem Gesetz widmet, das besagt, der Mensch wird zu dem, was er kontempliert, und all das, worauf er seine Aufmerksamkeit wendet, wird er erfahren.

Das Gesetz wird uns in den Sprüchen nahegebracht. *...denn wie er in seinem Herzen* (Unterbewußtsein) *denkt, so ist er...*

(Spr. 23,7). Mit anderen Worten, was du im Denken und Fühlen als wahr erkennst, wird dein Unterbewußtsein prägen und eintreten. Das trifft sowohl für gute als auch für schlechte Gedanken zu. Das Denken ›im Herzen‹ meint Ideen, Überzeugungen und Meinungen, die dem tieferen Bewußtsein zugeführt worden sind. Und alles, was dem Unterbewußtsein eingeprägt wird, wird als Greifbares, Erfahrung oder Begebenheit wieder auftauchen.

Denke immer daran, deine vorherrschende Überzeugung regiert alle untergeordneten Gedanken, Ideen, Handlungen und Reaktionen. Mach folgendes zu deiner vorherrschenden Überzeugung: »Gott liebt mich und sorgt für mich.« Merke dir diese eine einfache Wahrheit – laß sie tief in dein Unterbewußtsein sinken: *...Dir geschehe, wie du geglaubt hast...* (Matth. 8,13). Glauben heißt etwas als wahr akzeptieren, bereits in dem angestrebten Zustand leben. Es bedeutet auch, lebendig sein – lebendig den Wahrheiten Gottes gegenüber, die immer die gleichen sind, gestern, heute und ewig.

Die Bibel sagt: *...Dir geschehe nach deinem Glauben* (Matth. 9,29). Sie sagt nicht: »Dir geschehe nach deinem protestantischen, römisch-katholischen, jüdischen, hinduistischen oder buddhistischen Glauben.« Nein, es heißt nur, dir geschieht nach deinem Glauben an die schöpferischen Gesetze deines eigenen Gemüts – Gesetze, deren Beherrschung und Anwendung du erlernen kannst. Der Navigator lernt, die Gesetze und Prinzipien der Navigation zu beherrschen und anzuwenden, der Elektriker die Gesetze der Elektrizität und der Mathematiker die Prinzipien der Mathematik.

Das ganze Leben ist nur ein Prinzip. Lerne alles, was du darüber lernen kannst, und wende das Prinzip weise an. Du kannst vor den Gesetzen des Gemüts nicht kneifen, sie nicht umgehen, dich nicht vor ihnen verstecken. Die göttliche Gegenwart sieht nicht die Person an und bevorzugt niemanden. Wir haben es auch nicht mit einem launischen Gott zu tun. Niemand weiß alles über das Absolute, doch gibt es vieles, was wir lernen können, denn der Herrlichkeit ist kein Ende, und damit gibt es auch kein Ende der unendlichen Möglichkeiten im Menschen. Das Gesetz des Lebens ist ein Gesetz der unendlichen Fortentwicklung.

Einer achtzigjährigen Frau, die drei Packungen Zigaretten am Tag zu rauchen pflegte, wurde von ihrem Arzt dringend geraten, wegen Arterienverengung diese Gewohnheit sofort aufzugeben. Es fiel ihr sehr schwer, wie sie mir freimütig gestand, mit dem Rauchen aufzuhören. Ich gab ihr eine einfache Technik und erklärte ihr, daß ihr Wunsch, mit dem Rauchen Schluß zu machen, größer sei als der Wunsch weiterzurauchen, und daß sie damit bereits zu 75 Prozent geheilt war.

Entsprechend begann sie, zwei- oder dreimal am Tag für drei oder vier Minuten zu bejahen: »Ich bin frei. Frieden ist jetzt mein. Vollkommene Gesundheit ist jetzt mein.« Sie stellte sich bildhaft vor, wie der Arzt ihr zur Heilung ihrer Arterienverengung gratulierte. Jedesmal wenn sie das gewohnheitsmäßige Verlangen nach einer Zigarette überkam, sagte sie: »Ich bin frei« und spulte den mentalen Film in ihrem Gemüt ab, wobei sie den Arzt sagen hörte: »Sie sind geheilt. Ich gratuliere Ihnen zu ihrer Freiheit.«

Sie kannte das Gesetz, daß ein Freiheitsgedanke nach dem anderen tief in ihr Unterbewußtsein sinken und ihr zusammen mit der im Gemüt festgehaltenen, oft wiederholten Vorstellung Freiheit als Tatsache und Funktion bringen würde. Innerhalb einer Woche war sie von ihrer Arterienverengung befreit und vollkommen gesund.

Wenn Gott zu dir spricht, dann geschieht das oftmals in Form von Sehnsucht. Deine Sehnsucht nach Gesundheit, Glück, Frieden, Wohlstand, deinem wahren Platz im Leben, nach Liebe und Überfluß an allem Guten ist in Wahrheit das Unendliche, das zu dir spricht: »Komm höher. Ich brauche dich.« Dein Wunsch ist die Verheißung der Erfüllung. Die unendliche Gegenwart, die dir den Wunsch eingab, enttäuscht dich nicht. Hunger und Durst wurden dir nicht gegeben, um dich zu quälen oder zu täuschen. Die Möglichkeiten, deinen Durst zu löschen, und die Vorsorge für die nötige Nahrung zu deiner Erhaltung wurden dir ja zur Verfügung gestellt. Jedes

Problem hat eine Lösung, und auf jede Frage gibt es eine Antwort.

Emerson, der große Weise von Concord, sagte: »Stell dich in die Mitte des Stromes der Macht und Weisheit, der alle belebt, zu denen er hinfließt, und du bist, ohne dich anzustrengen, der Wahrheit ausgesetzt, dem Recht und vollkommener Zufriedenheit.«

Sela in den Psalmen bedeutet, still, ruhig, friedvoll und heiter zu sein, in dem Wissen, daß der Heilige Geist antworten wird. Es bedeutet, auf dem Felsen der Wahrheit zu stehen in dem Wissen, daß du unüberwindbar bist und dir nichts Böses geschehen kann.

Vers 3: *... der ist wie ein Baum, gepflanzt an den Wasserbächen, der seine Frucht bringt zu seiner Zeit, und seine Blätter verwelken nicht. Und was er macht, das gerät ihm wohl.*

Im dritten Vers des ersten Psalms wird uns gesagt, daß der spirituell gesinnte Mensch wie ein am Wasser gepflanzter Baum ist. Der Baum streckt seine Wurzeln tief in die Erde und bezieht aus ihr alle für seine Entfaltung notwendigen Nährstoffe. Mach es ebenso, blicke auf deine wirklichen Wurzeln. Du bist im universellen Geist verwurzelt, aus dem alle Dinge strömen. Deine Wurzeln sind in Gott, und aus dieser göttlichen Gegenwart kannst du Inspiration, Führung, Macht, Weisheit, Reichtum und alles gewinnen, was du für ein volles und glückliches Leben benötigst.

Die Wurzeln verfügen über eine subjektive Weisheit, die es dem Baum ermöglicht, alles für seine Ernährung benötigte Wasser aufzusaugen. Gleichermaßen kannst du erfrischt, verjüngt und mit Energie aufgeladen werden, indem du dich an den lebendigen Geist in deinem Innern wendest, der dich inspiriert, dich führt und dein ganzes Sein belebt.

Kürzlich besuchte mich eine pensionierte Lehrerin hier in Leisure World, wo ich wohne. Sie hatte den brennenden Wunsch, eine Weltreise zu unternehmen, aber leider fehlten ihr die erforderlichen Geldmittel. Ich zeigte ihr den dritten Vers des ersten Psalms und machte ihr die innere Bedeutung klar: Sein Blatt (ihr Wunsch) soll nicht verdorren, und was immer sie tut, soll gedeihen. Die Wasser tief in der Erde, die den Baum nähren, enthalten alle Nährstoffe wie Kalzium, Phosphor, Sodium, Pottasche, Eisen, Kupfer, Zink, Magnesium und vieles mehr. Diese Quelle, tief im Innern, könnte man als »Quelle des Lebens« bezeichnen – als unsichtbaren Brunnen des Lebens.

Sie begriff auf der Stelle und bejahte, daß der unendliche Geist für sie die Tür geöffnet hatte, damit sie nach göttlichem Gesetz, in göttlicher Ordnung und durch göttliche Liebe eine Weltreise unternehmen würde. Kurz darauf lernte sie auf einer Tanzveranstaltung einen pensionierten Arzt kennen, der ihr einen Heiratsantrag machte. Beide befinden sich zur Zeit auf einer Weltreise. Sie erkannte, daß sie in der göttlichen Quelle verwurzelt ist, die auf ihren Ruf antwortete und ihr ganzes Sein erfrischte, verjüngte und revitalisierte.

2. Psalm

In Vers 12 des zweiten Psalms heißt es: *Küsse den Sohn, daß er nicht zürne und ihr umkommt auf dem Wege; denn sein Zorn wird bald entbrennen. Wohl aber allen, die auf ihn trauen!*

Kuß bedeutet das Feuer der Überzeugung; dieser Begriff steht auch für Liebe. Der *Sohn* steht für dein Begehren, dein Erstrebtes oder Ziel im Leben. Es zu *küssen* bedeutet, dein Ideal zu lieben und zu erheben, und dein Unterbewußtsein wird es zuwege bringen. Du liebst dein Wunschziel, wenn du wirklich glaubst, daß die Macht des Unendlichen hinter dir steht und es verwirklicht, vorausgesetzt natürlich, daß du an dem Glauben festhältst und vertrauensvoll darauf wartest, daß dein Wunsch sich verwirklicht.

Einer jungen Lehrerin wurde von ihrem Arzt dringend geraten abzunehmen. Das hatte sie jedoch schon mit allen möglichen Diäten und Methoden versucht. Dabei hatte sie anfänglich auch einige Pfunde verloren, dann aber regelmäßig wieder zugenommen. Ich erklärte ihr, daß, sobald ihr Wunsch, das Übergewicht loszuwerden, größer sei als ihr Wunsch, dieses Gewicht mit sich herumzuschleppen, ihre Schwierigkeiten aufhören würden.

Der Gedanke, schlank, geschmeidig und attraktiv zu sein, gefiel ihr, und sie stellte sich vor, nur noch 50 Kilo zu wiegen und Kleider der entsprechenden Größe zu tragen. Mehrmals am Tag – besonders vor dem Einschlafen – bejahte sie: »Ich wiege 50 Kilo, nach göttlichem Gesetz, in göttlicher Ordnung und durch göttliche Liebe.« Dann stellte sie sich bildhaft vor, wie ich ihr zu ihrem neuen Erscheinungsbild gratulierte. Ihre geistige Vorstellung stimmte mit ihrer Bejahung überein, und innerhalb relativ kurzer Zeit erreichte sie das ersehnte Idealgewicht. In der Zwischenzeit verlor sie ihren Heißhunger auf Süßigkeiten und fettes Essen, die hauptsächlich zu ihrer Fettleibigkeit beigetragen hatten. Sie hatte keinerlei Bedürfnis mehr danach.

Das ist die Bedeutung von ›Küsse den Sohn‹ – der Idealzustand. Erhöhe die Idee, den Wunsch oder das Ziel. Nähre es mit Glauben und Aufmerksamkeit, denn alles, worauf deine Aufmerksamkeit gerichtet ist, wird von deinem Unterbewußtsein verstärkt und verwirklicht. Wenn du das Gesetz befolgst, wirst du nicht mehr zornig oder frustriert sein. Du bist gesegnet, denn du hast dein Vertrauen in die unendliche Gegenwart und Macht in deinem Innern gesetzt – die Macht, die niemals versagt.

3. Psalm

Vers 7: *Auf Herr, und hilf mir, mein Gott! Denn du schlägst alle meine Feinde auf die Backe und zerschmetterst der Gottlosen Zähne.*

In diesem Vers wird uns gesagt, daß die Feinde sich in unserem eigenen Gemüt befinden. *Und des Menschen Feinde werden seine eigenen Hausgenossen sein* (Matth. 10,36). Die Feinde sind Furcht, Zweifel, Sorge, Groll, Selbstanklage etc. Der Backenknochen ist ein wichtiger Punkt, der – wenn er getroffen wird – das Wachbewußtsein schlafen schickt, damit die Weisheit deines tieferen Bewußtseins die Furchtgedanken eliminieren kann.

Die symbolische Bedeutung hiervon ist, daß du deinen wachbewußten Verstand schlafen legst durch einen Streich auf den Backenknochen. Der Feind – die Furcht – befindet sich nämlich in deinem Wachbewußtsein. Er kann aber unschädlich gemacht werden, wenn man ihn durch die Bejahung ersetzt: »Es gibt Gott, und seine Liebe erfüllt meine Seele.«

Das jagt die Furchtgedanken in die Flucht. Sollten sie wieder auftauchen, verbrennst du sie, indem du sagst: »Es gibt Gott, und seine Liebe erfüllt meine Seele.«

Eine andere Bedeutung ist das Gewahrsein, daß dein Unterbewußtsein dein Erlöser ist, denn es kennt die Lösung aller Probleme. In deinem Unterbewußtsein befindet sich die unendliche Intelligenz oder das ICH BIN – die Gegenwart Gottes – die Gegenwart, die allein die Antwort kennt. Wenn dich ein Problem beschäftigt und du vor dem Einschlafen ruhig und voller Gefühl an die Lösung denkst, dann wird die Antwort beim Erwachen in dein Wachbewußtsein gelangen. Wir müssen lernen, uns der äußeren Welt mit ihrem Falschglauben gegenüber schlafend zu stellen und für Gott und seine ewigen Wahrheiten wach zu sein.

Dr. Fenwicke Holmes, der Bruder von Ernest Holmes, erzählte mir, daß ihn einmal eine Dame aufsuchte und erklärte, ihr Vater sei gerade verstorben und sie könnte unter den Papieren kein Testament finden. Er habe jedoch oft erwähnt, daß er Gold- und Silbermünzen in einem Banktresor deponiert habe. Seit vielen Jahren hatte er seltene Münzen gesammelt. Sie hatte jedoch keine Ahnung, bei welcher Bank sich der Tresor befand. Auch ihr Anwalt wußte nichts darüber, meinte jedoch, daß er den Tresor vielleicht unter anderem Namen gemietet haben könnte.

Dr. Holmes wies sein Unterbewußtsein kurz vor dem Einschlafen an, ihm den genauen Ort des Banktresors zu enthüllen. Seine Technik war wie folgt: Kurz vor dem Einschlafen beauftragte er die Unendliche Intelligenz in seinem Unterbewußtsein, ihm die Antwort zu enthüllen. Dann brachte er das Ganze auf den kürzesten Nenner – auf ein einziges Wort: *Antwort.* Mit diesem Wort überließ er sich dem Schlaf.

Im Schlaf sah er den Namen der Bank, die Adresse und den Namen des Tresoreigners. Offensichtlich hatte der Vater dieser Dame den Tresor unter seinem ursprünglichen Namen gemietet, den er nach seiner Einwanderung in die USA legal geändert hatte. Das löste das Problem. Es ist wahr, daß über Nacht Rat kommt! Das Unterbewußtsein kennt die Antwort.

Als die spanische Armada sich anschickte, England anzugreifen und zu besiegen, sprach Königin Elizabeth die Erste mit ihrem gesamten Hofstaat den 3. Psalm – den Psalm des Schutzes und der Sicherheit. Sie glaubte an die Verheißungen des Psalms. Und soweit meine Geschichtskenntnisse reichen, erinnere ich mich, in der Schule gelernt zu haben, daß sie zur Erinnerung an dieses denkwürdige Ereignis eine Münze prägen ließ mit der Inschrift: »Gott blies, und sie wurden auseinandergetrieben.«
Sela.

2
Höhepunkte des 8. Psalms

8. Psalm

1. *Herr, unser Herrscher, wie herrlich ist dein Name in allen Landen, der du zeigst deine Hoheit am Himmel!*
2. *Aus dem Munde der jungen Kinder und Säuglinge hast du eine Macht zugerichtet, um deiner Feinde willen, daß du vertilgst den Feind und den Rachgierigen.*
3. *Ich sehe die Himmel, deiner Hände Werk, den Mond und die Sterne, die du bereitet hast:*
4. *Was ist der Mensch, daß du seiner gedenkst, und des Menschen Kind, daß du dich seiner annimmst?*
5. *Du hast ihn wenig niedriger gemacht als Gott, mit Ehre und Herrlichkeit hast du ihn gekrönt.*
6. *Du hast ihn zum Herrn gemacht über deiner Hände Werk, alles hast du unter seine Füße getan:*
7. *Schafe und Rinder allzumal, dazu auch die wilden Tiere,*
8. *Die Vögel unter dem Himmel und die Fische im Meer und alles, was die Meere durchzieht.*
9. *Herr, unser Herrscher, wie herrlich ist dein Name in allen Landen!*

Alle Reichtümer des Unendlichen sind in dir, aber du mußt ein guter Empfänger sein. Öffne dein Gemüt und dein Herz und laß Gottes Strom des Lebens, der Liebe, der Wahrheit und der Schönheit durch dich hinduchfließen. Wenn du die Verse des 8. Psalms kontemplierst, wird dich ein Gefühl der Ruhe überkommen, eine tiefe Stille und heitere Klarheit wird sich in dein Gemüt stehlen und deiner Seele Ruhe und Trost bringen.

Wenn wir an die ewigen Wahrheiten denken, die in diesem Psalm enthalten sind, an die Unermeßlichkeit des Universums, dem wir angehören, dann gibt uns die Höchste Intelligenz und Grenzenlose Weisheit, die uns erschaffen hat, belebt und erhält und die sich rhythmisch und harmonisch bewegt, unaufhörlich, unveränderlich und mit mathematischer Präzision – unendlich viel: Sie gibt uns Vertrauen und inneren Frieden und ein tiefes und bleibendes Gefühl der Sicherheit und Geborgenheit.

Die Bewegung der Erde wird vom göttlichen Gesetz und der göttlichen Ordnung beherrscht. Eine göttliche Intelligenz hat die Jahreszeiten geschaffen und alle anderen Vorgänge, ebenso wie alle Zeitzyklen. Göttliches Gesetz und göttliche Ordnung beherrschen die Planeten in ihren Bahnen ebenso wie die flammenden Sonnen und die gesamten Galaxien des Weltraums und offenbaren damit einen Rahmen unveränderlicher Sicherheit und mathematischer Genauigkeit.

Nun gibt es auch Zeiten und Abläufe, da sich das Gemüt vom Glauben zur Furcht bewegt, vom Überfluß zum Mangel, von der Freude zur Traurigkeit, aber auch von der Schwäche zur Stärke. Das sind Prinzipien und Gesetze des Gemüts, die unablässig am Werk sind.

Der Psalmist sagt: *Die Himmel erzählen die Ehre Gottes, und die Feste verkündigen seiner Hände Werk* (Psalm 19,1). Der Psalmist sagt auch: *Dies ist der Tag, den der Herr macht: laßt uns freuen und fröhlich in ihm sein* (Psalm 118,24). Wenn du dich wirklich daranmachst, die herrlichen Wahrheiten dieses Psalms zu beachten, dann kommst du zu der erfreulichen Erkenntnis, daß diese großartigen Prinzipien dein Leben mit erstaunlicher Genauigkeit beherrschen; dann wirst du dich innerlich freuen und spirituell erhoben sein.

Höre auf, dem großen Auf und Ab des Lebens Beachtung zu schenken, den trübsinnigen Reden und Zeitungsartikeln, der falschen Propaganda der Welt, den Verbrechern und Scheußlichkeiten der Menschheit; sonst wirst du in diese Atmosphäre hineingezogen – die Atmosphäre der Düsterkeit, des Trübsinns, des Zweifels, der Furcht und Unsicherheit.

Verbringe morgens und abends eine angemessene Zeitspanne damit, über die großen Gesetze und Prinzipien nachzudenken, die in diesem 8. Psalm enthalten sind und die dein Leben bestimmen, und du wirst dich erhoben fühlen – herausgehoben aus dem geistigen Bereich des Kleinkarierten, der Unsicherheit, der Furcht und des Mißgeschicks. Du wirst in die triumphale geistige Atmosphäre der Sicherheit und des inneren Friedens eintreten. Diese wundervollen Wahrheiten wirken direkt auf deinen Körper, deine Unternehmungen – sie bereichern alle Phasen deines Lebens.

Hier in Laguna Hills, wo ich wohne, sagte mir einmal eine Dame, daß sie so vieles hätte, worüber sie sich freuen könnte, und doch sei sie zuweilen deprimiert. Wie sie mir sagte, hatte sie viele wundervolle Gelegenheiten, die Wahrheiten an junge Menschen weiterzugeben. In ihrem Beruf war sie sehr erfolgreich. Sie war wohlhabend, gesund, hatte zwei prächtige Söhne und einen liebevollen Ehemann. Dennoch konnte sie sich nicht so recht von Herzen freuen und war aus irgendeinem unbekannten Grund zutiefst deprimiert. Um ihrer Traurigkeit Herr zu werden, nahm sie sogar Medikamente ein, wenn deren Wirkung jedoch verflogen war, fühlte sie sich genauso elend oder sogar elender als vorher.

Ich empfahl ihr, die großen Wahrheiten des 8. Psalms zu kontemplieren, in der Erkenntnis, daß ihr Bewußtsein sich durch die Annahme der folgenden Wahrheiten verändern würde: »Ich fühle, und ich weiß, daß die Weisheit Gottes, welche die Planeten in ihren Bahnen beherrscht und die Sonne scheinen läßt, jetzt auch mich beherrscht und mir den nächsten Schritt in meiner Entfaltung offenbart. Dieser Führung, die mir klar bewußt wird, werde ich folgen. Gottes Liebe erfüllt meine Seele.«

Dieses einfache Gebet wiederholte sie zwei oder dreimal am Tag etwa 20 Minuten lang. Am dritten Tag kam ihr plötzlich ein Gedanke in den Sinn: Sie mußte an ein Mädchen denken, das sie vor fünf Jahren ungerechterweise entlassen hatte. Sie rief dieses Mädchen an, bekannte ihren Irrtum und entschuldigte sich dafür, daß sie diese Angelegenheit nicht früher in

Ordnung gebracht hatte. Sie bot dem Mädchen eine neue Position an mit einem lukrativen Einkommen. Das Mädchen nahm das Angebot an. Unmittelbar darauf wurde sie von einem wunderbaren Gefühl des Friedens und innerer Freude durchströmt. Von ihrer Depression war sie befreit.

Ihr Unterbewußtsein hatte auf ihr Gebet reagiert und einen Komplex enthüllt, der bis dahin in ihren subjektiven Tiefen verborgen war. Im Licht der Vernunft und im Geist der Vergebung betrachtet löste er sich auf, und sie war befreit. *Und wenn ihr steht und betet, so vergebt...* (Mark. 11,25).

Neben ihrer Eigentumswohnung in Leisure World besaß sie noch ein Landhaus. Sie erzählte mir, daß sie dort jedes Wochenende auf die Felder hinausgehe und den Vögeln zuhöre. Durch die »heilenden Wälder«, wie Emerson sie nannte, fand sie Frieden in dieser sich schnell verändernden Welt. Sie konnte auch die Wahrheit von Mrs. Brownings Ausspruch erfahren: »Die kleinen Ängste, die mich verstörten, habe ich gestern draußen in den Feldern bei Gott gelassen.«

Alles vermehrt sich seiner Art gemäß. Oder anders ausgedrückt: Das, worauf wir unsere Aufmerksamkeit richten, wächst und vermehrt sich. Zieh deine Aufmerksamkeit ab von Zuständen, Begebenheiten und der Beschreibung von Symptomen, und die Schwierigkeiten werden sich auflösen und weniger werden. Hör auf zu jammern, dich zu beklagen, zu brüten, dir das Hirn zu zermartern, und höre nicht auf das, was andere Menschen, Nachrichtensprecher, Kolumnisten und die Prognostiker von Düsterkeit und Verhängnis zu verkünden haben.

Kontempliere die göttliche Gegenwart, das unveränderliche Sein, das deinen Herzschlag und den gesamten Kosmos beherrscht, und dein Gemüt wird ruhig und still werden. *Vertrage dich nun mit ihm und habe Frieden: Davon wird dir viel Gutes kommen* (Hiob 22,21). *Du hältst ihn in vollkommenem Frieden, dessen Gemüt auf dich gerichtet ist; weil er dir vertraut* (Jes. 26,3).

Wenn du Frieden, Ordnung, Schönheit und die mathematische Präzision des Himmels droben und der Erde unten kontemplierst, wirst du von Klarheit, innerer Heiterkeit erfüllt und von einer Art mystischer Ehrfurcht ergriffen sein. Das geschieht, wenn du über die Wunder all dessen nachsinnst. Wenn du dagegen anfängst, deine Beschwerden und Wehwehchen zu beschreiben, wenn du über deinen Sorgen und Ängsten brütest, wirst du sie beträchtlich vermehren, weil dein Unterbewußtsein alles das verstärkt und vermehrt, dem deine Aufmerksamkeit gewidmet ist. Mache daher aus einer Mücke keinen Elefanten.

Eine Dame erzählte mir, daß ein selbsternannnter Mystiker in Los Angeles ihr und einer Anzahl anderer Damen auf einer gesellschaftlichen Veranstaltung bedeutet hatte, das Ende der Welt würde bevorstehen und auch alle Anzeichen dieses Endes – wie im Matthäusevangelium offenbart – seien jetzt offenkundig und vorherrschend. Er war davon überzeugt, daß das Ende im Jahr 1980 kommen würde. Einige der anwesenden Damen wurden sofort von Furcht ergriffen und waren zutiefst beunruhigt.

Ich erklärte ihr, daß derartige Voraussagen mitsamt ihren Propheten seit Jahrtausenden kamen und gingen. Als sich einmal so ein religiöser Fanatiker Emerson näherte und ihm bedeutete, daß das Ende der Welt herbeigekommen sei, erwiderte Emerson: »Das ist schon in Ordnung. Ich komme auch ohne sie zurecht.« Er wußte, daß dieser Mann unter Wahnvorstellungen und Illusionen litt, hervorgerufen durch die heimtükkischen Mikroben des religiösen Fanatismus, die in den Gemütern so vieler Menschen Verwüstungen anrichten.

Das Ende der Welt ist erst gekommen, wenn wir aufhören, uns vom Massenbewußtsein (d.h. dem negativen Denken von 4 Milliarden Menschen) beherrschen zu lassen, und wenn wir aufhören, der falschen Propaganda der Welt Glauben zu schenken. Wenn wir für die Furcht, die Ignoranz und den Aberglauben gestorben und für die ewigen Wahrheiten des Lebens, für die Liebe und Schönheit auferstanden sind und uns für die Wahrheiten Gottes entschieden haben, dann wird das für uns das Ende der Welt sein und die Geburt eines neuen Zeitalters und eines neuen Lebens. Die *Welt* in der Bibel meint das Massenbewußtsein, das Menschheitsbewußtsein, das Gesetz des Durchschnitts.

Vers 5 und 6: *Du hast ihn wenig niedriger gemacht als Gott, mit Ehre und Herrlichkeit hast du ihn gekrönt. Du hast ihn zum Herrn gemacht über deiner Hände Werk, alles hast du unter seine Füße getan.*

Ich werde oftmals nach der Bedeutung des Begriffs »sündigen wider den Heiligen Geist« gefragt. Die Antwort ist sehr einfach: Heiliger Geist heißt soviel wie Geist des Heilseins, der Ganzheit. Das Wort Geist an sich bedeutete ursprünglich Atem, Leben. Wenn ein Mensch es ablehnt, sich selbst zu vergeben, und bei seiner Selbstverurteilung bleibt, wird er so lange in seiner Misere verharren, wie er diese Einstellung aufrechterhält.

Jedem Menschen kann vergeben werden, wenn er sich entschließt, sich selbst zu vergeben. Die göttliche Gegenwart verurteilt oder bestraft nicht. Wir selbst bestrafen uns durch Mißbrauch des Gesetzes und falsche Interpretation der Lebensprinzipien. Wir bestrafen uns, wenn wir uns verschließen und göttliche Liebe und Inspiration ablehnen – das könnte man eine »unverzeihliche Sünde« nennen, in dem Sinne, daß wir es ablehnen, uns selbst zu verzeihen.

Es gibt einen Typ Mensch, der sich einredet, unheilbar krank zu sein, und es ablehnt, die Tatsache anzuerkennen, daß die Unendliche Heilende Gegenwart, die ihn erschaffen hat, ihn auch heilen kann. Solch ein Mensch begeht die unverzeihliche Sünde. Sündigen heißt das Ziel verfehlen – das Ziel, ein volles und glückliches Leben zu führen. Mit einer solchen Einstellung ist es dem Heiligen Geist oder dem Geist des Heilseins und des Friedens nicht möglich, in sein Gemüt Eingang zu finden und ihn zu heilen.

Solange sein Gemütszustand so ist, kann ihm weder Hilfe noch Besserung zuteil werden. Nur in diesem Sinne ist es unverzeihlich – unverzeihlich, solange er in diesem Gemütszustand verharrt. Alles, was ein solcher Mensch zu tun hat, ist, seinen spirituellen Stolz und Egoismus aufzugeben und anzuerkennen, daß es eine höchste Macht und göttliche Weisheit gibt, die alles erschaffen hat und das gesamte Universum beherrscht – zeitlos, endlos und immerdar. Und er braucht sich nur mit unendlichem Ozean der Liebe, Wahrheit und Schönheit gleichzuschalten und diesen heilenden Balsam in ein Herz einzulassen. Wenn er diesen Entschluß gefaßt hat, wird Güte, Wahrheit und Schönheit sein Gemüt und sein Herz durchdringen, und eine vollkommene Heilung wird erfolgen.

Kürzlich sprach ich mit einem Geschäftsmann, der mir sehr deprimiert vorkam. Er sagte mir, daß er größere Mengen eines Beruhigungsmittels einzunehmen pflege. Nun habe seine Frau ihn beschworen, mich aufzusuchen. Er war zu mir gekommen, obgleich er – wie er freimütig zugab – nichts davon hielt. Seiner Meinung nach war Gebetsarbeit nicht sinnvoll, er wußte von Mitarbeitern in seiner Firma, die die Hilfe einer höheren Macht beansprucht hatten und damit in ihrem Leben nicht weitergekommen waren.

In unserem Gespräch konnte ich ihm verdeutlichen, daß viele mir bekannte Geschäftsleute, die sich der Gebetsarbeit widmen und die Goldene Regel (»Verhalte dich anderen gegenüber so, wie du willst, daß andere sich dir gegenüber verhalten.« Anm. d. Übers.) praktizieren, damit Erfolge erzielt hatten, die ihre kühnsten Erwartungen übertrafen. Sie alle haben ihre Erfolge der Hilfe einer höchsten Intelligenz zugeschrieben, die ihre Aktivitäten geleitet und gelenkt hatte. Sein Versagen im Beruf und in zwischenmenschlichen Beziehungen war auf die Tatsache zurückzuführen, daß er es in seinem egoistischen Stolz unterlassen hatte, jemals Verbindung zu seinem höheren Selbst aufzunehmen.

Ich gab ihm zwei besondere Gebete* und wies ihn an, sie abends und morgens anzuwenden. Er sollte sie als Saat betrachten, die er seinem Unterbewußtsein einpflanzte, und wie keimende Saat würden diese Wahrheiten hervorbrechen und in seinem Leben aktiv und wirksam werden.

Das erste Gebet hieß »Der progressive Geist«:

---

* Diese Gebete und viele andere finden sich in »Stille Momente mit Gott« und in »Laß los und laß Gott wirken«, erschienen im Verlag Peter Erd.

»Die ihn anbeten, müssen ihn im Geist und in der Wahrheit anbeten.« Ich kontempliere jetzt die Tatsache, daß die Unendliche Intelligenz in mir wohnt. Die universelle Güte ist überall aktiv und präsent: Ich bin eins mit Gott, mit dem Leben, dem Universum – mit allen Dingen. Gott übernimmt das Handeln jetzt in allen meinen Angelegenheiten. Ich werde gefördert – geistig, körperlich und in allen anderen Bereichen des Lebens. Ich habe begriffen: Das Gesetz des Lebens ist ein Gesetz des Wachstums; ich wachse spirituell auf wunderbare Weise. Ich bin in Harmonie mit dem Unendlichen – Gott ist mein Partner. Erfolg ist jetzt mein, denn ich habe mich mit Erfolg und Wohlstand identifiziert. Ich freue mich, wenn ich alle Menschen wachsen sehe. Ich freue mich über den Erfolg aller anderen. Der Geist des Guten geht von mir aus und berührt die gesamte Menschheit. Ich bin voller Vertrauen und Frieden. Ich bin erleuchtet vom Licht in mir. Göttliches Verständnis ist ein Licht zu meinen Füßen, und unter mir sind die ewigen Arme.

Das zweite Gebet hieß »Das Gesetz des Erfolgs«. Dieses Gebet sollte er jeden Abend vor dem Einschlafen anwenden:

In bin das Bewußtsein Gottes in Aktion. Ich weiß, daß Gott durch mich wirkt, denn Gott wirkt immer durch den Menschen. »Das Gesetz des Herrn ist vollkommen.« Alle meine Aktivitäten zeitigen perfekte Ergebnisse. Meine Arbeit ist immer erfolgreich, denn sie ist Gottes Arbeit und daher göttlich vollkommen. Alles, was ich brauche, kommt mir auf der Stelle zu, denn ich werde von Gott beherrscht und versorgt. Ich weiß daher immer, wie ich mir alles Nötige verschaffen kann. »Mein Gott erfülle alle eure Nöte, nach seinem Reichtum in Herrlichkeit.« Ich bin erfüllt mit Frieden, Harmonie und Freude. Ich strahle göttliche Liebe auf die ganze Menschheit aus. Ich habe mich jetzt mit dem Erfolg identifiziert; durch ein unfehlbares Gesetz ziehe ich jetzt die Umstände, Bedingungen, Ideen, Finanzen und alles Erforderliche für die Entfaltung meiner Pläne an. Auf allen meinen Wegen bin ich göttlich geführt.

Gott fördert mich – in meinem Gemüt, meinem Körper und allen meinen Angelegenheiten. Wenn ich mich des Abends zur Ruhe begebe, fühle ich mich glücklich und erfolgreich. »Den Seinen gibt's der Herr im Schlaf.« Danke, Vater.

Ich wies ihn an, jedes dieser Gebete dreimal laut vor sich hin zu sprechen. Durch die Wiederholung, so erklärte ich ihm, würden diese Wahrheiten in sein Unterbewußtsein sinken und in seinem Leben aktiv und mächtig werden und in allen Bereichen seiner Aktivitäten wirksam sein. Gleichzeitig wies ich ihn an, sicherzustellen, daß er das soeben Bejahte nicht gleich wieder verneine.

Er verfuhr wie angewiesen, und bereits nach Ablauf eines Monats hatte seine geschäftliche Situation sich völlig verändert. Er hatte neue Ideen, gewann einen neuen Kundenkreis, und seine Verkaufsergebnisse übertrafen alle seine Erwartungen. Dieser Mann ist sich jetzt im klaren, daß er ein Teil des Universellen Geistes und der Universellen Weisheit ist, die alle Dinge erschaffen haben und die uns erhalten. Diese bewegen sich unaufhörlich und zeitlos, sich ständig verändernd und doch das gleiche bleibend, gestern, heute und immerdar.

Als ich vor einigen Tagen mit ihm sprach, wies er darauf hin, daß er sich von seinem egoistischen Stolz befreit und ein neues Wertgefühl sowie Vertrauen entwickelt hatte, das ihn befähige, mehr zu erreichen, glücklicher zu leben und sich im Licht zu bewegen.

Vers 9: *Herr, unser Herrscher, wie herrlich ist dein Name in allen Landen!*

Die List der Fehlschläge im Geschäftsleben, im Beruf und in der Lebenskunst ist gewaltig, da die Menschen es ablehnen, sich auf die Macht einzustimmen, die alle Dinge beherrscht. Eine beträchtliche Anzahl von Menschen sind abgeglitten und erniedrigen sich darüber hinaus noch. Sie haben den Rückzug angetreten und es versäumt, Gott in sich selbst zu erkennen und zu verherrlichen.

Die Antwort für sie alle ist, den ihnen innewohnenden Gott zu erkennen, den lebendigen allmächtigen Geist, den Vater aller, und sich an ihn zu wenden. Gott antwortet durch Führung, rechtes Handeln, Gesundheit, Reichtum und Gemütsfrieden. Die Unendliche Intelligenz reagiert der Natur unseres Begehrens gemäß. *Naht euch Gott, dann naht er sich euch* (Jak. 4,8). Wenn wir uns dieser Gegenwart und Macht zuwenden, wird die Antwort kommen, denn zu antworten liegt in ihrer Natur.

Kürzlich sprach ich mit einem Mann, der sich allen Ernstes für verhext hielt. Zur Zeit seiner Heirat hatte er alles, was er sich nur wünschen konnte. Dann jedoch wurde er vom Mißgeschick verfolgt, er erlitt geschäftliche Fehlschläge. Seine Frau nahm Anstoß an seinem Verhalten und schalt ihn störrisch, übelnehmerisch und streitsüchtig. Er hadere – so sagte sie – mit Gott und der Welt, mit ihr und dem Leben ganz allgemein.

Dieser Mann war den Ratschlägen eines Maklers gefolgt und hatte bei den empfohlenen Transaktionen Unsummen verloren. Als Folge mußte er sich in seinem gesamten Lebensstil erheblich einschränken. Nun war er zornig auf den Makler und auf sich selbst, weil er dessen Rat gefolgt war. Schließlich sah er ein, daß er auf der falschen Ebene operierte. Er hatte einen handfesten Schuldkomplex entwickelt, weil er seinen Vater kurz vor dessen Ableben beeinflußt hatte, ihm testamentarisch sein gesamtes Vermögen zu vermachen. Damit hatte er seine Schwester um das ihr zustehende Erbteil gebracht.

Seine Schwester wiederum, die sich um das halbe Vermögen betrogen sah, sagte ihm, daß er das eines Tages bereuen würde. Seine schäbige Handlungsweise würde sich als Bumerang erweisen und würde ihm im Endeffekt Leiden bringen. All das bedrückte ihn, zudem, daß er sich für verhext hielt. Die Verwünschung war selbstverständlich eine Furcht vor Bestrafung, die er in seinem eigenen Kopf unterhielt. Er war felsenfest davon überzeugt, nunmehr finanzielle Verluste erleiden zu müssen. Schließlich vermochte er eine einfache Wahrheit einzusehen: *Was ich gefürchtet habe, ist über mich gekommen, und wovor mir graute, hat mich getroffen* (Hiob 3,25).

Auf meinen Rat hin arrangierte er sich mit seiner Schwester und gestand ihr alles. Sie kamen zu einer Übereinkunft. Er konnte sich von seinem Falschglauben, verhext zu sein, befreien und die Tatsache erkennen, daß es seine eigenen Ängste und Befürchtungen waren, die alle diese Erfahrungen hervorgerufen hatten.

Er begann, sich auf die ihm innewohnende Höchste Intelligenz einzustimmen, und ihre Weisheit wurde damit zu seiner Weisheit. Die Beziehungen zu seiner Frau, seiner Schwester und seiner gesamten Umgebung wurde harmonisch und friedvoll.

Er ließ sich von dem folgenden Gebet voll und ganz durchdringen – ein Gebet, das er morgens und abends wiederholte:

»Ich vertraue Gott vollkommen; ich erwarte das Beste; ich weiß, daß nur Gutes zu mir kommen kann. Ich sehe die Gegenwart Gottes überall; ich bin vollkommen furchtlos; Gott ist immer bei mir. Wenn Gott für mich ist, wer kann wider mich sein? Ich weiß, daß einer allein mit Gott die absolute Mehrheit darstellt; diese Erkenntnis befreit mich von jeglicher Furcht. Nur Gottes Gedanken kommen zu mir. Diese Gedanken entfalten sich unentwegt und bringen mir Harmonie, Freude, Frieden und Erfolg.

Ich bin das Bewußtsein Gottes; ich bin von göttlicher Liebe umgeben. Ich denke immer richtig – bei jeder Gelegenheit. Gottes Macht ist mit meinen guten Gedanken. Seine Liebe, sein Leben und seine Wahrheit durchströmen mich; ich bin eingetaucht in seine heilige Allgegenwart. Ich bin immer vom unendlichen Frieden Gottes umgeben. Ich bin mit göttlichem Verständnis angefüllt. Göttliche Liebe geht vor mir her und macht meinen Weg gerade, vollkommen und freudvoll. Gott geht und spricht in mir; ich weiß, ich bin eins mit meinem Vater; mein Vater ist Gott. Ich habe Vertrauen in Gott; deshalb fürchte ich nichts und niemanden. *Fürchte dich nicht, du kleine Herde! Denn es hat eurem Vater gefallen, euch das Reich zu geben«* (Luk. 12,32)

Nachdem er auf diese Weise gebetet und dabei Liebe und Wohlwollen auf andere ausgestrahlt hatte, begann sich sein Schicksal zu wenden. Er hörte auf, anderen für alles die Schuld zu geben. Die Kraft und Wahrheit, die ihn durchdrang, wurde zu einem Bestandteil seiner Mentalität, und er wurde völlig wiederhergestellt. Der Irrtum machte der Wahrheit Platz, und alle falschen Zustände in seinem Leben wichen dem göttlichen Gesetz und göttlicher Ordnung. Es steht geschrieben: *Du bewahrst ihn in vollkommenem Frieden, dessen Geist auf dich gerichtet ist.* (Jes. 26,3)

Wende das folgende Gebet häufig an, und Wunder werden sich in deinem Leben ereignen:

»In Gott lebe ich, bewege ich mich und habe ich mein Sein. Gott lebt, bewegt sich und hat sein Sein in mir. Ich strahle Liebe, Frieden und Wohlwollen auf meine gesamte Umgebung und auf die Menschen überall auf der Welt aus. Gottes Liebe heilt mich und durchdringt meine ganze Seele. Ich fühle, weiß und glaube sicher und positiv, daß Gottes Liebe und ewige Wachsamkeit mich und alle Mitglieder meiner Familie führt, heilt und beschützt.

Ich vergebe allen und jedem. Ich strahle in aller Aufrichtigkeit Gottes Liebe und Wohlwollen auf alle Menschen aus. Im Mittelpunkt meines Seins ist Frieden; dies ist der Frieden Gottes. In der Stille spüre ich seine Kraft, seine Führung und die Liebe seiner heiligen Gegenwart.

Auf allen meinen Wegen werde ich göttlich geführt. Ich bin ein klarer Kanal für Gottes Liebe, Licht, Wahrheit und Schönheit. Ich spüre, wie sein Strom des Friedens mich durchfließt. Ich weiß, daß alle meine Probleme sich im Gemüt Gottes auflösen. Gottes Wege sind meine Wege. Die Worte, die ich geredet habe, vollbringen das, wozu sie gesandt sind. Ich freue mich und sage Dank in dem Wissen, daß meine Gebete bereits erfüllt worden sind. Und so ist es.«

3
Höhepunkte des 23. Psalms

23. Psalm

1. *Der Herr ist mein Hirte, mir wird nichts mangeln.*
2. *Er weidet mich auf einer grünen Aue und führt mich zum frischen Wasser.*
3. *Er erquickt meine Seele. Er führt mich auf rechter Straße um seines Namens willen.*
4. *Und ob ich schon wanderte im finsteren Tal, fürchte ich kein Unglück; denn du bist bei mir, dein Stecken und Stab trösten mich.*
5. *Du bereitest vor mir einen Tisch im Angesicht meiner Feinde. Du salbst mein Haupt mit Öl und schenkst mir voll ein.*
6. *Gutes und Barmherzigkeit werden mir folgen mein Leben lang, und ich werde bleiben im Hause des Herrn immerdar.*

Dieser Psalm ist auf der ganzen Welt wohlbekannt. Er ist eine Idylle von großer Schönheit. Er hebt den Frieden und die Grazie hervor, die bei jenen verbleiben, deren Vertrauen voll und ganz auf das Unendliche gerichtet ist.

Vers 1: *Der Herr ist mein Hirte*... Der Herr steht für die Macht Gottes – des unsichtbaren Geistes im Innern. Es gibt nur eine einzige Macht. Der Hirte steht in der Bibel für einen spirituell erleuchteten Menschen, einen Menschen, der sich bewußt ist, daß die Unendliche Intelligenz in seinem Innern Gott ist und daß diese Gegenwart auf jeden Ruf antwortet. Der spirituell gesinnte Mensch oder Hirte wacht über seine Herde (gottgleiche Gedanken, konstruktive Ideale) und achtet darauf, daß seine konstruktiven Gedanken, Ideale, Pläne und Vorhaben durch Glauben und Vertrauen in die innere Gottgegenwart genährt und erhalten werden. Sie werden sich dann nach göttlichem Gesetz und göttlicher Ordnung verwirklichen.

Wenn wir unseren Glauben und unser Vertrauen in den unendlichen Geist in unserem Innern setzen, der uns führen und leiten wird und alle unsere Nöte erfüllt, werden wir niemals Mangel leiden. Ganz einfach deshalb, weil wir Gott zu unserem Hirten erwählt haben. Damit wird für all unsere Nöte gesorgt. Ein »gerütteltes, geschütteltes und überfließendes Maß«.

Vers 2: *Er weidet mich auf einer grünen Aue*... (wörtlich in einer Heimstatt, in der das Gras hochsteht): Psychologisch und spirituell findest du dich in einem Leben des Überflusses und der Herrlichkeit. Jeder Bedarf wird erfüllt – in jedem Augenblick und zu jeder Zeit.

Eine Frau las diesen Vers und meditierte folgendermaßen über seine Worte: »Der unendliche Geist enthüllt mir neue schöpferische Ideen, die mich und andere segnen.« Nach etwa 15 Minuten überkam sie eine innere Ruhe, und sie verspürte ein sehr starkes Bedürfnis zu schreiben. Daraufhin brachte sie spirituelle Verse zu Papier, die zur Veröffentlichung angenommen wurden. Jetzt schreibt sie ein Buch, das mit Sicherheit großen Anklang finden wird, darüber sind sich Verlag und Lektor bereits jetzt einig. Vor dieser inneren Erfahrung hatte sie nicht das geringste Bedürfnis zu schreiben verspürt.

...und führt mich zum frischen Wasser... Frische Wasser stehen für das ruhige, friedvolle Gemüt, ein Gemüt im Einklang mit dem Unendlichen. Denken wir an einen Bergsee. Seine Ruhe spiegelt die himmlischen Lichter wider; wenn dein Gemüt entspannt und friedvoll wie ein Bergsee ist, dann kommen dir die Wahrheiten Gottes in den Sinn. Das ist eine der Bedeutungen von »Das ruhige Gemüt erledigt die Dinge«.

Emerson definiert den Begriff Gebet als Kontemplation der Wahrheiten des Lebens vom höchsten Standpunkt aus. Meditation ist die ruhige Aufmerksamkeit des Gemüts, auf bestimmte ausgesuchte Themen ausgerichtet – Themen, auf die du deine Gedanken gerichtet halten willst.

Shakespeare sagte: »Alle Dinge sind bereit, wenn der Geist es ebenfalls ist.« Eine junge Dame, die meine sonntäglichen Vorträge zu besuchen pflegt, sagte mir kürzlich, daß sie an die stillen Wasser gedacht und das Werk Gottes als vollendet angesehen hatte.

Da alle Dinge bereit seien, habe sie ihr Gemüt nur zum Empfang des Guten bereiten müssen, das ihr von Anbeginn aller Zeiten dargeboten wurde und wird.

Mehrmals am Tag bejahte sie: »Ich bin glücklich verheiratet, mit einem wundervollen Mann. Ich fühle mich sicher, bin glücklich, gedeihe, ich bin göttlicher Ausdruck. Ich besitze ein wunderschönes Heim und bin zutiefst dankbar.« Sie bejahte in der ersten Person, in der Gegenwart, in dem Wissen, daß was immer sie dem ICH BIN hinzufügte, sich zutragen würde. Mehr noch, sie erkannte, daß alles Bejahte – gleichgültig, worum es sich handelte – sich ereignen würde, vorausgesetzt, daß sie ihr Gemüt öffnete und sich sagte: »Ja, mein Gemüt ist jetzt bereit für den Empfang meines Guten. Liebe ist jetzt da. Frieden ist jetzt da. Freude ist jetzt da. Reichtum ist jetzt da. Harmonie ist jetzt da. Führung ist jetzt da. Macht ist jetzt da. Ganzheit ist jetzt vorhanden, denn Gott ist das ewige Jetzt!«

Gott wohnt – das erkannte sie – ist in allem und jedem und ist ohne Zeit und Raum. Sie erkannte, daß sie ihr Gutes durchaus jetzt beanspruchen und akzeptieren könnte und nicht erst in 50 Jahren. Tief in ihrem Herzen war sie davon überzeugt, und ihr Unterbewußtsein reagierte entsprechend.

Alle von ihr bejahten und beanspruchten Dinge verwirklichten sich innerhalb eines Monats. Sie machte es sich zur Gewohnheit, ihre Bejahungen über den Tag verteilt vor sich hin zu singen. Sie wußte, daß diese Wahrheiten dann tief in ihr Unterbewußtsein sinken und sich verwirklichen würden. Sie brachte ihr Bewußtsein in Ordnung, änderte ihre Gedanken und Einstellungen und brachte sie in Übereinstimmung mit der spirituellen Welt in ihrem Innern.

Vers 3: *Er erquickt meine Seele*… Deine Seele ist dein subjektives Bewußtsein. Bevor eine Heiluung erfolgt, muß deine Seele auf Heilsein und Frieden gerichtet sein. Geheiltsein bedeutet Heilsein. Die Worte Heilung und Heilsein meinen das gleiche. Krankheit bedeutet Trennung von der Quelle, die Heilsein, Schönheit und Vollkommenheit ist. Krankheit ist Mißklang, Verwirrung und Spaltung – Geteiltsein.

Eine Frau, die gewöhnlich mürrisch, giftig, reizbar und voll tiefen Grolls gegen einen früheren Ehemann war, erkannte die Ursache ihrer Arthritis und beschloß, ihre Seele wieder der Vollkommenheit zuzuführen. Die Tabletten, die sie schluckte, linderten zwar ihre Schmerzen, beseitigten jedoch nicht die Ursache. Ihr Arzt bedeutete ihr, daß ihr Krankheitszustand auf ihre Feindseligkeit und Grollgefühle zurückginge, da er sich sogleich nach der Scheidung gezeigt hatte.

Ich erklärte ihr, daß Feindseligkeit und Schuldgefühle die destruktivsten Emotionen sind und ihr Unterbewußtsein durch ihre Weigerung, sich selbst und anderen zu vergeben, einen Weg findet, sie zu bestrafen. Denn tief im Innern war sie überzeugt, bestraft werden zu müssen. Mancher bestraft sich selbst durch Versagen; andere werden depressiv und niedergeschlagen; wieder andere bestrafen sich unbewußt durch Krankheiten und chronische Symptome wie Arthritis, Migräne, hohen Blutdruck oder sogar durch einen Unfall.

Sie kam zu einem Entschluß und entließ ihren Ex-Ehemann wie folgt: »Ich vergebe mir selbst vollkommen, daß ich negative, haßerfüllte Gedanken hegte, und bin entschlossen, meine Ansicht jetzt zu ändern. Göttliche Liebe erfüllt meine Seele. Göttlicher Frieden durchdringt mein Gemüt und Herz. Gottes heilende Liebe durchdringt mein ganzes Wesen. Gott hat mich erschaffen, und er erhält mich auch. Wenn mir mein früherer Ehemann in den Sinn kommt, werde ich sofort bejahen: ›Gott sei mit dir‹, und das bedeutet Harmonie und Frieden. Wenn ich ihn segne, dann segne ich mich selbst, das ist meine Überzeugung. Gott heilt mich jetzt, und ich sage Danke für eine wunderbare Heilung, die sich jetzt vollzieht.«

In weniger als einem Monat konnte sie ihr Gefühlsleben in Ordnung bringen, und all die kalkhaltigen Ablagerungen lösten sich auf. Das Ödem bildete sich zurück, und der akute Schmerz ließ nach. Noch vor Ablauf des Monats waren alle Schmerzen verschwunden. Ihr Wach- und Unterbewußtsein strahlten jetzt Frieden, Harmonie und Wohlwollen aus, und die Heilung ihres Körpers folgte.

Blicke auf dein höheres Selbst – das ICH BIN oder die Gegenwart Gottes in dir als deinen Hirten. Der Hirte ist ein Symbol für die heilende, führende, schützende Natur der Unendlichen Heilenden Gegenwart, die uns geschaffen hat. Wir alle bedürfen zuweilen der Führung. Wir bedürfen der Inspiration, der Stärke und neuer schöpferischer Ideen. Die Eingebungen, Einflüsterungen und das Drängen unseres HÖHEREN SELBST sind immer lebensbejahend und höherführend. Der Hirte, der Tag und Nacht über seine Herde wacht, ist immer aufmerksam – er ist immer »auf Draht« und auf dem Qui Vive. Er ist ständig darauf bedacht, seine Schafe vor Plünderern, Dieben und Raubtieren zu schützen.

Vers 3: *Er führt mich auf rechter Straße um seines Namens willen.* Das Prinzip des rechten Handelns beherrscht das Universum; es gibt kein Prinzip des falschen Handelns. Gerechtigkeit gründet sich auf rechtes Denken, rechtes Fühlen und rechtes Handeln. Es bedeutet, richtig zu denken, richtig zu fühlen, richtig zu handeln, Richtiges zu tun und richtig zu sein – alles der Goldenen Regel und dem Gesetz der Liebe gemäß. Rechtes oder wahres Denken ist völlig frei von Furcht, Sorge, Anspannung etc.

Denken bedeutet vergleichen, selektieren, auswählen. Wir denken nur dann, wenn unsere Gedanken mit dem Leben, der Liebe, der Wahrheit und der Schönheit des Unendlichen gleichgeschaltet sind, und wenn wir nur vom Standpunkt der universellen Wahrheiten aus denken, nicht von der aufgepfropften Struktur der Furcht, der Ignoranz und des Aberglaubens oder dem Standpunkt des Massenbewußtseins. Ein Chemiker denkt vom Standpunkt universeller Prinzipien aus; nicht von dem irgendeiner Lehrmeinung, eines Dogmas oder einer Tradition. Der Mathematiker denkt vom Standpunkt der Prinzipien der Mathematik aus.

Die Macht des Geistes (Gott) ist die höchste. Wenn du den Unendlichen Geist als deinen Führer in Anspruch nimmst und bejahst, daß er dich auf allen deinen Wegen führt und leitet, daß göttliches rechtes Handeln die Oberherrschaft hat, dann erkennst du den Herrn als deinen Hirten an, und alle deine Wege werden voller Freude und alle deine Pfade werden voller Frieden sein. Denke daran, alles, worüber du meditierst oder worauf du deine Aufmerksamkeit richtest oder mit deiner Überzeugung umfaßt, wird zum Führer und Herrscher in deinem Leben werden.

Wenn du die Oberherrschaft der einen Macht anerkennst und die Regentschaft deiner Gedanken, dann hast du die Tatsache in dein Gemüt gepflanzt, daß der Herr dein Hirte ist, und du bist im Frieden. Du wandelst auf den Pfaden der Gerechtigkeit, wenn du im Innern still geworden bist. Dein innerer Frieden und dein Vertrauen sind der Beweis, daß die unendliche Weisheit Gottes dein Hirte ist.

Ein älterer Mann, der immer meine sonntäglichen Vorträge besuchte, konnte sich nur mühsam am Krückstock fortbewegen. Er erzählte mir, daß Furcht für lange Zeit sein Hirte gewesen war. Andere Menschen und die Zustände auf der Welt hatten ihm gewaltig zu schaffen gemacht. Eines Tages faßte er den Entschluß, sich von Nachrichtensendungen, Zeitungen oder von seiner Verwandtschaft nicht mehr stören zu lassen. Er begann zu bejahen; »Gott ist mein Hirte, Gott hat mich erschaffen, und er erhält mich auch. Gottes Liebe heilt mich, und ich sage Dank für die Heilung, die sich jetzt vollzieht.«

Dieses Gebet wandte er gut hundertmal am Tag an. Immer wenn er von negativen, ängstlichen Gedanken befallen wurde, bejahte er: »Gott heilt mich jetzt.« Dieses Gebet machte er sich zur Gewohnheit. Er wußte genau, was er tat und warum er es tat. Nach Ablauf eines Monats konnte er den Krückstock fortwerfen und wieder richtig laufen. Er wußte, daß, wenn er sein Gemüt mit diesen positiven spirituellen Schwingungen sättigte, alle Zellen seines Körpers einen neuen spirituellen Unterton annehmen und eine Heilung herbeiführen würden. Das Bestreben des Lebensprinzips ist es, zu heilen, und wenn man sich darauf einstimmt, wird der Heilungsprozeß in göttlicher Ordnung in Gang gesetzt.

Vers 4: *Und ob ich schon wanderte im finsteren Tal, fürchte ich kein Unglück; denn du bist bei mir, dein Stecken und Stab trösten mich.* Gott ist Leben, und dieses Leben ist jetzt dein Leben. Es gibt keinen Tod, denn das Leben ist Gott, und Gott kann nicht sterben. Das Lebensprinzip hat keinen Anfang und kein Ende. Leben ist Aufwärtsentwicklung und endlose Entfaltung. Deine Reise führt dich immer vorwärts, aufwärts und gottwärts. Du gehst von Herrlichkeit zu Herrlichkeit, von Kraft zu Kraft, von Weisheit zu Weisheit. Denn der Herrlichkeit ist kein Ende gesetzt. Das Leben kann nicht den Tod wollen, denn das wäre ein Widerspruch und auch absurd.

Wenn du dich des Abends schlafen legst, begibst du dich in die vierte Dimension, die sich überall um uns befindet und diese Ebene durchdringt. Dorthin gehst du auch, wenn die Menschen in ihrem Unverstand dich als »tot« bezeichnen. Deine von dir gegangenen Lieben befinden sich überall um dich herum. Sie sind nur durch eine andere Frequenz von dir getrennt. Oftmals siehst du sie in deinen Träumen. Deine Mutter, die bei ihrem Hingang vielleicht 85 Jahre alt gewesen sein mag, kann dir in deinen Träumen nun als 20jährige erscheinen. In der nächsten Dimension kannst du jeden beliebigen Ton anschlagen und als 20-, 30- oder 50jähriger erscheinen, denn du bist die unendliche Partitur Gottes, und alle Noten sind in dir enthalten.

Wenn du dein Radio oder Fernsehgerät einschaltest, siehst und hörst du Menschen oder erfreust dich an Musik – an Symphonien. Dann mußt du dir bewußt machen, daß die Musik, die Stimmen und die Menschen, die zu dir sprechen oder dich unterhalten, dort bereits vorhanden waren, aber du mußtest erst einen Schalter betätigen, um es dir selbst zu beweisen.

Niemand ist irgendwo begraben. Deshalb besucht ein wissenschaftlicher Denker auch keine Friedhöfe, um dort Blumen niederzulegen. Er gibt vielmehr die Blumen seines Herzens an den geliebten Weitergegangenen, indem er Frieden, Liebe, Harmonie und Freude auf ihn ausstrahlt und sich seines neuen Geburtstages in Gott erfreut. Das Leben ist Wachstum. Deshalb ist es einfach unmöglich, morgen weniger zu sein als heute. Deine Lieben wachsen, lernen und entfalten sich, denn die Unendlichkeit ist – wie der Name schon sagt – ohne Ende. Es gibt kein Prinzip des Bösen. Das Böse ist ein Rückwärtsschreiten im Leben. Buchstabieren wir das englische Wort *live* (leben) rückwärts, dann ergibt das *evil* (Böses). Das Böse ist ein falsches Verständnis und ein Mißbrauch der geistigen Gesetze. Denke Gutes, und Gutes folgt; denke Böses, und Böses folgt.

Es gibt nur eine Macht, und vom Gebrauch dieser Macht wird es abhängen, ob uns Gutes oder Böses widerfährt. Wenn wir diese Macht konstruktiv, harmonisch und friedvoll anwenden, wird sie von den Menschen Gott oder das Gute genannt. Gebrauchen wir die Kraft negativ, destruktiv oder unwissend, nennen wir sie den Teufel, Elend, Leiden, Satan, Armut und dergleichen. Gut und Böse repräsentieren unsere eigenen Gemütsbewegungen im Verhältnis zu dem Einen Sein (Gott), das immer eine Ganzheit, rein, unbefleckt und vollkommen in sich selbst ist.

...Der Hohe und Erhabene, der ewig wohnt, dessen Name heilig ist... (Jes. 57,15). *Gegen die Reinen bist du rein, und gegen die Verkehrten bist du verkehrt* (Psalm 18,26). *Ein falscher Mann richtet Zank an...* (Spr. 16,28).

Der verkehrte Mensch ist eigensinnig, starrköpfig, bockig, unlustig und mürrisch. Er ist nicht bereit, sich der Goldenen Regel und dem Gesetz der Liebe anzupassen. Mehr noch: Manche dieser Leute meinen, daß Gott sie strafe oder daß Gottes Wille etwas Unerfreuliches für sie sei. Mit einer solchen Einstellung ziehen sie jede Art von Ungemach in ihr Leben. Was sie glauben, das bringt ihr Unterbewußtsein zum Vorschein. Gott ist für dich genau das, wofür du ihn hältst. Wenn du einen Gott der Liebe in deinem Gemüt inthronisierst als deinen Führer und Berater, wirst du Gesundheit, Glück, Frieden und Überfluß erfahren.

Vers 4: *Dein Stecken und dein Stab trösten mich.* Der Stecken ist ein Symbol der Macht. Mancher vergleicht ihn mit dem Zepter der Könige und Königinnen, das die Macht des Staates repräsentiert. Als die britische Königin vor das kanadische Parlament kam, ging ein Mann mit einem Stab vor ihr her, um die Parlamentarier zur Thronrede zusammenzurufen.

Der Stecken ist ein Symbol spiritueller Macht, mit der jeder Mensch ausgestattet ist. Figurativ gesehen ist der Stecken ein Gegenstand, auf den der Mensch sich stützen kann. Shakespeare sagt: »Der Knabe war die Stütze meines Alters.« Ekklesiastisch ist der Stecken ein Stab mit einem Kreuz, und er ist ein Bestandteil der bischöflichen Insignien.

Lerne es, dich an Gott anzulehnen und Stütze bei der Unendlichen Gegenwart und Macht in deinem Innern zu finden. Diese Macht wird dich niemals im Stich lassen. Du hast die volle Berechtigung, dich an diese Macht zu wenden. Und wenn du das tust, kommt die Erwiderung und bringt dir Trost, Frieden und ein Gefühl der Sicherheit.

Vers 5: *Du bereitest vor mir einen Tisch im Angesicht meiner Feinde...*

Die Feinde befinden sich in deinem eigenen Gemüt. Sie sind Furcht, Zweifel, Sorge, Unwissenheit, Groll, Neid, Eifersucht. Bekämpfe die negativen Gedanken niemals; ersetze sie vielmehr durch die Wahrheiten Gottes, die ewig sind. Negative Gedanken und die Negativität des Massenbewußtseins können dich niemals verletzen, wenn du dich der Harmonie, Vollkommenheit, Schönheit, Liebe, dem rechten Handeln und der göttlichen Liebe zuwendest. Sie sind die nährenden Wahrheiten Gottes, die dem verstörten Gemüt Frieden bringen.

Bekämpfst du nämlich die sogenannten Feinde in deinem Gemüt, dann verstärkst du das Ungemach. Menschen, die irgendwelche Bekämpfungskampagnen starten – gegen Krebs, Herzkrankheiten, multiple Sklerose –, verstärken nur die Zustände, die sie bekämpfen, weil sie ihre Aufmerksamkeit unentwegt auf sie gerichtet halten. In Amerika hatte die seinerzeitige »March Of Dimes Campaign« gegen die spinale Kinderlähmung bei vielen Müttern Furcht hervorgerufen und brachte in ihrem Gefolge in verschiedenen Gegenden der USA, in denen Kampagnen abgehalten wurden, regelrechte Polio-Epidemien mit sich. Mit den Kampagnen wollte man aber gerade diesem Killer den Garaus machen.

Würden die Menschen ihre Gemüter und Herzen Gott und seiner Liebe zuwenden, könnte sie keines dieser Dinge berühren, da sie sich in Harmonie mit dem Unendlichen befänden. Wir müssen aufhören, Schöpfung über den Schöpfer zu stellen. Die Annahme, daß es irgend etwas in der Natur und außerhalb des Gemüts gibt, das sich dir entgegenstellen und dein Wohlergehen beeinträchtigen könnte, ist ein Irrtum – ein falscher Glaube. In Gottes Universum gibt es nichts zu fürchten. Alle existierenden Kräfte befinden sich in dir.

Vers 5: ...*Du salbst mein Haupt mit Öl; mein Becher fließt über.*

Das Öl steht in der Bibel als Symbol der Freude, des Lobes und eines dankbaren Herzens. Mit Öl gesalbt sein heißt, den Wahrheiten Gottes gewidmet und geweiht sein – den Wahrheiten, welche die gleichen sind, gestern, heute und immerdar. Danke täglich für Gottes Güte, für seine Führung und seine liebende Fürsorge. Danke regelmäßig und systematisch für die Erfüllung deiner Wünsche und die Freude des beantworteten Gebets.

Der Becher ist ein Symbol für dein Herz, in das der Heilige Geist eingeströmt ist. Kontempliere die Schönheit, Herrlichkeit und Liebe des Unendlichen. Wenn du das tust, wirst du heilende Schwingungen erzeugen, die deine Seele (dein Herz) mit Freude erfüllen. Du entdeckst, daß die Freude des Herrn deine Stärke ist und daß sich alle deine Probleme im Licht der Liebe Gottes aufgelöst haben.

Vers 6: *Gutes und Barmherzigkeit werden mir folgen mein Leben lang...*

Du glaubst an die Güte Gottes im Land der Lebenden und an das unendliche Meer der Liebe Gottes, die dein ganzes Wesen durchdringt. Deshalb sind Frieden, Sieg, Triumph und alle Segnungen des Lebens jetzt dein. Es ist wundervoll!

Vers 6: ...*und ich werde bleiben im Hause des Herrn immerdar.*

Du bist im Haus oder Tempel des lebendigen Gottes. Wenn du regelmäßig über die Tatsache nachsinnst, daß Gott dich liebt und für dich sorgt, dann wirst du die Erwiderung bekommen, die deine Seele befriedigt und auflädt. In deinem Gemüt (Haus) sprichst du mit Gott, wo du gehst und stehst. Wenn du dich regelmäßig an die Unendliche Heilende Gegenwart wendest und um Führung, Frieden und rechtes Handeln bittest, dann verweilst du dort. Die Gewohnheit deines Gemüts, Gott und seine Wunderwerke zu kontemplieren, läßt dich im Haus Gottes in dir verwurzelt und gegründet sein.

Gotts heilende Gegenwart gibt dir Ruhe, und du bleibst in diesem Haus, das nicht von Hand erbaut ist, sondern dein Gefühl des Einsseins mit dem Ewigen darstellt.

4
Höhepunkte des 24. Psalms

24. Psalm

1. Die Erde ist des Herrn und was darinnen ist: der Erdkreis und die darauf wohnen.
2. Denn er hat ihn über den Meeren gegründet und über den Wassern bereitet.
3. Wer darf auf des Herrn Berg gehen, und wer darf stehen an seiner heiligen Stätte?
4. Wer unschuldige Hände hat und reinen Herzens ist, wer nicht bedacht ist auf Lug und Trug und nicht falsche Eide schwört:
5. der wird den Segen vom Herrn empfangen und Gerechtigkeit von dem Gott seines Heils.
6. Das ist das Geschlecht, das nach ihm fragt, das da sucht dein Antlitz, Gott Jakobs. Sela.
7. Macht die Tore weit und die Türen in der Welt hoch, daß der König der Ehren einziehe!
8. Wer ist der König der Ehre? Es ist der Herr, stark und mächtig, der Herr, mächtig im Streit.
9. Macht die Tore weit und die Türen der Welt hoch, daß der König der Ehre einziehe!
10. Wer ist der König der Ehre? Es ist der Herr der Heerscharen; er ist der König der Ehre. Sela.

Vier Dinge wünschen wir uns im Leben: Gesundheit, Wohlstand, Liebe und Selbstausdruck. Der Wille des Unendlichen für uns ist ein größeres Maß an Gesundheit, Glück, Frieden, Freude, Schönheit und Harmonie rundum. Wir sind hier, um mehr von der Gegenwart des Göttlichen in uns Ausdruck zu geben. Die Bibel sagt: ...*Ich bin gekommen, damit sie das Leben und alles in Fülle haben sollen* (Joh. 10,10).

Der 24. Psalm lehrt die großen Gesetze des Lebens und den Weg des Geistes im Menschen.

Vers 1: *Die Erde ist des Herrn und was darinnen ist: der Erdkreis und die darauf wohnen.* Die ganze Welt ist manifestierter Gott, denn es gibt nur Gott – den Lebendigen Allmächtigen Geist –, und der ist allgegenwärtig. Die Reichtümer des Unendlichen umgeben dich überall, weil die göttliche Gegenwart – obgleich unsichtbar – überall vorhanden ist.

An Luft gibt es beispielsweise keinerlei Mangel. Jeder Mensch kann so viel davon einatmen, wie er haben will. Und dennoch bleibt noch immer ein grenzenloser Vorrat. Du kannst mit einem Behälter jeder gewünschten Größe an den Meeresstrand gehen und dir dort alles Wasser nehmen, das du haben willst; dem Meer ist das gleich, und es wird noch immer eine ganze Menge übrig sein.

Die Gegenwart Gottes ist unendliches Leben; es gibt kein von ihm getrenntes Dasein. Bedenke, diese Gegenwart ist auch Unendliche Substanz, und alles Bestehende ist aus dieser einen Universellen Substanz hervorgegangen. Energie und Materie sind eines. Einstein sagte, Energie und Masse seien austauschbar. Die Wissenschaft wendet den Begriff Energie für Geist an, und Gott ist Geist – ohne Gesicht, Form oder Gestalt.

Lerne, dich auf diese Gegenwart einzustimmen, und du wirst jedes Gefühl von Mangel überwinden, denn diese Gegenwart ist der lebendige Brunnen, aus dem alle Segnungen fließen.

Es ist des Vaters Wohlgefallen, dir das Reich zu geben – das Reich der Harmonie, der Gesundheit, des Friedens, der Freude und des Überflusses an allem, was du auf dieser dreidimensionalen Ebene auch benötigen magst.

Bedenke, daß die Unendliche Gegenwart in dir unbegrenzt ist; dann besteht überhaupt kein Grund, das Maß dessen zu begrenzen, was du durch diese Macht erschaffen und erfahren kannst. Du beziehst alles aus der Unendlichen Quelle, die ewig und unerschöpflich ist.

Der große Fehler vieler Menschen ist es, die wahren Reichtümer in sich nicht zu erkennen und daher im äußeren Bereich nach den wahren Reichtümern zu suchen, statt sich an die schöpferische Macht ihres eigenen Gemüts zu wenden. Denke Überfluß – d.h. denke groß, denke großzügig und freizügig – und Gutes wird dir aus allen Ecken zuströmen. Und nicht etwa nur Geld, sondern unzählige andere Güter, all die verschiedenen Erscheinungsformen des Wohlstands.

Eine Frau in Laguna Hills hatte einst ihre gesamten Ersparnisse verloren. Sie hatte das Geld in Mexiko in Grundstücken angelegt, war jedoch durch betrügerische Manipulationen eines Maklers um ihre Habe gebracht worden.

Auf meine Empfehlung setzte sie sich drei oder viermal am Tag für zehn Minuten still hin und bejahte wissend und mit Gefühl: »Gott ist meine sofortige, meine unmittelbare Versorgung. Er erfüllt meine Nöte auf der Stelle, und ich sage Dank, daß Gottes Reichtümer in meinem Leben zirkulieren und noch immer ein göttlicher Überschuß vorhanden ist.«

Wenige Tage darauf wurde sie von einem Anwalt aus Texas benachrichtigt, daß eine Tante von ihr verstorben war und ihr ihren gesamten Besitz vermacht hatte. Interessant dabei ist die Tatsache, daß ihre Tante nur wenige Tage vor ihrem Ableben ihr Testament geändert hatte, nämlich genau zu dem Zeitpunkt, als diese Frau ihre Gebetsarbeit aufgenommen hatte. Alle ihre Probleme wurden in göttlicher Ordnung gelöst.

Das Wort *Herr* bedeutet Gott, die Einzige Gegenwart und Macht, das ICH BIN in uns allen. Das Wort *Ende* steht in der biblischen Terminologie für alle äußeren Manifestationen, unseren Körper, unser Heim, Beruf, für Wohlstand, Gesundheit und alles, was dieser dreidimensionalen Ebene zugerechnet werden kann. Unsere äußere Welt ist eine mathematische und akkurate Widerspiegelung unseres gewohnheitsmäßigen Denkens und unserer Vorstellungen. Mit anderen Worten: Du hast die Herrschaft über deine Welt. Dein Denken und Fühlen beherrschen dein Schicksal.

Vers 2: *Denn er hat ihn über den Meeren gegründet und über den Wassern bereitet.*

Vers 3: *Wer darf auf des Herrn Berg gehen, und wer darf stehen an seiner heiligen Stätte?*

Vers 4: *Wer unschuldige Hände hat und reinen Herzens ist, wer nicht bedacht ist auf Lug und Trug und nicht falsche Eide schwört.*

Des Herrn Berg oder sein heiliger Ort bedeutet spirituell die Kontemplation der Eigenschaften und Qualitäten Gottes. Wenn du kontemplierst, daß Gott grenzenlose Liebe ist, absoluter Frieden, vollkommene Harmonie, die Unendliche Weisheit und Allmächtige Unendliche Intelligenz, dann besteigst du den Berg, denn du erhebst dich im Bewußtsein, und Gottes Strom des Friedens und der Liebe durchfließt dich, da du die großen Wahrheiten des Unendlichen kontemplierst. Du befindest dich an dem geheimen Ort des Höchsten und verspürst ein Einssein mit dem Unendlichen. Du hast ein Gefühl der Sicherheit und des Friedens. Dein Gemüt und Herz sind erhoben während deiner Kontemplation der Ganzheit, der Schönheit und der Vollkommenheit des Unendlichen.

Die Meere und die Wasser in diesem Psalm repräsentieren die Stürme und den Aufruhr, die sich im Leben der meisten von uns ereignen. So mancher erlebt eine Flut der Negativität, wie Furcht, Sorge und Melancholie. Die Meere repräsentieren die geistigen und emotionalen Störungen, die uns zuweilen befallen. Selbstverständlich gibt es äußere Fluten, Taifune und Wirbelstürme, die vielen Menschen beträchtliche Schäden an ihren Häusern, Grundstücken und ihrem Besitz zugefügt haben.

Wenn mentale Stürme und Schwierigkeiten kommen, dann gibt es nur eines, das Gemüt zu beruhigen und sich eine spirituelle Transfusion zu verabreichen wie die folgende: »Mein Gemüt ist Gottes Gemüt, und Gottes Sturm des Friedens durchdringt mein Gemüt und Herz. Gottes heilende Liebe erfüllt mein Gemüt und Herz. Ich bin von heiterer Gelassenheit, ruhig, locker und entspannt. Gott in meiner Mitte stillt die Winde der Furcht und die Wellen der Depression, und ich bin im Frieden.« Wiederhole diese Wahrheiten 10 oder 15 Minuten lang laut, und du wirst feststellen, daß ihre heilenden spirituellen Schwingungen dein ganzes Sein durchdringen und Eingang in dein Unterbewußtsein finden, um dort alle negativen Denkmuster der Furcht, der Sorge und der Depression auszulöschen und zu neutralisieren.

Um spirituell vorwärtszukommen und an Weisheit, Wahrheit und Schönheit zu wachsen, ist es erforderlich, reine Hände und ein reines Herz zu haben. Mit deinen Händen formst, schneiderst, erschaffst und leitest du. Das bedeutet symbolisch, daß du vom Standpunkt der Goldenen Regel und vom Gesetz der Liebe aus erschaffst. Mit deinen Händen kannst du eine Melodie Gottes spielen oder aber eine Hymne des Hasses. Du kannst der Göttlichen Gegenwart auch eine Kathedrale bauen.

Selig sind, die reinen Herzens sind; denn sie werden Gott schauen (Matth. 5,8). Du kannst Gott nicht mit deinen physischen Augen sehen, denn Gott ist Geist ohne Gesicht, Form oder Gestalt und ist zeitlos, formlos und alterslos. Sehen bedeutet biblisch erfassen, verstehen; es bedeutet spirituell unterscheiden. Das *Herz* steht für dein Unterbewußtsein. Wenn du dein Unterbewußtsein mit lebenspendenden Denkmustern anfüllst – Denkmustern der Harmonie, der Liebe, des Friedens, der Freude, des Wohlwollens und des rechten Handelns – reinigst du dein tieferes Bewußtsein.

Die reinen Herzens sind erkennen nur eine Gegenwart und Macht an, das ICH BIN in unserem Innern als höchste und allmächtige Macht. Du weigerst dich mit Bestimmtheit, irgendeinem erschaffenen Ding Macht zu verleihen. Reinen Herzens bist du, wenn du all deine Verehrung dem Geist in deinem Innern gibst, der einzigen Ursache und Macht. Reinen Herzens bist du, wenn du dich weigerst, irgendwelche Macht etwa anderen Menschen, dem Klima, den Sternen, Bazillen oder menschengemachten Gesetzen zu geben oder irgendeinem anderen erschaffenen Ding. Wenn du unbeirrbar an der Einen Macht festhältst, ist das die Reinheit des Herzens.

Eine Dame, die mich vor einigen Tagen besuchte, erzählte mir, daß ihr schönes Haus von der letzten Flutkatastrophe restlos hinweggespült worden war. Als das geschah, befand sie sich gerade in Hawaii zu Besuch bei ihrer Mutter. Ihr gesamter Besitz – Erbstücke, Möbel und sämtliche Papiere und Dokumente – ging verloren. Vielen ihrer Nachbarn war es nicht besser ergangen. Ihre Reaktion war: *...so daß auch viele Wasser die Liebe nicht auslöschen und die Ströme sie nicht ertränken können...* (Hoheslied 8,7).

Sie hatte ihr Haus geliebt und war fest entschlossen, ein ganz gleiches wieder aufzubauen, aber auf solidem Fundament. Ihr Ehemann war Architekt, ihm war es ein leichtes, die Grundrisse nachzubilden. Ihre geistige Einstellung war: *...Der Fürst dieser Welt kommt, und er hat nichts in mir* (Joh. 14,30), was bedeutet, daß kein Verlust, wie der Verlust von Geld, eines Hauses oder anderer Besitztümer, sie treffen konnte.

Sie betete wie folgt: »Auf meinem heiligen Berg ist nichts verloren. Mit allem, was ich einst besaß, bin ich nach wie vor geistig und spirituell verbunden. Deshalb kommt es zu mir zurück, nach göttlichem Gesetz und in göttlicher Ordnung, vermehrt und vergrößert.«

Sie wußte, daß alles in ihrem Unterbewußtsein Eingeprägte vergrößert und vermehrt wird. Alle Transaktionen vollziehen sich im Gemüt. Deshalb kann ein Mensch niemals etwas gewinnen oder verlieren, es sei denn durch das Gemüt – durch sein Denken und Fühlen. Diese Frau, die die Gesetze des Geistes kennt, mit ihnen vertraut ist, kann nicht verlieren, weil sie sich weigert, einen Verlust geistig zu akzeptieren. Sie baut sich bereits ihr neues Haus und ist durch die unerfreuliche Erfahrung spirituell gewachsen.

Vers 5: *...Der wird den Segen vom Herrn empfangen und Gerechtigkeit von dem Gott seines Heiles.*

Vers 6: *Das ist das Geschlecht, das nach ihm fragt, das da sucht dein Antlitz, Gott Jakobs. Sela.*

Die Natur der Unendlichen Intelligenz ist Antwort – Erwiderung. Wenn du dich an die innewohnende Gegenwart wendest und Führung, rechtes Handeln, Frieden, Überfluß und Sicherheit beanspruchst, wird es eine automatische Antwort geben, nämlich die Segnungen, von denen in dem Psalm gesprochen wird. Du bist wahrhaft gesegnet, wenn die Eigenschaften, Qualitäten und Kräfte des Unendlichen dich durchströmen und dich jeden Tag göttlicher machen.

Eine 90jährige alte Dame, die gelegentlich meine sonntäglichen Vorträge im Saddleback Valley Plaza Cinema in El Toro besucht, berichtete mir, daß sie 10 Jahre lang unter Arthritis zu leiden hatte. Gegen die Schmerzen hatte sie Codeintabletten genommen zusammen mit Aspirin und eine Hitzetherapie angewandt. Eines Abends las sie mein Buch »Das Superbewußtsein«* und beschloß auf der Stelle, sich selbst zu heilen. Sie hatte starke Grollgefühle gegenüber ihrer Tochter, weil diese sie nie besuchte, und war wütend auf sich selbst, weil sie unter Arthritis litt.

Dies war ihr Gebet: »Gott verfeinert mein Unterbewußtsein jetzt. Gott inspiriert, heilt und reinigt mein gesamtes Sein. Gott erleuchtet mich, und Gottes Liebe macht mich jetzt heil. Gottes Liebe erfüllt das Gemüt und Herz meiner Tochter, und ich wünsche ihr alle Segnungen Gottes.«

Diese Wahrheiten bejahte sie jeden Abend etwa 15 Minuten lang unmittelbar vor dem Einschlafen und dazu zweimal am Tage. Wenn sich Furcht- oder Grollgedanken in ihr Gemüt einschleichen wollten, bejahte sie sofort: »Gott heilt mich jetzt.« Sie hatte eine wundervolle Verwirklichung. Nach zwei Wochen konnte sie ihren Gehstock wegwerfen. Die Ödeme und Schmerzen schwanden, und sie ist jetzt frei.

Sie entdeckte, daß Gott in ihrem Innern ihre Erlösung war – die Lösung ihres Problems. Ihre Gerechtigkeit war ihr rechtes Denken, rechtes Fühlen und rechtes Handeln. Die Bedeutung von *dein Antlitz, o Jakob* ist die direkte Hinwendung an den innewohnenden Geist, in der Erkenntnis, daß die Lösung eines jeden Problems in ihr liegt. Gott hat kein Antlitz. Wenn ich aber in dein Antlitz blicke, erkenne ich dich. All das bedeutet ein Erkennen und Erfassen der Wahrheit und Anwendung der geistigen Gesetze. Alles, was du deinem Unterbewußtsein aufprägst, kommt hervor als Form, Funktion, Erfahrung und Begebenheit. Wenn du dich auf die Lösung deines Problems konzentrierst, dann kommt die Erwiderung aus deinem tieferen Bewußtsein. Es wird dir die Antwort enthüllen.

---

* erschienen im Verlag Peter Erd

Jakob steht in der Bibel für einen Menschen, der zu der Wahrheit erwacht ist, daß ICH BIN in ihm Gott ist. Das Wort *Sela* bedeutet, daß du in Frieden ruhen und dich der Wahrheit erfreuen kannst, die wie ein Fels ist. Sie verändert sich niemals, sie ist die gleiche gestern, heute und immerdar.

Vers 7: *Erhebt euch, macht die Tore weit und die ewigen Pforten hoch, daß der König der Ehre einziehe!*

Vers 8: *Wer ist der König der Ehre? Es ist der Herr der Heerscharen, stark und mächtig, der Herr, mächtig im Streit.*

Vers 9: *Erhebt euch, macht die Tore weit und die ewigen Pforten hoch, daß der König der Ehre einziehe!*

Vers 10: *Wer ist der König der Ehre? Der Herr der Heerscharen, er ist der König der Ehre. Sela.*

Die Bibel sagt: *Ich aber, wenn ich erhöht werde von der Erde, so will ich alle zu mir ziehen* (Joh. 12,32). Wenn du deine Idee oder deinen Wunsch im Gemüt bis zum Punkt der Annahme erhebst, ist dein Gebet beantwortet und die Manifestation erfolgt. Die Tore und Pforten sind symbolisch. Du durchschreitest ein Tor, wenn du dich geistig von einem Bewußtseinszustand in einen anderen bewegst; von Furcht zu Glauben, von Mangel zu Überfluß, von Klarheit zu Gesundheit und von Dunkelheit zu Licht und Verständnis.

Je mehr du über die Wirkungen deines Gemüts lernst, desto mehr Verständnis wirst du haben. Wenn du Harmonie, Schönheit, Liebe und Frieden kontemplierst, wirst du wachsen. Du kommst höher und höher. Und du wirst eine lebendige Erkenntnis der Gegenwart Gottes in deiner Seele haben.

Als ich kürzlich in San Diego einen Vortrag hielt, kam ein Mann zu mir, der einmal unter Prostata-Krebs gelitten hatte, der sich ausgebreitet hatte und als inoperabel angesehen wurde. Sein liebster Psalm ist der 24. Deshalb betete er wie folgt: »Der Herr der Herrlichkeit kommt herein, stark und mächtig, er heilt mich und stellt mein ganzes Sein wieder her. Gott ist der Herr der Heerscharen, und ich freue mich und sage Dank für die wunderbare Heilung, die sich jetzt vollzieht.«

Der Herr der Heerscharen ist selbstverständlich Gott, die Einzige Macht. Das Wort *Herrlichkeit* bedeutet Wärme, Liebe,

Licht. Dieser Mann öffnet sein Gemüt und Herz dem Einströmen des Heiligen Geistes. Er wußte, daß die Liebe und das heilende Licht Gottes sein ganzes Sein durchdringt. Wie er sagte, hatte er die Worte dieses Psalms laut gesungen, mehrmals am Tag, besonders vor dem Einschlafen. Er wurde in einen hohen Bewußtseinszustand erhoben und fand sich plötzlich von loderndem Licht eingehüllt. Da wußte er, daß er geheilt war. Nachfolgeuntersuchungen bestätigten diese vollkommene Heilung.

Zu allen Zeiten, in allen Zeitaltern haben Menschen aus allen Bereichen des Lebens diese großen biblischen Gebete zur Heilung der vielfältigsten Probleme angewandt. Sie haben die Psalmen angewandt, um vermeintlich unheilbare Zustände zu heilen, um Feuersbrünsten und Schiffskatastrophen zu entgehen, um Berge von Schulden abzutragen, um der Schneide des Schwertes zu entgehen und den Rachen des Löwen zu stopfen. Alle ihre Erlebnisse und Erfahrungen sind in der Akasha-Chronik verzeichnet (dem universellen Unterbewußtsein).

Wenn ein Mensch wie der oben erwähnte hingebungsvoll betet und bejaht, dann bekommt er auch Kontakt zu den Erfahrungen anderer und stimmt sich auf deren Schwingungsebene ein, die im universellen Bewußtsein bereits verzeichnet ist, und er macht die gleiche Erfahrung.

Jedesmal, wenn du einen der Psalmen liest, bejahe, daß die Unendliche Intelligenz dich inspiriert und dir die innere Bedeutung der Verse offenbart – daß du vom Höchsten erleuchtet bist. Dann wirst du verborgene Bedeutungen aufspüren und neue großartige Erkenntnisse gewinnen, die dein Leben und deine persönlichen Probleme betreffen.

Wenn du lange wegen eines Problems gebetet hast und sich keine Resultate eingestellt haben, dann ist es gut, dieses Gebet einige Zeit lang nicht fortzusetzen und statt dessen um Erleuchtung, um Inspiration zu beten. Bejahe: »Gott führt mich, und ich bin vom Höchsten erleuchtet. Die Antwort kommt mir jetzt klar in den Sinn.«

Bedenke, es ist der Buchstabe in der Bibel, der tötet; es ist der Geist, der lebendig macht.

5
Höhepunkte des 27. Psalms

27. Psalm

1. *Der Herr ist mein Licht und mein Heil; vor wem sollte ich mich fürchten? Der Herr ist meines Lebens Kraft; vor wem sollte mir grauen?*
2. *Wenn die Übeltäter an mich wollen, um mich zu verschlingen, meine Widersacher und Feinde, sollen sie selber straucheln und fallen.*
3. *Wenn sich auch ein Heer wider mich lagert, so fürchtet sich dennoch mein Herz nicht; wenn sich Krieg wider mich erhebt, so verlasse ich mich auf ihn.*
4. *Eines bitte ich vom Herrn, das hätte ich gern: daß ich im Hause des Herrn bleiben könne mein Leben lang, zu schauen die schönen Gottesdienste des Herrn und seinen Tempel zu betrachten.*
5. *Denn er deckt mich in seiner Hütte zur bösen Zeit, er birgt mich im Schutz seines Zeltes und erhöht mich auf einen Felsen.*
6. *Und nun erhebt sich mein Haupt über meine Feinde, die um mich her sind; darum will ich Lob opfern in seinem Zelt, ich will singen und Lob sagen dem Herrn.*
7. *Herr, höre meine Stimme, wenn ich rufe; sei mir gnädig und erhöre mich!*
8. *Mein Herz hält dir vor dein Wort: »Ihr sollt mein Antlitz suchen.« Darum suche ich auch, Herr, dein Antlitz.*
9. *Verbirg dein Antlitz nicht vor mir, verstoße nicht im Zorn deinen Knecht! Denn du bist meine Hilfe; verlaß mich nicht und tu die Hand nicht von mir ab, Gott, mein Heil!*

10. *Denn mein Vater und meine Mutter verlassen mich, aber der Herr nimmt mich auf.*
11. *Herr, weise mir deinen Weg und leite mich auf ebener Bahn um meiner Familie willen.*
12. *Gib mich nicht preis dem Willen meiner Feinde! Denn es stehen falsche Zeugen wider mich auf und tun mir Unrecht ohne Scheu.*
13. *Ich glaube aber doch, daß ich sehen werde die Güte des Herrn im Lande der Lebendigen.*
14. *Harre des Herrn! Sei getrost und unverzagt und harre des Herrn!*

Der 27. Psalm wird zuweilen auch »Psalm der Verwandlung« genannt. Wenn du die Wahrheiten dieses großen Psalms bejahst, dann wirken seine heilenden Schwingungen auf alle Nervenzentren deines Körpers ein. Mehr noch, diese spirituellen Schwingungen dringen in dein Unterbewußtsein und zerstören gleich einem spirituellen Penicillin die Bakterien der Furcht, Sorge, Anspannung und Depression.

Dieser Psalm ist in der heutigen Welt der größte Gegenpol zur Furcht. Im Lauf der Jahre habe ich diesen Psalm vielen, vielen Menschen empfohlen, wobei ich sie darauf hinwies, daß unzählige andere diesen Psalm in Notlagen angewandt und damit ihr Leben gerettet haben. Dabei war es ganz gleich, worum es sich handelte, ob Schiffskatastrophen, Feuersbrünste, Tod und Zerstörung, vermeintlich unheilbare Krankheiten, Schuldenberge oder andere Probleme. Die Akasha-Chronik enthält unauslöschlich eben diese Erfahrungen all dieser Menschen (das universelle subjektive Gemüt).

Dieser Psalm – auch wenn seine innere spirituelle Bedeutung nicht völlig verstanden wird – erzeugt die gleichen Schwingungen, die andere in ähnlichen Situationen erfahren haben. In anderen Worten: Du stimmst dich subjektiv auf die herrlichen und wundersamen Resultate ein, die andere erreicht haben. Lies ihn langsam, still und ehrfürchtig, wissend, daß du die Unendliche Heilungsgegenwart in dir wiedererweckst, die alles weiß und alles sieht.

Durch die Anwendung dieses Psalms kannst du jede Schwierigkeit überwinden. Wenn du über diesen Psalm still meditierst, erhebst du deinen Bewußtseinszustand auf eine spirituelle Ebene, auf der das Ungemach sich auflöst. *Ich aber, wenn ich erhöht werde von der Erde, so will ich alle zu mir ziehen* (Joh. 12,32). Das heißt, wenn dein Gedanke bis zum Punkt der Annahme erhoben ist, ist dein Gebet beantwortet.

Sinne über die spirituelle Bedeutung dieses Psalms nach, die ich auf den folgenden Seiten erläutern werde; mache dir diese Wahrheiten zu eigen; weise alle negativen Gedanken, die dir in den Sinn kommen könnten, zurück und ersetze sie durch konstruktive spirituelle Gedanken.

Vers 1: *Der Herr ist mein Licht und mein Heil; vor wem sollte ich mich fürchten? Der Herr ist meines Lebens Kraft; vor wem sollte mir grauen?* Der Herr steht für die Eine Gegenwart – Gott – den Lebendigen Allmächtigen Geist in dir. Es gibt nur eine Macht, und dieser einen Macht kann sich nichts entgegenstellen, nichts kann sie herausfordern oder ihr Wirken durchkreuzen. Sie hat keine Widersacher, weil es für eine Allgegenwart nichts geben kann, das sich ihr entgegenstellt.

Dieser Vers informiert dich unumwunden, daß es nur eine Macht, die nur Licht ist, und das heißt Höchste Intelligenz. Licht bedeutet Intelligenz. Die Bibel sagt: *Ich, der Herr, das ist mein Name, ich will meine Ehre keinem andern geben noch meinen Ruhm den Götzen* (Jes. 42,8). *Ich bin* ist der in dir wohnende Gott. Der Psalmist sagt damit, daß die Unendliche Intelligenz die Antwort auf alles weiß. Das Licht löst die Dunkelheit auf. Erlösung heißt Lösung all deiner Probleme. Du wirst von der Krankheit gerettet durch die Erkenntnis, daß die heilende Kraft Gottes dein ganzes Sein durchdringt. Du wirst von Unwissenheit gerettet durch die Erkenntnis, daß die Unendliche Intelligenz die Antwort auf alle Probleme kennt.

Du lernst, daß Gedanken Dinge sind – daß du das zu dir heranziehst, was du fühlst, daß du zu dem wirst, was du dir vorstellst. Die Unwissenheit stirbt in dir, wenn du weißt, daß jeder Gedanke schöpferisch ist und du zu dem wirst, was du den ganzen Tag lang denkst. Wenn du dir darüber im klaren bist, wirst du es dir zur Gewohnheit machen, nur über Wahres, Erfreuliches, Edles und Gottgleiches nachzusinnen. Von Armut und Mangel wirst du befreit, wenn du weißt, daß Gott die Quelle deiner Versorgung ist, die deine Bedürfnisse zu jeder Zeit und überall erfüllt. Wenn du dein spirituelles Gutes beanspruchst, werden die spirituellen Kräfte in dir sofort das materielle Gute aktivieren, und alles, was du benötigst, um ein volles und glückliches Leben zu führen, wird dir gegeben werden. Vor Armut wirst du bewahrt, indem du Gottes Reichtümer anerkennst, die dich überall umgeben, wenn du dein Gutes beanspruchst, das dir von Anbeginn aller Zeiten gegeben war.

Eine Frau in Laguna Hills fragte mich, was sie für die Wiederauffindung einiger Goldmünzen tun könnte, die ihr Ehemann kurz vor seinem Ableben erworben hatte. Wie sie mir berichtete, hatte er in Nevada Goldmünzen im Wert von 25 000 Dollar gekauft. Von dort zurückgekehrt, sagte er, daß er sie irgendwo im Haus verstecken wollte, wo sie von niemandem gefunden werden könnten. In der Zwischenzeit hatte sie ihre kranke Schwester besucht und fand bei ihrer Rückkehr, daß ihr Mann im Schlaf verstorben war. Er hatte ihr keinerlei Hinweise über den Verbleib der Münzen hinterlassen. Nach dem Begräbnis suchte sie überall vergeblich nach dem Gold.

Auf meine Empfehlung hin bat sie ihr Unterbewußtsein, Licht in die Angelegenheit zu bringen. Vor dem Einschlafen wies sie ihr Unterbewußtsein an: »Unendliche Intelligenz, du bist allwissend. Enthülle mir den Ort, wo das von meinem Mann erworbene Gold versteckt ist. Ich sage Dank für die Antwort.«

Dieses Ersuchen wiederholte sie langsam und still mehrere Minuten lang und, bevor sie sich dem Schlaf überließ, kontemplierte sie das eine Wort »Antwort«. Während sie fest schlief, erschien ihr Mann und sagte: »Ich bin sehr glücklich, dort, wo ich jetzt bin. Das Gold ist hinten im Garten neben dem großen Baum. Grab dort, und du wirst es in einem großen Vorratsglas finden.« Am nächsten Morgen nahm sie einen Spaten und grub genau an der im Traum bezeichneten Stelle. Und dort befand sich das Gold in dem Einmachglas.

Das ist das Licht, von dem der Psalmist spricht. Ob es nun ihr verstorbener Mann war, der ihr im Traum erschien, oder nur etwas von ihrem Unterbewußtsein in Szene gesetzt wurde, ist dabei unerheblich, denn die Unendliche Intelligenz ihres Unterbewußtseins antwortet in Formen und auf Wegen, die wir nicht kennen.

Vers 1: *...Der Herr ist meines Lebens Kraft...* Heute besuchte mich ein Mann, der um die Weihnachtszeit in der Klinik ans Bett gefesselt war, unfähig, sich zu bewegen. Ich hatte mehrere Male mit ihm telefoniert und ihm empfohlen, häufig am Tag zu bejahen: »Gott geht und spricht in mir.« Dann sollte er sich vorstellen, wie er mühelos das Saddleback-Valley-Lichtspielhaus an der El Toro Road betrat, um sich meine sonntäglichen Vorträge anzuhören, mir die Hand schüttelte und meine Glückwünsche für seine wunderbare Heilung entgegennahm.

Alles das stellte er sich wirklich und lebhaft vor. Er spürte den Händedruck und hörte meine Worte klar und deutlich. In seiner lebhaften Vorstellung ging er den Mittelgang entlang und spürte den bequemen Kinosessel, in den er sich niederließ. Alles das gestaltete er lebhaft und real. Er vertraute darauf, daß dieses Vorstellungsbild in sein Unterbewußtsein sinken und sich verwirklichen würde.

Am letzten Sonntag kam er herein. Ohne Krücken. Und er erfuhr im Äußeren das, was er sich subjektiv so lebhaft vorgestellt hatte. Gerade vorhin, als ich mit dieser Niederschrift beschäftigt war, kam er in mein Arbeitszimmer, um mir von seiner wundervollen Erfahrung in der Klinik zu berichten. *...Dem Gott die Gerechtigkeit zurechnet, ohne auf seine Werke zu sehen...* (Röm. 4,17).

Er erkannte, daß in ihm eine Kraft war, die ihn befähigte, seine Probleme zu überwinden. Er hatte Frieden und Harmonie erfahren, das, was die eigentliche Bedeutung des Begriffs »Erlösung« ausmacht.

Vers 2: *Wenn die Übeltäter an mich wollten, um mich zu verschlingen, meine Widersacher und Feinde, strauchelten und fielen sie.*

Die *Feinde* befinden sich immer in deinem Gemüt, von dir selbst erschaffen, etwa Furcht, Zweifel, Sorge, Groll, Feindseligkeit. Die *Übeltäter* sind negative oder destruktive Emotionen eigener Machart. Die Phrase, *mich zu verschlingen,* ist eine Metapher, die besagt, daß unsere Gedanken des Grolls, des Zorns und der Feindschaft uns irritieren und belästigen und uns dabei unsere Vitalität, Energie und unseren Gemütsfrieden rauben. Die Lösung besteht darin, das Gemüt zu beruhigen und langsam und ruhig zu bejahen: »Das heilende Licht Gottes durchdringt mein Gemüt und mein Herz, und Gottes Liebe erfüllt meine Seele. Das Licht Gottes umgibt mich und hüllt mich ein.« Wenn du diese Wahrheiten bejahst, werden alle negativen Gedanken neutralisiert und zerstört.

Vers 3: *Wenn sich auch ein Heer wider mich lagert, so fürchtet sich dennoch mein Herz nicht; wenn sich Krieg wider mich erhebt, so verlasse ich mich auf ihn.*

Du hast nichts zu fürchten, du bist auf das Unendliche ausgerichtet, das allmächtig und allweise ist. Es gibt keine Macht, die es herausfordern kann. Deshalb *fürchte ich kein Unglück; denn du bist bei mir...* (Psalm 23,4). Du setzt dein Vertrauen in die Allmächtige Kraft, die niemals versagt.

Ich bekam einen Anruf von einer Frau, die von einer Wahrsagerin hypnotisiert worden war. Diese hatte ihr weisgemacht, daß die »Geister« in der nächsten Dimension verlangten, daß sie ihr ein Grundstück übertrage, damit sie imstande sei, ihre Dienstleistungen als Wahrsagerin und Lebensberaterin zu erweitern. Sie überließ dieser Frau das Grundstück, erkannte aber schon bald, daß sie von ihr betrogen und einer Gehirnwäsche unterzogen worden war. Die Leichtgläubigkeit einiger Menschen spottet einfach jeder Beschreibung! Der Wert des Grundstücks betrug mehr als eine viertel Million Dollar.

Ihr Anwalt war ein spirituell orientierter Mann, der sich in der Wirkungsweise des Gemüts auskannte. Die Frau war von größter Panik erfüllt, da die Wahrsagerin ihr durch Boten ausrichten ließ, daß sie das »Todesgebet« gegen sie anwenden würde, wenn sie es wagen sollte, den Handel gerichtlich anzufechten. Dann würde sie mit Sicherheit sterben.

Ich wies sie an, den 27. Psalm dreimal täglich laut zu lesen, morgens, mittags und des Abends vor dem Einschlafen. Dann würde sie erkennen, daß diese Frau über keine wirkliche Macht verfügte.

Sie sollte – so sagte ich ihr – die negative Suggestion ganz und gar zurückweisen. Oftmals liegt die Heilung bereits in der Erklärung, sie befand sich in diesen Zeilen: *Denn es gibt kein Zaubern in Jakob und kein Wahrsagen in Israel. Zu rechter Zeit wird Jakob und Israel gesagt, welche Wunder Gott tut* (4. Mos. 23,23).

Was von manchen Menschen als Todesgebet und Schwarze Magie bezeichnet wird, ist einfach eine Umkehrung des geistigen Gesetzes. Wenn ich einem anderen Böses wünsche, dann muß ich wohl selbst in einer sehr negativen Verfassung sein; und damit ziehe ich mir selbst Böses zu und werde von ihm befallen, denn meine Stimmungen sind schöpferisch. Mein negatives oder destruktives Denken kann andere nur dann verletzen, wenn sie so töricht sind, die Suggestion zu akzeptieren und mir die Macht zugestehen, sie verletzen zu können. Dann allerdings werden sie zum Opfer.

Sollte der andere sich jedoch über meine angeblichen Kräfte lustig machen und ihnen nicht die geringste Macht zuschreiben, dann würden alle meine negativen Gedanken – alle meine Verwünschungen – wie ein Bumerang auf mich zurückfallen und mir schaden. Sie alle wären selbstzerstörend. Der Voodoo-Zauberer in Australien oder der Medizinmann im Dschungel Afrikas schickt seinem Opfer immer zuvor eine Botschaft, die besagt, daß es sterben wird, da er eine seiner Gestalt nachgebildete Puppe verbrannt habe. Und die dadurch im anderen Menschen erzeugte Furcht tötet ihn. Mit anderen Worten: Er tötet sich selbst. Schwarze Magie wird nur durch den wirksam gemacht, der sich als ihr Opfer sieht.

Wenn ein Schwarzmagier auch in negativer Weise gegen dich tätig sein sollte, indem er dich mit Verwünschungen überhäuft und dich als tot visualisiert, ist er in Wirklichkeit doch außerstande, das zu tun, denn schließlich möchte er ja selbst nicht zugrundegehen.

Diese Erklärung überzeugte sie. Sie begann wie folgt zu beten: »Das Unendliche Gesetz der Gerechtigkeit, Wahrheit und Harmonie arbeitet in vollkommener Weise für mich und alle an diesem Rechtsstreit Beteiligten. Mein Anwalt ist ein Mann Gottes, und Gott führt ihn. Nichts ist verborgen, was nicht offenbar wird. Nichts ist verdeckt, das nicht bekannt wird. Frau ... übergebe ich Gott. Jedesmal, wenn sie mir in den Sinn kommt, werde ich bejahen: ›Ich überlasse dich Gott. Gott sei mit dir.‹« Mehrmals am Tag las sie den 27. Psalm laut, und wenn sich Furchtgedanken einschleichen wollten, ersetzte sie sie durch: »Der Herr ist mein Licht und mein Heil. Vor wem sollte ich mich fürchten?«

Die Wahrsagerin wurde plötzlich sehr krank und stand schon bald darauf an der Schwelle des Todes. Sie rief die Frau an und bat sie um ihren Besuch, zusammen mit ihrem Anwalt. Sie gab ihr das Grundstück zurück, die Urkunden wurden unterzeichnet, alles ging seinen rechtlichen Gang. Die Negativität der Wahrsagerin war auf sie selbst zurückgefallen, und nun suchte sie um Vergebung nach, die ihr selbstverständlich gewährt wurde. Nachdem die Angelegenheit aus der Welt geschafft war, erholte die Wahrsagerin sich wieder. Es gibt immer eine Antwort.

Vers 4 und 5: *Eines bitte ich vom Herrn, das hätte ich gern; daß ich im Hause des Herrn bleiben könne mein Leben lang, zu schauen die schönen Gottesdienste des Herrn und seinen Tempel zu betrachten. Denn er deckt mich in seiner Hütte zur bösen Zeit, er birgt mich im Schutz seines Zeltes und erhöht mich auf einen Felsen.*

Du verweilst im Hause des Herrn – deinem eigenen Gemüt –, wenn du mit der Unendlichen Gegenwart in dir sprichst, wo immer du gehst und stehst. Du bleibst oder verweilst dort, weil du es dir zur Gewohnheit gemacht hast, über die Wahrheit nachzusinnen, daß Gott dein Leben ist und daß der Geist oder Gott dir innewohnt, dich liebt und für dich sorgt. Ganz gleich, wo du dich befindest, ob du die Straße entlang fährst, mit Kuchenbacken beschäftigt bist oder spazierengehst, immer kannst du dir von Zeit zu Zeit ins Gedächtnis zurückrufen, daß

Gott durch dich denkt, spricht und handelt. Dann bist du auf das Unendliche eingestimmt und bist dir bewußt, daß du der Tempel des Lebendigen Gottes bist. Die unbeschreibliche Schönheit des Unendlichen animiert und erhält dich.

Diese beiden Verse weisen darauf hin, daß es das Wichtigste in deinem Leben ist, Gott an die erste Stelle zu setzen in der Erkenntnis, daß diese unendliche Gegenwart und Macht dein Führer, Berater, Wegweiser, Zahlmeister und die Quelle aller Segnungen ist. Wenn du das weißt, gibst du keinerlei Macht an äußere Dinge und Geschehnisse, andere Menschen oder irgendwelchen Zuständen und Begebenheiten, denn du erkennst, daß die Ursache zu allem im Innern liegt. Du gibst erschaffenen Dingen keine Macht. Die Macht gibst du dem Schöpfer, nicht der Schöpfung. Nichts kann dich verstimmen, nichts dich stören. Alles auf der Welt vergeht, nur Gott nicht – und Gott allein genügt.

Du bist der Tempel Gottes, und du verweilst an dem geheimen Ort, wenn du die Liebe, das Licht und die Herrlichkeit des Unendlichen kontemplierst, die dir alles, was du wissen mußt, enthüllt – zu jeder Zeit und überall. Wenn du dir bewußt machst, daß du in die Heilige Allgegenwart eingetaucht bist und vom heiligen Kreis der ewigen Liebe Gottes umgeben bist, dann stehst du auf einem Fels. Das bedeutet, daß du von keinem Unheil berührt werden kannst. Du bist unbesiegbar, unüberwindbar. Du bist von der Rüstung Gottes umgeben, und dein Leben ist sicher, zu jeder Zeit und an jedem Ort.

Vers 6: *Und nun erhebt sich mein Haupt über meine Feinde, die um mich her sind; darum will ich Lob opfern in seinem Zelt, ich will singen und Lob sagen dem Herrn.*

Opfern bedeutet das Geringere für das Größere aufgeben. Du ersetzt Traurigkeit durch Freude, und wenn du beginnst, die Gottgegenwart in dir zu erhöhen, dann strömen alle Kräfte der Gottgegenwart dir zu, um für dich tätig zu werden. Die Feinde sind immer Schöpfungen deines eigenen Gemüts, wie Furcht, Sorge, Anspannung, Groll. Und wenn der Psalmist davon spricht, das Haupt über die Feinde zu erheben, dann meint er, daß du die negativen Gedanken mit dem Feuer der göttlichen Liebe verbrennst. Das Haupt steht symbolisch für Wissen und dein Bewußtsein, daß die Eine Gegenwart und Macht in dir alle Furchtgedanken aus deinem Gemüt vertreibt.

Eine Sängerin hatte durch einen plötzlichen Schock ihre Stimme verloren. Sie konnte einen ganzen Monat lang nicht laut singen oder sprechen. Ich wies sie an, still und unhörbar zu sich selbst zu singen – die Worte lautlos zu formen: »Ich will singen, ja, ich will dem Herrn Loblieder singen.«

Das tat sie alle 15 oder 20 Minuten lang, drei- oder viermal am Tag. Sie formte die Worte in der Stille und stellte sich dabei vor, daß sie vor einem Publikum sang. Die Ärzte konnten bei ihr weder einen pathologischen Zustand noch eine Lähmung oder Infektion irgendwelcher Art feststellen. Der Verlust der Stimme kam als Folge eines durch ein Erlebnis ausgelösten großen Schocks. Nach vier Tagen war ihre Stimme wiederhergestellt. *Er erquickt meine Seele*... (Psalm 23,3).

Vers 7: *Herr, höre meine Stimme, wenn ich rufe; sei mir gnädig und erhöre mich!*

Wenn du die Unendliche Intelligenz anrufst, dann bekommst du eine Erwiderung, das will der Psalmist damit sagen. ... *Bevor sie rufen, will ich antworten, und während sie noch reden, will ich hören* (Jes. 65,24).

Die Natur der Unendlichen Intelligenz ist es, Antwort, Erwiderung zu geben.

Vers 8: *Mein Herz hält dir vor dein Wort: Ihr sollt mein Antlitz suchen; darum suche ich auch, Herr, dein Antlitz.*

Gott hat kein Antlitz, keine Form, keine Gestalt. Gott ist der Lebendige Geist im Inneren. *Antlitz* bedeutet Wahrheit. Wenn ich dir ins Antlitz blicke, dann erkenne ich dich. Erkenne den Unendlichen Geist in dir und du weißt, daß er dir erwidern wird; dann wirst du *das Antlitz Gottes suchen,* und du wirst die Freude des beantworteten Gebets erfahren.

Vers 9: *Verbirg dein Antlitz nicht vor mir, verstoße nicht im Zorn deinen Knecht! Denn du bist meine Hilfe; verlaß mich nicht und tu die Hand nicht von mir ab, Gott, mein Heil!*

Gott ist allgegenwärtig und uns zu keiner Zeit verborgen, denn Gott ist unser eigentliches Leben. Wenn wir angsterfüllt und besorgt sind und auf Biegen oder Brechen versuchen, eine Antwort zu bekommen, dann erscheint es uns, als sei Gott vor uns verborgen. Geistiges Erzwingen und Willenskraft versagen völlig. Es ist vielmehr das stille empfängliche Gemüt, dem die Antwort zuteil wird, denn das Gebet ist anstrengungsloses Bemühen. Wenn wir zweifeln oder angsterfüllt sind, blockieren wir unser Gutes. Gott spricht im Frieden, nicht in der Verwirrung.

Vers 10: *Denn mein Vater und meine Mutter verlassen mich, aber der Herr nimmt mich auf.*

Die Gottesgegenwart versagt niemals und läßt dich niemals im Stich. Du bist ein Sohn oder eine Tochter des Unendlichen, und Gott ist Liebe. Der Wille des Unendlichen für dich ist immer ein größeres Maß an Leben, Liebe, Wahrheit und Schönheit; in anderen Worten: Ein reicheres Leben. Gott sucht immer ein heiliges Gefäß, damit er sich auf höherer Ebene durch dich ausdrücken kann. Gott ist grenzenlose Liebe, und Liebe kann nichts Liebloses tun.

Vers 11 und 12: *Herr, weise mir den Weg und leite mich auf ebener Bahn um meiner Feinde willen. Gib mich nicht preis dem Willen meiner Feinde! Denn es stehen falsche Zeugen wider mich auf und tun mir Unrecht ohne Scheu.*

Hier betet der Psalmist um die Führung Gottes zu Pfaden der Freude und Wegen des Friedens. Die falschen Zeugen sind die Ängste und Zweifel, die sich in deinem Gemüt erheben. Nichts kann die Allmacht herausfordern. Gott ist allmächtig, allweise, der Ewig Lebende Eine. Wenn du dich in deinem Denken mit dem innewohnenden Gott verbindest, neutralisierst du jede Negativität. Alle deine Ängste beruhen auf einem Mangel an Gottvertrauen. Ängste sind grausam, sie sind immer Geschöpfe deines eigenen Gemüts und werden ausgetrieben, wenn göttliche Liebe deine Seele erfüllt.

Vers 13 und 14: *Ich glaube aber doch, daß ich sehen werde die Güte des Herrn im Land der Lebendigen. Harre des Herrn! Sei getrost und unverzagt und harre des Herrn!*

Woran glaubst du? Glauben heißt etwas als wahr akzeptieren. Die wunderbarste Antwort, die du geben könntest, wäre folgende: »Ich glaube an die Güte Gottes im Land der Lebenden. Mein Glaube, Vertrauen und völliges Sich-Verlassen beruht wahrlich voll und ganz auf der Göttlichen Gegenwart im Innern und nicht auf meinem Intellekt, auf anderen Menschen oder Äußerlichkeiten. Mein Vertrauen ist in Gott, der Einzigen Gegenwart und Macht.«

Der Schluß dieses Psalms stellt eine kraftvolle und wunderbare Mahnung dar, im Gebet beharrlich zu sein. »Des Herrn harren« bedeutet nicht Untätigkeit oder Vernachlässigung in der Hoffnung, daß Gott mal vorbeikommt und deine Probleme löst. Es bedeutet vielmehr, daß du glaubst, weißt und eine göttliche Lösung erwartest, weil du dich im Glauben und Vertrauen an die Unendliche Gegenwart und Macht gewandt hast und weißt, daß die Lösung oder Antwort kommen wird.

Des Herrn harren bedeutet regelmäßig und systematisch für die Beseitigung deiner Probleme beten. Es bedeutet Geduld und Beharrlichkeit. Die Wirkung deiner konstanten Wiederholungen der Wahrheiten Gottes wird dein Herz stärken und dir größeren Glauben verleihen. Wenn du dir weiterhin klarmachst, daß die Macht Gottes in deinem Sinne tätig ist, dann wird schließlich der Tag heraufdämmern, und alle Schatten werden fliehen.

6
Höhepunkte der Psalmen 30, 31, 32, 34

Ich werde einige der Schlüsselverse dieser Psalmen nehmen und sie beleuchten, damit der Leser die Schönheit und Wunder der großen Wahrheiten sehen kann, die in ihnen enthalten sind.

30. Psalm

Herr, mein Gott, als ich schrie zu dir, da machtest du mich gesund (Psalm 30,2). *Herr, du hast mich von den Toten herausgeholt; du hast mich am Leben erhalten, daß ich nicht in die Grube fuhr* (Psalm 30,3). Wir sollten die Wahrheit von Walt Whitmans Kernspruch erkennen: »Was sich zwischen meinem Hut und meinen Stiefeln befindet, ist nicht alles.« Du bist das Universelle Prinzip in einer bestimmten Manifestation.

... Ich bin der Herr, der dich heilt (Exod. 15,26). *Aber ich will dich wieder gesund machen und deine Wunden heilen, spricht der Herr* (Jer. 30,17). Die Unendliche Heilungsgegenwart befindet sich in deinem Innern. Und wenn du dich an diese Macht wendest, wird sie dir ihrem Wesen nach antworten. Wende die Formel ICH BIN an. ICH BIN, deshalb kann ich; deshalb werde ich; bedenke, das ICH BIN ist die Gegenwart Gottes in dir. Sie ist die einzig heilende Kraft, die es gibt. Wenn du bejahst »Gott heilt mich jetzt« und das Bejahte glaubst, werden Resultate folgen.

Eine Frau in Laguna Hills erzählte mir, daß sie eines Abends in die Notaufnahme einer Klinik gebracht worden war, offensichtlich mit einem Herzanfall. Während des Transports dorthin hatte sie laut gerufen: »O Herr, heile mich.« Dieses Gebet wiederholte sie während der ganzen Fahrt. Bereits am nächsten Tag konnte sie entlassen werden, denn alle Tests wiesen ein normal arbeitendes Herz aus. Ihr Aufschrei war einfach ihre Anerkennung der Unendlichen Heilungskraft und ihr zweifelsfreier Glaube an die Antwort der Göttlichen Gegenwart. Es gibt keine zwei ICH BINs, sondern nur ein ICH BIN – nur einen Gott. Deshalb: Das Universelle Lebensprinzip wird das sein, was es für dich ist. *Gegen die Heiligen bist du heilig, und gegen die Treuen bist du treu* (Psalm 18,26).

Die Bedeutung von Psalm 30,3, wo das Grab und die Grube erwähnt, ist: Wir müssen uns daran erinnern, daß es nicht nur Friedhöfe gibt, auf denen tote Körper begraben werden, sondern auch Friedhöfe im Gemüt, wo Millionen ihre Hoffnungen begraben – ihre Träume, Ideale und Erwartungen. Nur zu viele Menschen sind von Mutlosigkeit befallen, von Melancholie, Zynismus, Ablehnung und Selbstmitleid. In ihrem Denken haben sie ihre Ideale und die Wünsche ihres Herzens bereits beiseite gelegt. Sie sagen sich: »Es kann nicht sein! Es ist einfach zu schön, um wahr zu sein. Die guten Dinge des Lebens sind nicht für mich geschaffen.« Mit dieser negativen Einstellung begraben sie ihre Hoffnungen und Träume.

Die Alternative ist, über Ausdehnung, Wachstum und Erweiterung auf der ganzen Linie zu meditieren. Sieh dich das tun, was du tun möchtest, in dem Wissen, daß die Kraft des Allmächtigen dich stützt. Wenn du das regelmäßig tust, dann wirst du einen Garten in deinem Gemüt haben, der wächst und Kraft, Selbstvertrauen und Sicherheit zum Vorschein bringt, und das an allen Tagen deines Lebens.

Die Grube, von der die Rede ist, ist die Stimmung der Niedergeschlagenheit, Düsterkeit und Verzweiflung. Wenn du dir bewußt machst, daß Gott dich durchströmt und alle leeren Krüge in deinem Leben bis obenan füllt, dann wirst du dich nicht hinunter in die Grube der Niedergeschlagenheit begeben.

Einer Frau, die zweimal wöchentlich das Grab ihres verstorbenen Mannes besucht, um dort Blumen niederzulegen, empfahl ich, diese Prozedur abzubrechen. Sie war sehr deprimiert und hatte ihren Ausblick auf das Leben verloren. Ich erklärte ihr, daß sie im Begriff war, sich einen Friedhof in ihrem

Gemüt zu bauen und sich mit Ende und Vergänglichkeit zu identifizieren. Ich machte ihr klar, daß sich in dem von ihr so sorgsam gepflegten Grab niemand befand. Ich wies sie darauf hin, daß Menschen auch auf dem Meer begraben werden und niemand dort irgendwelche Markierungen setzt. Wenn es jedoch weder Grab noch Grabstein gibt, um uns Tod und Vergänglichkeit zu suggerieren, dann besteht auch für das Gemüt kein Grund in der Welt, zu erklären, daß es den Tod gibt.

Ich empfahl ihr, ihrem Mann die Blumen ihres Herzens zu geben, denn er – wie auch alle anderen Weitergegangenen – befindet sich ja hier, überall um sie herum. Er lebt nur in der nächsten Dimension des Lebens. Deshalb lesen wir in der Bibel, daß die Gruft leer ist – es ist niemand dort. Ihr Kummer und ihre Trauer beraubten sie ihrer Vitalität, ihrer Gesundheit, ihres Gemütsfriedens und nach und nach auch ihrer Sehkraft.

Geliebte von uns gegangene Menschen sind nur durch eine andere Frequenz von uns getrennt, sie wirken in der vierten Dimension, die sich überall um uns herum befindet und diese Ebene durchdringt. Wenn du dein Fernsehgerät einschaltest, dann siehst du Menschen im Zimmer, du hörst Symphonien, Lieder und Nachrichten aus fernen Ländern. Die Symphonien, die Musik und die agierenden Menschen waren bereits die ganze Zeit über im Zimmer. Nur mußtest du das Fernsehgerät einschalten, um es zu beweisen.

Viele hellsichtige Menschen können andere in der nächsten Dimension wahrnehmen. Wenn die Schuppen des Aberglaubens und der Gehirnwäsche tausender Jahre von unseren Augen gefallen sind, werden wir unsere Liebe genau dort wahrnehmen, wo wir sind, außerhalb von Zeit und Raum.

Du hast mir meine Klage verwandelt in einen Reigen, du hast mir den Sack der Trauer ausgezogen und mich mit Freude gegürtet (Psalm 30,11). Du wirst niemals wieder die Toten beklagen, denn es gibt keine Toten; wenn geliebte Menschen in die nächste Dimension überwechseln, wirst du dich ihres neuen Geburtstages in Gott erfreuen und wissen, daß ihre Reise sie ewig vorwärts, aufwärts und gottwärts führt. Du gürtest dich mit Freude, wenn du bejahst, daß die Liebe, der Frieden, die

Harmonie und Freude des Herrn sie in transzendentaler Lieblichkeit durchströmt. Dann erhebst du sie in deinem Herzen und gibst ihnen und dir eine göttliche Transfusion.

Der wichtigste Vers im 31. Psalm ist der 15.: *Meine Zeit steht in deinen Händen. Errette mich von der Hand meiner Feinde und von denen, die mich verfolgen* (Psalm 31,15). Die Hand steht in der Bibel für die Macht Gottes, auf eine bestimmte Lösung gerichtet. Deshalb wird uns gesagt: ... *Wer glaubt, der hastet nicht* (Jes. 28,16). ... *Und er heißt Wundervoll...* (Jes. 9,6). Diese Gottgegenwart ist voller Wunder, und die Antwort auf dein Gebet wird in Gottes eigener Zeit und auf Gottes eigenem Weg kommen. Wunder geschehen, wenn du betest.

Du mußt dir selbstverständlich darüber klar sein, daß die Feinde, von denen in der Bibel die Rede ist, die unseres »eigenen Haushalts« oder Gemüts sind. In anderen Worten: Die Feinde sind Denkmuster, und die mentalen Vorstellungen sind von uns selbst erschaffen, in unserem eigenen Gemüt. Deshalb sagte Jesus: *Und die Feinde des Menschen werden seine eigenen Hausgenossen sein* (Matth. 10,36). Du mußt auch begreifen, daß der Ursprung jeglicher Verfolgung nirgendwoanders als in deinem eigenen Gemüt zu finden ist.

Die Bibel sagt: *Selig sind, die um der Gerechtigkeit willen verfolgt werden; denn ihnen gehört das Himmelreich* (Matth. 5,10). Wenn beispielsweise jemand Lügen über dich verbreitet, dich verleumdet und anderen gegenüber alle Art Übels über dich redet, dann kann es sein, daß du Gerechtigkeit oder rechtes Denken vielleicht ziemlich schwierig findest. Wenn du Ängsten, Zorn-, Haß- und Grollgefühlen oder dem Wunsch, mit jemandem quitt zu werden, nachgibst, dann wirst du um der Gerechtigkeit willen verfolgt. Das ist dann eine wunderbare Gelegenheit, die Gegenwart Gottes zu praktizieren und dein Gemüt mit den Wahrheiten Gottes zu durchdringen.

Wissenschaftliches Beten ist das Praktizieren der Gegenwart Gottes, und das beinhaltet, mit dem Negativen des Gemüts zu ringen, das dazu neigt, dich zu verfolgen und zu irritieren. Wende dann das große Gesetz des Ersetzens an und gib dich gottgleichem Denken hin. Wenn deine Gedanken Gottes Gedanken sind, dann ist Gottes Allmacht mit deinen Gedanken des Guten.

Ein junges Mädchen, das in einem großen Büro arbeitet, erzählte mir, daß der Bürovorsteher ständig etwas an ihr auszusetzen, daß er sich beim Chef über sie beschwert und anderen gegenüber Lügen über ihre Moral verbreitet habe. Ich erklärte ihr, daß sie damit aufhören müsse, dem Bürovorsteher Macht zu verleihen, und daß die Macht, ihr Leben zu beherrschen und zu regulieren, sich in ihr selbst befindet und nicht in der anderen Person. Ich erklärte ihr eingehend, daß es selbstverständlich keinen Sinn hat, sich von einem anderen Menschen belästigt zu fühlen. Denn eigentlich belästigen wir uns selbst. Das Gefühl des Unglücklichseins ist immer das Resultat einer Gemütsbewegung in unserem eigenen Denken.

Darüber hinaus kann nichts in unseren Erfahrungsbereich gelangen, wenn es nicht etwas in uns findet, das darauf eingestimmt ist. Ohne Zweifel ist etwas in unserem Unterbewußtsein verborgen, das es anzieht. Es ist auch ein Zeichen dafür, daß unser Unterbewußtsein einer Reinigung bedarf. Das, was wir zu jeder beliebigen Zeit sehen und wahrnehmen, beruht auf unserem eigenen Konzept der Dinge.

Dieses junge Mädchen heilte sich selbst, indem es sich an die Quelle wandte, an Gott in ihrem Innern, an das ICH BIN die Einzige Gegenwart, Macht, Ursache und Substanz. Die junge Frau bejahte tapfer: »Gott ist mein Vorgesetzter, mein Führer und mein Berater. Gott wacht über mich. Ich arbeite für ihn. Gott ist mein Zahlmeister, er liebt mich und sorgt für mich. Es ist wundervoll.« Jedesmal wenn ihr der Bürovorsteher in den Sinn kam, bejahte sie: »Gott sei mit dir. Ich löse dich und lasse dich gehen. Gott ist mein Vorgesetzter.« Das machte sie sich zur Gewohnheit, und wenige Wochen später wurde der Bürovorsteher versetzt und sie selbst befördert.

Denke daran, alles, was du im Bewußtsein beanspruchst und als bereits vorhanden und wahr anerkennst, gehört dir aufgrund deines Bewußtseins. Alle Verfolgungen und Behinderungen kommen von innen.

Was aber war mit den Märtyrern? Diese Frage wird von vielen aufgeworfen. Du mußt begreifen, daß deren Wissen um die Gesetze des Gemüts und die Wege des Geistes unvollständig war. Viele von ihnen richteten ihre Aufmerksamkeit auf Leiden und Martyrium. Sie hielten das, wie auch viele Heilige, für das höchste Gut. Und – was du erwartest und worauf du deine Aufmerksamkeit richtest, das wird sich in deinem Erfahrungsbereich ereignen.

Vollkommene Liebe treibt die Furcht aus. Wenn die Märtyrer von damals ihre Feinde in ausreichender Weise »losgelassen« hätten, d.h. die Gegenwart Gottes in sich und den anderen anerkannt hätten, dann hätte nichts – aber auch gar nichts – sie berühren können. *Es wird dir kein Übel begegnen, und keine Plage wird sich deinem Hause nahen* (Psalm 91,10). ... *Wenn Gott für uns ist, wer kann wider uns sein?* (Röm. 8,31).

32. Psalm

Im 32. Psalm gibt es drei sehr wichtige Verse, die im Verlauf des Folgenden erklärt werden. *Du bist mein Schirm, du wirst mich vor Angst behüten, daß ich errettet gar fröhlich rühmen kann. Sela* (Psalm 32,7). Hier werden wir besonders darauf hingewiesen, daß Frieden und Schutz vom Vertrauen auf Gott herrühren. Wenn du die in diesem Vers enthaltene große Wahrheit bejahst, findest du dich vom heiligen Kreis der Liebe Gottes umgeben. Die ganze Rüstung Gottes hüllt dich ein, und du wirst ein wunderbares Leben führen.

Ein Detektiv vom Rauschgiftdezernat, dessen Einsätze zuweilen sehr gefährlich waren, erzählte mir, daß seine Frau ihm ein goldenes Medaillon geschenkt hatte mit dem eingravierten 7. Vers des 32. Psalms. Er hatte es an seine Uhrkette geheftet und die eingravierte Wahrheit in sein Herz (Unterbewußtsein) aufgenommen. Der Beweis dafür: Es wurde schon mehrmals aus nächster Nähe auf ihn geschossen, aber entweder verfehlten ihn die Kugeln, oder die Waffen hatten Ladehemmung. Er hat die Wahrheit des 7. Verses so in sich aufgenommen, daß sie zu einer unterbewußten Überzeugung wurde, einem lebendigen Teil von ihm, so wie ein verzehrter Apfel zu einem Teil unseres Blutes wird. Diese Segnung wurde ihm zuteil wegen der Lauterkeit seines Herzens.

Ich will dich unterweisen und dir den Weg zeigen, den du gehen sollst; ich will dich mit meinen Augen leiten. Seid nicht wie Rosse und Maultiere, die ohne Verstand sind, denen man Zaum und Gebiß anlegen muß; sie werden sonst nicht zu dir kommen (Psalm 32,8–9).

Ein führendes Prinzip befindet sich in jedem von uns. Die Unendliche Intelligenz kennt allein die Antwort und hat die Lösung für jedes Problem unter der Sonne. Vers 9 sagt, daß diese Führung und Unterweisung von unserem Verständnis der geistigen Gesetze abhängt. Wir dürfen nicht wie das Roß und das Maultier sein, die nur vom Instinkt geleitet und außerstande sind, kritisch abzuwägen wie der Mensch, der – wenn er es versteht – die Spreu vom Weizen, das Falsche vom Wahren sondern kann. Mit anderen Worten: Du sollst wie ein guter, aufrichtiger Richter sein, der die Wahrheit einer Situation und die Falschheit vom Hörensagen bewertet und dann erst die Erscheinung der Dinge und sich schließlich für die Wahrheit des Seins entscheidet.

Eine Frau, die hier in Leisure World, Laguna Hills wohnt, bekam vor einigen Jahren eine Einladung zu einer Gruppenreise, bei der dann infolge einer Flugzeugkatastrophe viele Menschen das Leben verloren. Bevor sie sich seinerzeit dazu entscheiden konnte, betete sie wie folgt: »Die Unendliche Intelligenz enthüllt mir die Antwort, sie führt und leitet mich in meinen Entschlüssen, und ich folge der empfangenen Führung, die klar und deutlich in meinen wachbewußten, abwägenden Verstand gelangt.«

Daraufhin hatte sie einen lebhaften Traum, in dem sie die Katastrophe in ihrem ganzen Ausmaß sah. In anderen Worten, sie erlebte eine Vorschau dessen, was sich einige Tage später ereignen sollte. Sie entschloß sich selbstverständlich, die Reise nicht mitzumachen, und riet ihren Freunden, die sie eingeladen hatten, ihre Reservierungen zu annullieren. Aber leider schlugen die Freunde ihre Warnung in den Wind, als einen bloßen Traum, der keinerlei Bedeutung hatte.

Diese Frau hatte das, wovon die Bibel spricht – Verständnis. Sie kannte die Wirkungsweise ihres Gemüts und folgte den Weisungen. Sie wußte, daß es die Natur der Unendlichen Intelligenz ist zu antworten und daß die Einflüsterungen, das Drängen und die Eingebungen des Höheren Selbst immer Richtung Leben führen. Sie hatte erkannt, daß das Lebensprinzip, das Gott ist, immer bestrebt ist, dich zu schützen, wenn du nur hinhörst und dich entsprechend verhältst. *Sondern wer sich rühmen will, der rühme sich dessen, daß er klug sei und mich kenne, daß ich der Herr bin...* (Jer. 9,23). *Aber ich weiß, daß mein Erlöser lebt...* (Hiob 19,25).

34. Psalm

Die Schlüsselverse des 34. Psalms sind die folgenden herrlichen Wahrheiten: *Ich suchte den Herrn, und er antwortete mir, und er rettete mich aus aller meiner Furcht. Schmeckt ihn und seht, wie freundlich der Herr ist. Wohl dem, der auf ihn traut!* (Psalm 34,4,8)

Die Furcht ist der größte Feind des Menschen. Hinter jedem Fehlschlag, jeder Krankheit, hinter allen Störungen zwischenmenschlicher Beziehungen steckt die Furcht. Sie ist in Wirklichkeit ein Mangel an Gottvertrauen. Furcht ist Vertrauen in das Falsche. Furcht ist auf der Annahme gegründet, daß äußere Dinge verursachen, und das ist falsch. Die einzig existierende schöpferische Kraft ist der Geist oder Gott in dir.

Geh zurück an den Ursprung, und erkenne, daß Gott die einzige Gegenwart, Macht, Ursache und Substanz ist und dich durchströmt als Harmonie, Gesundheit, Frieden, Freude, Überfluß und Sicherheit. Wenn du dir das zur Gewohnheit machst, werden alle Ängste nach und nach von dir abfallen. Gib all deine Verehrung, Loyalität und Hingabe dem Geist in dir und weigere dich, irgendeinem erschaffenen Ding oder einem anderen Menschen Macht zu geben; dann bist du auf dem Weg, von allen deinen Ängsten befreit zu werden.

Ein kleines Mädchen war vor Furcht wie gelähmt, weil seine Großmutter ihm eingeredet hatte, daß unten im dunklen Keller ein Buhmann hause, der es mitnehmen würde, weil es nicht artig gewesen war. Seine ältere Schwester hatte Mitleid mit ihm, führte es nach unten in den Keller und schaltete das Licht an. Sie zeigte ihm, daß überhaupt kein Buhmann da war. Damit war die Kleine frei von Furcht. Die Furcht im Gemüt des kleinen Mädchens war jedoch genauso real, als ob dort wirklich ein Buhmann gewesen wäre. Es war nunmehr von einem falschen Gedanken in seinem Gemüt geheilt. Das, was es gefürchtet hatte, existierte nicht. Ebenso haben die meisten unserer Ängste keinerlei Realität. Sie sind lediglich eine Ansammlung düsterer Schatten – und Schatten haben keinerlei Wirklichkeit.

Vers 8 sagt: *Schmeckt und seht, wie freundlich der Herr ist.* Das bedeutet: Wenn du die Wahrheit in dich aufgenommen hast, daß es nur eine Macht gibt, die sich als Einssein, Harmonie, Ganzheit, Schönheit und Vollkommenheit bewegt, wirst du all deinen Glauben und dein Vertrauen in die Güte Gottes im Land der Lebenden setzen. Du wirst erkennen, daß die Furcht ein Gedanke oder geistiger Eindruck ist, der allein von dir erschaffen wurde und über keinerlei Realität verfügt. Es gibt kein Prinzip hinter der Furcht, und es gibt nichts, das sie am Leben erhält.

Nehmen wir einmal an, du fürchtest dich vor Wasser, Bergen, vor geschlossenen Räumen, offenen Plätzen, einem Interview, einem Einstellungsgespräch, oder du fürchtest eine Flugreise. Dann wirst du die folgende Technik sehr nützlich finden. Sagen wir mal, du fürchtest dich vor dem Wasser. Dann setz dich drei- oder viermal am Tag für 5 oder 10 Minuten still hin und stell dir vor, du würdest schwimmen. Du schwimmst in der Tat, in deiner Vorstellung nämlich. Es ist eine subjektive Erfahrung. Du hast dich geistig ins Wasser versetzt. Du spürst die Kühle des Wassers und die Bewegungen deiner Arme und Beine.

Das alles ist eine reale, lebhafte und freudige Aktivität des Gemüts. Es ist keineswegs ein bloßes Tagträumen, denn du weißt, daß alles das, was du dir im Gemüt als vollendete Tatsache vorstellst, von deinem Unterbewußtsein entwickelt wird. Dann fühlst du dich gedrängt, dem Abbild dessen, was du deinem tieferen Gemüt eingeprägt hast, auch im Äußeren Ausdruck zu geben. Das ist das Gesetz deines Unterbewußtseins. Die gleiche Technik kannst du für alle Ängste und Befürchtungen anwenden, gleichgültig, ob du dich vor geschlossenen Räumen fürchtest oder vor hochliegenden Etagen. Stell dir vor, du würdest einen Berg besteigen; stell es dir als Wirklichkeit vor, fühle es; genieße das Panorama, denn du weißt, wenn du das im Geist weiterhin tust, wirst du es auch physisch vollbringen, leicht und bequem.

Das hat das Gesetz deines Gemüts in die Praxis umgesetzt. Du bist jetzt frei von Furcht.

Schmeckt und seht, wie freundlich der Herr ist. Wohl dem, der auf ihn traut! (Psalm 34,8)

7
Höhepunkte der Psalmen 37, 38, 40

37. Psalm

1. *Entrüste dich nicht über die Bösen, sei nicht neidisch auf die Übeltäter.*
2. *Denn wie das Gras werden sie bald verdorren, und wie das grüne Kraut werden sie verwelken.*
3. *Hoffe auf den Herrn und tu Gutes, bleibe im Land und nähre dich redlich.*
4. *Habe deine Lust am Herrn; der wird dir geben, was dein Herz wünscht.*
5. *Befiehl dem Herrn deine Wege, und hoffe auf ihn, er wird's wohl machen*
6. *Und wird deine Gerechtigkeit herauffführen wie das Licht und dein Recht wie den Mittag.*
7. *Sei stille dem Herrn und warte auf ihn. Entrüste dich nicht über den, dem es gut geht, der seinen Mutwillen treibt.*

Hier wird dir mit Bestimmtheit bedeutet, dich gedanklich nicht mit Übeltätern zu befassen. Mach dir über sie keine Sorgen. Denke daran, du bist nur für eines verantwortlich: Für die Art deines Denkens über andere Menschen. Deine Gedanken sind schöpferisch; was du daher vom anderen denkst, das erschaffst du auch in deinem eigenen Leben.

Wenn ein Mensch betrügt, stiehlt, vergewaltigt, mordet, dann hast du ihn schließlich nicht dazu aufgefordert. Er ist für seine Handlungen selbst verantwortlich. Wenn er die Gesetze des Geistes mißbraucht, bekommt er die Reaktion des Gesetzes zu spüren. Früher oder später wird er feststellen, daß er das, was er im Gemüt gesät hat, ernten wird. Es wird dir auch bedeutet, nicht neidisch auf solche Übeltäter zu sein.

Oftmals kommt dir die Tatsache zu Bewußtsein, daß es Menschen gibt, die durch Machenschaften aller Art reich geworden sind, wie Pornographie, Prostitution, betrügerische Aktienverkäufe und vielerlei andere kriminelle Handlungen, mit denen sie andere Menschen um Millionen betrügen. Hier kommen wir wieder an den gleichen Punkt. Als Bürger kannst du bei der Wahl deine Stimme für jene abgeben, die aufrichtig und ehrlich sind. Du kannst die Kommunal-, Landes- oder Bundespolitiker anschreiben und deine konstruktiven Ansichten geltend machen und um gewisse Änderungen nachsuchen.

Auf andere und ihren Besitz jedoch neidisch zu sein, bringt dir unweigerlich selbst Mangel, Begrenzung und Verarmung. Deshalb kannst du es dir nicht leisten, auf andere neidisch oder eifersüchtig zu sein. Wenn du einen Mann wöchentlich 10000 Mark auf sein Konto einzahlen siehst, wo du nur 1000 Mark zurücklegen kannst, und bist dann neidisch, dann wirst du dir noch mehr Mangel und Begrenzung zuziehen.

Dann verneinst du die Quelle, die dir zur Verfügung steht. Du kannst beanspruchen, was du willst. Das, was du annimmst und glaubst, das wird der Geist in dir vollbringen. Was du kritisierst und verdammst, bekommt Flügel und fliegt davon. Bedenke, du brauchst selbst mehr Geld; dann ist es doch töricht, das Geld, das ein anderer verdient, zu verdammen.

In Vers 2 steht geschrieben: *Denn wie das Gras werden sie bald verdorren, und wie das grüne Kraut werden sie verwelken.* Vor Jahren in New York City war mir der Fall eines Mannes bekannt, der gefälschte Aktien und Wertpapiere an Witwen und andere mehr oder weniger hilflose Menschen verkauft und sie damit um ihre Ersparnisse gebracht hatte. Dieser Mann schien tatsächlich finanziell zu gedeihen: Er hatte ein hübsches Haus, viel Geld und gab großzügige Parties. Viele sagten: »Sieh dir diesen Mann an! Der hat die richtige Masche heraus! Er hält sich an den Buchstaben des Gesetzes, und dennoch bestiehlt er alle rund um sich herum!«

Zwanzig Jahre später las ich über ihn in der Zeitung. Er war jetzt Patient in einer Nervenheilanstalt, litt an Gehirnschwund und war völlig mittellos. Das Gesetz des Geistes antwortet auf seine eigene Weise. Wenn du das Gesetz der Harmonie, der Ehrlichkeit, der Gerechtigkeit und Liebe mißbrauchst, dann reagiert das Gesetz auf seine eigene Weise nach eigenem Zeitermessen. Und das kann durchaus ein Zeitraum von 20 oder 25 Jahren sein. *... und die Rache ist mein; ich will vergelten, spricht der Herr* (Röm. 12,19).

In Vers 3 meint dein Vertrauen in den Herrn deinen Glauben, daß alles, was du deinem Unterbewußtsein aufprägst, zum Vorschein kommt und in deinen Erfahrungsbereich gelangt. Dein Herzenswunsch könnte Gesundheit, ein wahrer Platz, eine Partnerschaft, Wohlstand oder Erfolg sein; wenn du dir bewußt machst, daß die Unendliche Gegenwart und Macht dir den Wunsch eingab, dann weißt du auch, daß die gleiche Gegenwart und Macht seine Verwirklichung vollbringen wird, vorausgesetzt, du wendest dich an die Höchste Intelligenz im Glauben und Vertrauen. Deinem Glauben und deiner geistigen Annahme gemäß wird es sich verwirklichen.

Der Begriff »Gerechtigkeit« im 6. Vers bedeutet rechtes Denken, rechtes Fühlen und rechtes Handeln. Du denkst richtig, wenn du vom Standpunkt universeller und ewiger Wahrheiten aus denkst. Um die Mittagszeit wirft die Sonne keine Schatten; deshalb sollte dein Urteil sich immer an dem ausrichten, was für den Unendlichen Geist wahr ist, unabhängig davon, ob für dich selbst oder für einen anderen. Dann urteilst du gerecht.

Aber die Sanftmütigen werden das Land erben und ihre Freude haben am großen Frieden (Psalm 37,11). Hier handelt es sich nicht um eine leere Platitüde; im Gegenteil, es ist etwas sehr Praktisches. Das Land, die Erde oder das Erdreich steht in der Bibel immer für jeden manifestierten Zustand, und hinter jeder Manifestation gibt es eine Ursache. Deshalb sind dein Heim, dein Beruf, dein Geschäft, dein finanzieller Status und all deine Erfahrungen nichts anderes als Manifestationen deiner geistigen Zustände. Das Wort »sanftmütig« repräsentiert ein Gemüt, das lehrbar, offen, empfänglich und vom Glauben an Gott erfüllt ist, zusammen mit dem Bewußtsein, daß der Wille des Unendlichen für dich immer etwas Herrliches, Großartiges, Freudiges und Vitales ist. Diese geistige Einstellung ist der Schlüssel zum Erfolg, Wohlstand und zum Gemütsfrieden. Es gibt ein altes orientalisches Sprichwort: »Sanftmut zwingt sogar Gott selbst.«

Der Gottlose droht dem Gerechten und knirscht mit seinen Zähnen wider ihn (Psalm 37,12). Die Gottlosen sind jene, die negativ und destruktiv denken. Wenn wir uns der Furcht, dem Haß, Zorn oder Groll hingeben, dann sind wir schlecht oder gottlos. Wenn wir es versäumen, recht zu denken, recht zu handeln und recht zu fühlen, wenn wir versucht sind, falsch über eine Situation oder einen Menschen zu denken, oder wenn wir Gefühlen der Verzweiflung oder Selbstverurteilung nachgeben, dann lassen wir die Negation die edlen, gottgleichen Gedanken in unserem Gemüt angreifen. Spirituelles Wachstum beinhaltet ein Ringen mit unserer alten Natur, die das gewohnheitsmäßige negative Denken fortsetzen will.

Vers 13 sagt: *Aber der Herr lacht seiner…* und das heißt: Wenn du gottgleiche Gedanken in deinem Gemüt inthronisierst, und wenn dir klar ist, daß spirituelle Gedanken alle negativen Gedanken zerstören, dann wirst du alles negative, destruktive Denken zurückweisen. Wisse, wenn deine Gedanken Gottes Gedanken sind, ist die ganze Macht Gottes mit deinen Gedanken des Guten.

Nicht das, was ein anderer sagt oder tut, ist es, was dich belästigt oder stört, es ist dein eigenes Denken darüber. Du bist der einzige Denker in deiner Welt. Andere haben keine Macht, dich zu verstören. Kein anderer verfügt über diese Macht, nur du selbst. Die Ursache davon ist immer eine Bewegung deines ureigensten Denkens. Denke daran: Nichts kann in deinen Erfahrungsbereich gelangen, wenn es nicht etwas in dir findet, auf das es eingestimmt ist; wenn du daher Ärger oder Schwierigkeiten mit anderen Menschen oder mit deiner Arbeit hast, ist das nur ein Zeichen dafür, daß es einer Reinigung deines Bewußtseins bedarf. Das, was du siehst, ist nichts anderes als dein eigenes Konzept. Und zwar immer! Zu jeder Zeit! Hast du edle, gottgleiche Konzepte von dir, dann siehst du auch die Gegenwart Gottes im anderen. Identifizieren deine Augen sich mit dem Lieblichen, dann wirst du nur das Liebliche sehen.

Ich bin jung gewesen und alt geworden und habe noch nie den Gerechten verlassen gesehen und seine Kinder um Brot betteln (Psalm 37,25). Dies ist ein sehr wichtiger Vers, überquellend mit großen Wahrheiten. Biblisch gesprochen, sind wir alle jung, wenn wir die Gesetze des Gemüts und Wege des Geistes nicht kennen. Als alt werden wir jedoch angesehen, wenn uns diese Gesetze vertraut sind, denn Alter ist nicht das Hineilen der Jahre, sondern die Dämmerung der Weisheit. Die Gerechten sind nicht verlassen, das heißt, wenn du richtig denkst, richtig fühlst und richtig handelst, den universellen Prinzipien gemäß, wirst du die entsprechenden Resultate erhalten. Du wirst Gesundheit, Glück, Frieden, Sicherheit und Überfluß in deinem Leben vorführen.

Die »Kinder« oder »Nachkommen« repräsentieren die Kinder deines Gemüts zusätzlich zu leiblichen Kindern. Wenn du neue schöpferische Ideen hast, neue Erfindungen und Entdeckungen, was es auch sei – Bühnenstücke, Bücher, Gedichte oder Kompositionen, wirst du sie zur Manifestation bringen. Sie werden nicht arm sein, weil du das Gesetz des Gemüts kennst und anwendest. Wenn du das folgende voller Glauben, Vertrauen und mit Verständnis bejahst in dem Wissen, daß sich dir alle Türen auftun werden, wird eine Erfindung oder schöpferische Idee auf den Bildschirm des Raumes projiziert: »Der Unendliche Geist gab mir diese neue schöpferische Idee, und er offenbart mir den vollkommenen Plan für seine Entfaltung nach göttlichem Gesetz und in göttliche Ordnung. Ich folge der Führung, die mir klar in mein Bewußtsein kommt.«

Was die leiblichen Kinder betrifft, so bedenke, daß Kinder nach dem Vorbild und der Art des im Elternhaus vorherrschenden geistigen, emotionalen und spirituellen Klimas aufwachsen. 1847 sagte Phineas Parkhurst Quimby, jedes Kind sei wie eine unbeschriebene Tafel, auf die jeder, der des Weges komme, etwas kritzelt. Kinder unterliegen den Stimmungen, dem Temperament, Aberglauben, den Ängsten und Überzeugungen ihrer Eltern und anderer Erwachsener ihrer Umgebung. Ihre jungen Gemüter sind form- und beeindruckbar. Und das Kind verfügt noch nicht über die Fähigkeit, falsche Überzeugungen der Eltern zurückzuweisen.

Im Buch der Sprüche wird es treffend ausgedrückt, wenn es da heißt: *...Ein Kind, sich selbst überlassen, macht seiner Mutter Schande* (Spr. 29,15). *...Der Kinder Ehre sind ihre Väter* (Spr. 17,6). Kinder, die in einer spirituellen Atmosphäre aufwachsen und die angehalten werden, die Goldene Regel und das Gesetz der Liebe zu praktizieren, werden das, was ihnen von den Eltern beigebracht wurde, überdenken. Wenn Eltern miteinander beten und auf die folgende Art für den Sohn oder die Tochter beten, dann wird das Kind ihrer inneren Überzeugung und Einsicht gemäß aufwachsen: »Mein Junge oder Mädchen (erwähne den Namen) ist Gottes Kind. Er oder sie wächst an Weisheit, Wahrheit und Schönheit von Tag zu Tag. Das Licht Gottes leuchtet in ihm (ihr). Er (sie) offenbart von Tag zu Tag mehr von Gottes Weisheit und Intelligenz. Der Frieden, die Harmonie, Schönheit und Anmut Gottes manifestiert sich in ihm (ihr) in jedem Moment des Tages. Seine (ihre) verborgenen Talente werden offenbar, und Gott führt und leitet ihn (sie) und wacht über ihn (sie) an allen Tagen seines (ihres) Lebens. Wir, die Eltern, wissen, daß unser Kind unseren Gebeten gemäß aufwächst und unsere Überzeugungen von ihm erfüllt.«

Ein solches Kind wird niemals zum Bettler, zum Ausgestoßenen, zum Rauschgifthändler, Alkoholiker oder Verbrecher werden.

Und doch ist die Weisheit gerechtfertigt worden von allen ihren Kindern (Luk. 7,35).

Hier lesen wir wiederum eine grundlegende Wahrheit, die in die Gemüter und Herzen aller Eltern Eingang finden sollte. Wir alle haben Kinder – Kinder des Gemüts oder leibliche. Wenn wir uns die Kinder in unserer Umgebung ansehen, und wir finden, daß sie manierlich, voller Respekt für ihre Eltern und Lehrer sind und im Leben vorwärtskommen wollen, um ihren

Beitrag zur Entwicklung der Menschheit zu leisten, dann kann man daraus folgern, daß die Eltern mit ihrer Kindererziehung gute Arbeit geleistet haben. Dann »rechtfertigen«, wie es heißt, die Kinder die Weisheit der Eltern, die ihnen die Wahrheiten des Lebens in ihre Gemüter und Herzen gepflanzt haben.

Die Weisheit der Eltern spiegelt sich täglich im Leben der Kinder wider. Mangel an Weisheit spiegelt sich in den Sprößlingen zahlloser Eltern tagtäglich in den Straßen der Städte überall auf der ganzen Welt. Wenn du deinen Kindern Weisheit vermittelst, ist das Ergebnis Frieden, Fortschritt, Überfluß, Sicherheit, Gesundheit und wahrer Selbstausdruck. Unkenntnis des Gesetzes ist keine Entschuldigung. Die Erfahrungen deines Lebens sind die genaue und unmittelbare Folge deiner gewohnheitsmäßigen Denk- und Imaginationsmuster. Weisheit, ob groß oder klein, wird immer von ihren Kindern gerechtfertigt.

Ich sah einen Gottlosen, der pochte auf Gewalt und machte sich breit und grünte wie eine Zeder (Psalm 37,35). Es ist wahr, daß man im Leben zuweilen schlechte Menschen gedeihen und Erfolg haben sieht. Sie mögen vielleicht imstande sein, Reichtümer anzuhäufen, Aktien, Obligationen, Wertpapiere oder ähnliches, aber ein Verlust kann in vielfältiger Weise eintreten. Es kann einen Verlust der Gesundheit geben, des Gemütsfriedens, der Liebe, des Ansehens und der Wertschätzung. Alles Böse zerstört sich selbst. Gottes Mühlen mahlen langsam, aber sie mahlen sehr, sehr fein. Jeder, der das Gesetz mißbraucht, wird automatisch das ernten, was er säte. Aber sein Verlust muß nicht unbedingt ein Verlust von Geldmitteln sein. Der Verlust kann – wie gesagt – auf manche andere Weise eintreten, beispielsweise als ein verkrüppelndes Leiden, als ein Unfall, als ein Krebsleiden oder als Verlust eines geliebten Menschen.

Die Doktrin des »Widersteht nicht dem Übel« ist eine superbe spirituelle Strategie. Wenn du dich über eine Situation ärgerst oder etwas in deinem Gemüt bekämpfst, dann gibst du ihm Macht gegen dich, und dein Gedanke ist schöpferisch. Geistige und spirituelle Widerstandslosigkeit dagegen macht dich frei. Böses für Böses und Haß für Haß bedeutet, einen höchst destruktiven Teufelskreis in Gang zu setzen, der sich in deinem Leben auswirkt und in Selbstzerstörung endet. Buddha sagte: »Haß hört nicht durch Haß auf.«

Manche Menschen hegen tiefe Grollgefühle und Haßgedanken gegen jene in hohen Positionen, die ihr Vertrauen mißbraucht oder andere um große Geldsummen gebracht haben, die korrupt und kriminell waren oder sogar Mordtaten begingen und dabei scheinbar ungestraft davonkamen. *Widerstehe nicht dem Übel* ist, spirituell verstanden, das große Geheimnis des Erfolgs im Leben. Es ist der große Befreier – es macht dich frei.

Laß deinen Geist ab vom Widerstand gegen das Ungemach; das heißt, weigere dich, ihm deine Aufmerksamkeit zu widmen. Beanspruche und fühle die Gegenwart Gottes, welche die Gegenwart der Harmonie, der Gesundheit, des Friedens, der Liebe und des Wohlwollens ist, in dir, durch dich und überall um dich herum tätig. Halte dein Denken auf die göttliche Gegenwart in dir gerichtet, und mache dir bewußt, daß sie ebenso in der anderen Person gegenwärtig ist, wo das Böse sich gezeigt hat. Das ist die Bedeutung von »Liebet eure Feinde«. Bösem, Groll und Haß mit göttlicher Liebe zu begegnen, ist der rechte Weg zur Freiheit. Das ist die wahre spirituelle Selbstverteidigung. Damit wirst du gegen das Böse in der Welt unverwundbar.

Bleibe fromm und halte dich recht; denn einem solchen wird es zuletzt gutgehen (Psalm 37,37). *Darum sollt ihr vollkommen sein, wie euer Vater im Himmel vollkommen ist* (Matt. 5,48). Hier wirst du angewiesen, vollkommen zu sein, so wie Gott vollkommen ist. Es ist also möglich, zum vollkommenen Menschen zu werden. Deine Wirklichkeit ist Gott, der absolut vollkommen ist, heil, komplett, grenzenlose Liebe, allmächtig und allweise.

Du bist der Sprößling Gottes und dazu bestimmt, eines Tages zu all den Kräften und Eigenschaften Gottes zu erwachen und zum Gottmenschen zu werden. Das heißt, du bist potentiell göttlich und vollkommen. *Wohl habe ich gesagt: Ihr seid Götter und allzumal Söhne des Höchsten* (Psalm 82,6). Wir alle sind Kinder Gottes, zu ewiger Vollkommenheit befähigt, auf ewige Vollkommenheit angelegt. Das Böse hat nicht die geringste Macht, uns in Fesseln zu halten.

38. Psalm

Du wirst der Mensch, der sich recht hält, wenn du recht denkst, den ewigen Wahrheiten gemäß. Wenn du das tust, dann erfüllt Gottes Strom des Friedens dein Gemüt und Herz. In dem Maß wie du dich mit dem Vollkommenen Einen in dir identifizierst, wirst du vollkommen. Laß zu jeder Zeit den Frieden Gottes in deinem Herzen regieren. *Herr, strafe mich nicht in deinem Zorn und züchtige mich nicht in deinem Grimm* (Psalm 38,1). Die essentielle Bedeutung dieses gesamten Psalms ist Leiden, das wir uns selbst zugezogen haben durch falsches Handeln und falsche Anwendungen der geistigen Gesetze. Wenn der Psalmist im ersten Vers sagt *Strafe mich nicht in deinem Zorn,* dann veranlaßt das so manchen gedankenlosen Menschen, an einen tatsächlichen Zorn Gottes zu glauben, was natürlich absurd ist.

Gott ist Liebe, und die Handlungen Gottes vollziehen sich immer, um zu heilen, zu segnen, wiederherzustellen und zu inspirieren. Das Wort »Zorn« in der Bibel repräsentiert die Aktivität der Unendlichen Macht und Gegenwart in dir – die Aktivität der Heilenden Kraft, welche die Heilung von Krankheiten und anderen negativen Zuständen begleitet oder ihr vorausgeht. Die Krise, wenn sich der Zustand zunächst verschlimmert, bevor das Fieber zurückgeht und geheilt wird, wird »Zorn« genannt. Im Buch der 2. Chronik 34,25 wird dir von dem Zorn erzählt, mit dem der Herr die Einwohner bedacht hat, weil sie falschen Göttern gehuldigt hatten. Die Erklärung ist sehr einfach. Es bedeutet: Wenn wir Äußerlichkeiten Macht verleihen und an Begrenzung und böse Kräfte glauben, wenn wir negative Gedanken in unserem Gemüt inthronisieren, dann werden Ängste, Mangel und Unglück folgen. Wenn wir jedoch wissenschaftlich beten, indem wir dort, wo sich das Problem befindet, die Gegenwart Gottes kontemplieren, werden wir das

Unheil auflösen und Frieden, Gesundheit und Harmonie in unser Leben bringen. Diese Aktivität (wissenschaftliches Gebet) ist der »Zorn« oder die Handlung Gottes in unserem Leben. Und die resultiert in Frieden, Harmonie und allen Segnungen des Lebens.

... Wenn Menschen wider dich wüten, bringt es dir Ehre... (Psalm 76,10). Das bedeutet: Wenn du verstört bist und sich alles chaotisch gestaltet, wenn du verwirrt bist und nicht mehr ein noch aus weißt und dich an die unendliche heilende Gegenwart in dir wendest, wirst du Frieden finden, wo Mißklang ist, Liebe, wo Haß ist, und Reichtum, wo Armut ist. Dein Ärger und dein Unglück wird in Harmonie und Freude enden, wenn du dich Gott zuwendest und seine Weisheit, Macht und Intelligenz anrufst.

Er sandte sein Wort und machte sie gesund und errettete sie, daß sie nicht starben (Psalm 107,20).

40. Psalm

Im 40. Psalm ist der Schlüsselvers der Vers 6: *Schlachtopfer und Speiseopfer gefallen dir nicht, aber die Ohren hast du mir aufgetan. Du willst weder Brandopfer noch Sündopfer.* Durch alle Zeitalter hindurch haben die Menschen Gott Opfer gebracht – in einigen Fällen sogar die eigenen Kinder. Die zugrundeliegende Idee dabei war, einen zornigen Gott irgendwo da droben im Himmel zu besänftigen. Deshalb haben sie ihre Herden geopfert – Bullen, Lämmer, Ziegen, Weihrauch und Kinder. Hier drängt sich der Vergleich auf mit der Besänftigung eines Verbrechers in unseren Tagen, der damit droht, deinen Laden oder dein Restaurant zu bombardieren, wenn du ihm nicht jede Woche die verlangte Schutzgeldsumme zahlst. Überbleibsel dieses Primitivglaubens finden sich noch heute überall auf der Welt, wo Menschen sich selbst bestrafen, in Armut leben, Entbehrungen, Strenge und Enthaltsamkeit praktizieren, in der Hoffnung, damit einen Gott irgendwo im Himmel zufriedenstellen zu können. Alles das ist Torheit.

Jesaja stellt klar und mit Bestimmtheit fest: *Was soll mir die Menge eurer Opfer, spricht der Herr. Ich bin satt der Brandopfer von Widdern und des Fettes von Mastkälbern und habe keinen Gefallen am Blut der Stiere, der Lämmer und Böcke* (Jes. 1,11).

Was kannst du denn Gott geben? Nichts. Gott ist alles, was ist. Es gibt nichts außer Gott und seine Manifestation. Gott hat alles und ist alles. Gott ist vollkommen, ihm mangelt nicht das Geringste! Gott ist allmächtig, allweise und die Einzige Gegenwart und Macht. Gott ist in uns, und wir sind in ihm, denn Leben ist Bewußtsein.

Es wird gesagt: »Wenn du gibst, empfängst du.« Dir wird auch gesagt, daß du geben mußt, bevor du empfangen kannst. Das klingt paradox. *Alle guten Gaben und alle vollkommenen Gaben kommen von oben herab, von dem Vater*… (Jak. 1,17).

Jede Gabe ist von Gott, und das einzige, was wir Gott geben können, ist Anerkennung. Wir müssen die Göttliche Gegenwart ehren und über alles stellen. Wenn wir dem innewohnenden Geist die Treue halten, haben wir Gott seine Gabe gegeben. Gib Gott eine solche Gabe, und du wirst die Antwort auf dein Gebet bekommen. Gib Gott dein Gemüt und Herz, und die göttliche Gegenwart wird dir Frieden, Freude, rechtes Handeln und rechte Resultate geben.

Bedenke, daß alles vergeht; nichts ist ewig. Angesichts von Krankheit, Mangel, Ärger, Verdruß und Schwierigkeiten bejahe: »Auch das geht vorüber.« Kontempliere die Gegenwart Gottes, und du wirst den Gleichmut der Seele bewahren. Du wirst einen glücklicheren Tag erleben, wenn du mit David sagen kannst: *Ich harrte des Herrn, und er neigte sich zu mir und hörte mein Schreien. Er zog mich aus der grausigen Grube, aus lauter Schmutz und Schlamm, und stellte meine Füße auf einen Fels, daß ich sicher treten kann; er hat mir ein neues Lied in meinen Mund gegeben, zu loben unseren Gott*… (Psalm 40,1–3).

Schreite weiter auf ewig mit dem Lob Gottes auf den Lippen.

8
Höhepunkte der Psalmen 41, 42, 43, 46

41. Psalm

Vers 1 sagt: *Wohl dem, der sich des Schwachen annimmt! Den wird der Herr erretten zur bösen Zeit.* Die innere Bedeutung dieses Verses kann von verschiedenen Gesichtspunkten aus verstanden werden. In Matthäus 5,3 heißt es: *Selig sind die geistlich arm sind; denn ihnen gehört das Himmelreich.* Die Bibel ist angefüllt mit idiomatischen orientalischen Ausdrücken, und die darin gebrauchte Sprache unterscheidet sich erheblich von der täglichen Umgangssprache. Auch bei uns hat sich, wie du weißt, die Umgangssprache gewandelt. Viele Begriffe haben einen anderen Sinn bekommen, seit die Bibel übersetzt wurde. Wenn du die Bibel jedoch als ein metaphysisches Textbuch ansiehst, bist du auf dem richtigen Weg.

Geistlich arm sein bedeutet natürlich keineswegs, deprimiert, verzweifelt und voll Traurigkeit zu sein. Es bedeutet ganz im Gegenteil, daß dein Gemüt offen und empfänglich für die Wahrheiten Gottes ist; dich hungert und dürstet danach, mehr zu wissen, um mehr von der Göttlichkeit in dich aufzunehmen. Es bedeutet, daß du dein Gemüt gereinigt hast – gereinigt von allem Falschglauben, allen Ängsten, Vorurteilen und allem und jedem, was dein Gewahrsein der Göttlichen Gegenwart blokkieren könnte.

Du kennst die Geschichte von dem reichen Jüngling in der Bibel, der sich »traurig abwandte, weil er viele Besitztümer hatte«. Das bedeutet nun nicht, daß er etwa eine große Rinderherde hatte, Schafe, Ziegen und Landbesitz. Seine großen

Besitztümer bestanden darin, daß er viele Dinge glaubte, die falsch waren. Er war reich an intellektuellem Stolz und am Glauben an den Beweis der fünf Sinne. Er hatte vorgefaßte Meinungen, dogmatische Glaubensinhalte und traditionelle Konzepte von Gott und dem Leben.

Armut ist eine Annahme im Gemüt, und weder die Regierung noch andere Institutionen sind imstande, sie zu beseitigen, wenn sie nicht in den Gemütern der Menschen beseitigt worden ist. Millionen Menschen sind arm an Liebe, Glauben, Vertrauen, Freude, Wohlwollen und heiterer Klarheit. Sie sind arm, weil sie die Gesetze des Gemüts und die Wege des Unendlichen Geistes in ihrem Innern nicht kennen. Um die Slums und Ghettos auf dieser Welt zu beseitigen, ist es erforderlich, die Slums im Gemüt des Menschen zu beseitigen. Die Beseitigung im Äußeren allein wird niemals funktionieren; die innere Ursache muß beseitigt werden.

Du nimmst dich des Schwachen oder Armen nur dann wahrhaft an, wenn du die schwachen oder armen Zustände in deinem Gemüt mit dem Glauben an Gott und alle guten Dinge nährst. Gott ist die Quelle aller Segnungen, deshalb wendet sich der erwachte Mensch an den Unendlichen Geist, damit er ihn führt, leitet und auf der ganzen Linie gedeihen läßt. Du kannst dem Hungernden Geld oder Nahrung geben, wenig später wird er jedoch wieder hungrig sein. Von weitaus größerem Wert ist es, wenn du ihm Kenntnis über die Macht seines Unterbewußtseins vermittelst. Nehmen wir einmal an, ein Bettler ist bereit, dir zuzuhören. Dann sagst du ihm, daß in ihm eine Unendliche Intelligenz wohnt, die ihn führt, leitet und neue Türen des Ausdrucks für ihn öffnet.

Laß ihn folgendes Gebet anwenden: »Die Unendliche Intelligenz führt mich an meinen wahren Platz im Leben, wo ich göttlich aktiv sein werde und göttlich gedeihe. Gott erfüllt alle meine Nöte, er durchströmt mich jetzt und füllt alle leeren Gefäße in meinem Leben.« Wenn dieser Bettler offen und empfänglich ist und dieses Gebet anwendet und dabei weiß, was er tut und warum er es tut, dann wird er niemals wieder einen alten Anzug, einen Teller Suppe oder ein Almosen von irgend jemandem haben wollen. Du hast ihm die andere Hälfte gegeben, den Schlüssel zur Anwendung seines Unterbewußtseins. Dann hast du dich des Schwachen angenommen. Jegliche Armut ist in Wirklichkeit auf spirituellen Mangel zurückzuführen.

42. Psalm

Vers 1–2: *Wie der Hirsch lechzt nach frischem Wasser, so schreit meine Seele, Gott, zu dir. Meine Seele dürstet nach Gott, nach dem lebendigen Gott. Wann werde ich dahin kommen, daß ich Gottes Angesicht schaue?*

Der erste Vers repräsentiert einen Hunger und Durst nach Gott, den intensiven Wunsch nach Vereinigung mit der göttlichen Gegenwart, dem wahren *summum bonum* allen Lebens. In Matthäus 5,6 heißt es: *Selig sind, die hungern und dürsten nach der Gerechtigkeit; denn sie sollen satt werden.* Gerechtigkeit bedeutet, rechtes Denken, rechtes Fühlen, rechtes Handeln und rechtes Tun in allen Bereichen des Lebens. Unsere äußere Welt ist nur der Ausdruck unseres gewohnheitsmäßigen Denkens und Glaubens. Wir können nicht das eine denken und das andere produzieren. Es ist unerläßlich, daß du dein Denken kontrollierst, um Harmonie, Erfolg und Glück hervorzubringen. Willst du Wohlstand, dann denke Wohlstandsgedanken und mache dir die Bejahung zur Gewohnheit: »Bei Tag und bei Nacht wachse und gedeihe ich spirituell, geistig, finanziell und in jeder Hinsicht.«

Was arme Menschen arm bleiben läßt, ist ihre Gewohnheit des »Armutsdenkens«. Gleiches zieht Gleiches an, was du in deinem Gemüt säst, das wirst du auf dem Bildschirm des Raumes ernten. Bete unentwegt um Weisheit, Führung und göttliches rechtes Handeln; dann wird dir alles Gute hinzugefügt werden, und du bist angefüllt mit Harmonie, Gesundheit, Frieden und Überfluß.

Vers 3: *Meine Tränen sind meine Speise Tag und Nacht, weil man täglich zu mir sagt: Wo ist nun dein Gott?* Hier bezieht sich der Psalmist auf Depression, Melancholie und

Hoffnungslosigkeit. Der Ausweg besteht in der Hinwendung auf die Gottesgegenwart im Innern und der tapferen Bejahung: »Ich erhöhe Gott in meiner Mitte. Gottes Liebe sättigt mein Gemüt und Herz, und sein Frieden erfüllt meine Seele.« Wenn du fortfährst, Gott in deiner Mitte zu erhöhen, dann wird dich ein wunderbarer innerer Friede überkommen, und eine Stimmung des Vertrauens wird die verstörten Bereiche deines Gemüts anfüllen, und du wirst frei sein.

43. Psalm

Vers 3: *Sende dein Licht und deine Wahrheit, daß sie mich leiten und bringen zu deinem heiligen Berg und zu deiner Wohnung.* Das Licht bedeutet Unendliche Intelligenz, die Licht auf jedes Problem wirft und einzig und allein die Antwort kennt. Die Natur der Unendlichen Intelligenz ist Erwiderung. Deshalb wird sie dir antworten, wenn du dich an sie wendest. Dir wird gesagt, daß du zu dem heiligen Berg gebracht wirst, was Vollkommenheit bedeutet; der Berg steht für deine Erhebung im Bewußtsein, wenn du die Macht Gottes in dir kontemplierst. Wenn du ein Problem hast, ist dein Gemüt gespalten; ist dein Gebet beantwortet, dann ist es wieder zu einem geworden, und du erfährst die Freude des beantworteten Gebets.

Du bist die Wohnung Gottes, denn Gott ist dein eigentliches Leben, er ist der lebendige Geist in dir. Wenn du entmutigt oder deprimiert bist, dann kannst du dich trösten und dein Gemüt heilen, indem du über die Eigenschaften und Mächte des Unendlichen in dir nachsinnst.

Vers 5: *Was betrübst du dich, meine Seele, und bist so unruhig in mir? Harre auf Gott; denn ich werde ihm noch danken, daß er meines Angesichts Hilfe und mein Gott ist.* Kummer, Trauer und Verzweiflung berauben dich deiner Vitalität, deiner Begeisterung und Energie. Der Wille Gottes für dich ist, daß du Freude, Glück, Wohlstand und ein Leben des Überflusses führst ... *Ich bin gekommen, damit sie das Leben und alles in Fülle haben* (Joh. 10,10).

Manchmal können Kummer, Leiden und Tragik jedoch nützlich und wohltuend sein, weil viele Menschen erst daraufhin beginnen, die Wahrheit zu suchen. Sie halten Ausschau nach Antworten, sie wünschen sich Trost und Seelenfrieden. Deshalb haben Kummer und Verzweiflung zuweilen ihr Gutes. Nur zu viele Menschen machen sich nämlich erst dann die Mühe, die Göttliche Gegenwart zu finden, wenn sie in tiefen Schwierigkeiten stecken.

Du hast die Wahl, entweder durch schmerzvolle Erfahrungen und Schwierigkeiten zu lernen oder durch spirituelle Entfaltung. Die Antwort besteht immer darin, Gott an die erste Stelle im Leben zu setzen. Glaube an ihn und vertraue ihm, und alle Dinge werden zusammenwirken, um dein Gutes hervorzubringen. Hältst du beispielsweise ständig das Bewußtsein von Gottes Liebe, Schönheit und Vollkommenheit aufrecht, die in dir, durch dich und überall um dich herum wirksam sind, dann brauchst du niemals krank zu sein. Ist deine Gesundheit auf einem Tiefstand und alle Methoden orthodoxer Heilung vermochten dir keine Linderung zu verschaffen, dann kannst du immer eine spirituelle Heilung anstreben in der Erkenntnis, daß die Unendliche Heilende Gegenwart, die deinen Körper geschaffen hat, ihn auch heilen kann.

Es wird dir nicht entgangen sein, daß es üblicherweise erst einmal Geldverlust, geschäftliche Fehlschläge oder gar ein Konkurs ist, der die meisten Menschen dazu bringt, sich an Gott zu wenden. Dann entdecken sie, daß Gott die wahre Quelle ihrer Versorgung ist – daß alle vermeintlich materiellen Quellen auf der Welt lediglich Kanäle sind.

Wenn es dir jetzt wohl ergeht und du sehr erfolgreich bist, dann gehe sicher, daß du dafür Gott die alleinige Anerkennung zollst als deiner wahren Quelle der Versorgung und daß du weiterhin fortfährst, regelmäßig für mehr spirituelles Verständnis zu beten, dann wirst du niemals unter finanziellen Schwierigkeiten zu leiden haben. Bedenke, du bist ein Verwalter des Göttlichen. Alles gehört Gott; du bist der treue Verwalter, der seine Güter und Reichtümer weise, umsichtig und konstruktiv gebraucht.

46. Psalm

Unter den vielen großen und herausragenden Gebeten in der Bibel ist der 46. Psalm eines der wundervollsten. Wenn du die Bedeutung dieses Psalms studierst und kontemplierst, wirst du inspiriert und erhöht. Du wirst befähigt, dich über jede Schwierigkeit zu erheben. Er ist ein großartiger Gegenpol zu Furcht, Sorge und Anspannung.

Ziel und Bestreben eines jeden Gebets ist es, Gemüt und Herz zu der Erkenntnis der Tatsache zu erheben, daß mit Gott alle Dinge möglich sind. Der 46. Psalm befähigt dich, das zu tun. Wenn du über seine innere Bedeutung meditierst, wirst du entdecken, daß Furcht, Zweifel und Schwierigkeiten im Licht der Liebe Gottes hinwegschmelzen.

Alle Psalmen lehren uns, Vertrauen in Gott und alle guten Dinge zu haben. Eine exzellente Übung für dich ist es, folgendes konstant zu bejahen: »Ich glaube an Gott, und ich weiß, daß Gott der Geist in mir ist, das Lebensprinzip. Ich glaube, daß diese Gegenwart und Macht mich geschaffen hat, mich erhält, mich liebt und danach strebt, Liebe, Licht, Wahrheit und Schönheit durch mich zum Ausdruck zu bringen. Diese Gegenwart ist für mich unmittelbar verfügbar, und ich vertraue dieser Gottgegenwart vollkommen, denn sie versagt niemals.«

Bejahe diese einfachen Wahrheiten immer wieder, und es wird dir gelingen, dein Unterbewußtsein durch Wiederholung, Glauben und Erwartung damit zu imprägnieren. All dies ist Gebet, das dein Leben verwandelt, indem es die Ängste, Zweifel und Irrlehren austreibt, die sich in deinem Unterbewußtsein festgesetzt hatten und die Ursache deiner Schwierigkeiten waren.

Vers 1 sagt: *Gott ist unsere Zuversicht und Stärke, eine Hilfe in den großen Nöten, die uns getroffen haben.* Hier ist der Psalmist sehr bestimmt und kommt gleich auf das Wesentliche. Er kündet von der Allgegenwart Gottes oder des Lebendigen Allmächtigen Geistes in dir. Dann hebt er drei große Wahrheiten hervor. Er sagt beispielsweise *Gott ist unsere Zuversicht.* Vor einigen Tagen erzählte mir der Detektiv vom Rauschgiftdezernat, daß drei Verdächtige auf ihn geschossen hätten, daß ihn jedoch keines der Geschosse getroffen hatte, denn sein ständiges Gebet ist: »Gott ist meine Zuflucht und mein Schutz.« Durch ständige Wiederholung hat er diese Wahrheit in sein Unterbewußtsein eingraviert, und das hatte entsprechend reagiert.

Gott ist grenzenlose Liebe, unendliche Intelligenz, absolute Harmonie, grenzenlose Freude, absolute Weisheit, und er ist allmächtig. Dies sind einige der Qualitäten, Eigenschaften und Kräfte Gottes. Wenn wir über diese Eigenschaften nachdenken, werden uns die Wunder alles dessen bewußt, und wir werden von einer Art mystischer Ehrfurcht erfaßt.

Der Detektiv entdeckte, daß die grenzenlose Macht und Liebe Gottes eine Zuflucht ist. Die Kraft des Allmächtigen ist deine Stärke. Du kannst über so viel Kraft verfügen, wie du willst, indem du deine Aufmerksamkeit auf die einzige Gegenwart und Macht richtest. Wenn du das regelmäßig tust und spürst, wie diese Kraft dich erfüllt, animiert und erhält, wirst du dir mehr und mehr von Gottes Macht zu eigen machen, und Wunder werden in deinem Leben geschehen.

Du mußt eine grundlegende Wahrheit lernen: Gott hat alles für dich getan, er hat die Welt erschaffen, dir einen abwägenden Verstand gegeben, die Macht der Imagination – der Vorstellungskraft und die Befähigung, eine Wahl zu treffen. Du bist hier, um die Gottesgegenwart in dir zu entdecken und freizusetzen. Denke daran, Gott vollbringt nichts für dich, es sei denn, er vollbringt es *durch* dich, d.h. durch dein Denken, deine Imagination und dein Gefühl. Wenn du dich an diese Höchste Macht wendest, erhältst du eine Antwort – »eine sehr gegenwärtige Hilfe in Zeiten der Not«.

Vers 2–3: *Darum fürchten wir uns nicht, wenngleich die Welt unterginge und die Berge mitten ins Meer sänken, wenngleich das Meer wütete und wallte und von seinem Ungestüm die Berge einfielen. Sela.* Dir wird gesagt, daß es nichts zu fürchten gibt, denn Gott ist die Einzige Gegenwart und Macht, und es gibt nichts, was die Allmacht herausfordern kann.

Der wissenschaftliche spirituelle Denker gibt Zuständen, Umständen oder irgendeiner erschaffenen Sache keinerlei Macht, denn diese Dinge sind eine Wirkung – keine Ursache. Ebensowenig gibst du anderen Menschen, Orten oder Dingen irgendwelche Macht. Du erklärst, glaubst und beharrst statt dessen auf umfassender Harmonie und umfassendem Frieden, denn genau das ist Gottes Wille für dich.

Wenn der Psalmist von der »Welt« oder der »Erde« spricht, dann meint er jeden manifestierten Zustand in der objektiven Welt. Zum Beispiel dein Geschäft, dein häusliches Leben, deinen Körper, deine Umgebung, deine zwischenmenschlichen Beziehungen, Geschäftsfreunde und deinen finanziellen Status – alles das fällt unter den Begriff Welt oder Erde.

Der Psalmist sagt, daß du dich nicht zu ängstigen brauchst, auch nicht angesichts chaotischer Zustände, wenn alles kopfzustehen scheint. Wenn du etwa Geld oder deine Gesundheit eingebüßt hast, dein Haus niedergebrannt ist, Freunde dich verlassen haben, dir alle Türen verschlossen sind und du keinen Ausweg mehr siehst, auch dann brauchst du dich nicht zu fürchten, denn Gottes Liebe umgibt dich und hüllt dich ein. Vollkommene Liebe treibt die Furcht aus. Die Berge, von denen die Rede ist, stehen für das erhöhte Bewußtsein, den Berg Gottes. Du gehst in dem Augenblick bergan, an dem du anfängst, über Gott und seine Macht und Weisheit nachzudenken. Deshalb lesen wir auch in der Bibel, daß Jesus, Moses und andere sich auf den Berg begaben.

Zuweilen scheinen die Dinge, wenn du zu beten begonnen hast, zunächst eine Wendung zum Schlechteren zu nehmen. Das liegt daran, daß dein Unterbewußtsein jetzt von den noch verbliebenen Wrackteilen negativen Denkens befreit wird. Die hatten sich aber dermaßen festgesetzt, daß sie ihr so lange besetztes Terrain nicht kampflos preisgeben. Das Ganze kann mit dem Frühjahrsputz verglichen werden. An der Oberfläche scheint nach der üblichen Reinigung alles in Ordnung. Wenn man jedoch die Möbel von der Wand abrückt, dann entdeckt man eine Menge Staub, den man vorher nicht wahrgenommen hatte und den man jetzt aufwirbelt. Wenn also dieser Aufruhr im Unterbewußtsein vor sich geht, kannst du unbewegt bleiben und ruhig und gelassen abwarten. Du weißt, daß Gott am Werk ist und daß der Tag anbricht und alle Schatten fliehen.

Das Meer oder die Wasser im dritten Vers repräsentieren deine Emotionen. Wenn du Göttliches Gesetz, Göttliche Ordnung und Göttliche Harmonie kontemplierst, dann wird das Meer deiner Emotionen beruhigt. *Sela* bedeutet Ruhe, Beruhigung, Stille. Damit ist der Gemütszustand beim Gebet gemeint, in dem du dich entspannst und freudig Dank sagst für die göttliche Lösung durch die Weisheit des Allmächtigen.

Vers 4: *Dennoch soll die Stadt Gottes fein lustig bleiben mit ihren Flüssen, da die heiligen Wohnungen des Höchsten sind.* Das ist ein wunderschöner Vers, angefüllt mit spirituellen Bedeutungen. Der Fluß ist ein Symbol der Bewegung. Er fließt immer irgendwohin. Alle Flüsse, Bäche und Ströme bahnen sich ihren Wege zurück zum Meer. Der Fluß strömt seinem Bestimmungsort entgegen.

Auch deine Gemütsbewegungen gehen immer irgendeinem Ziel entgegen. Unser endgültiger Bestimmungsort ist jedoch die Vereinigung mit dem Unendlichen, der Quelle des Lebens. Du hast einen Strom von Gedanken, Ideen und Vorstellungen, die unentwegt dein Gemüt durchfließen. Diese Gedanken und geistigen Vorstellungen sollten mit den Ewigen Prinzipien übereinstimmen und dich Wege der Freude und Pfade des Friedens führen.

Die Stadt Gottes ist dein Bewußtsein, und ihre Bewohner sind deine Gedanken, Ideen, Meinungen und Überzeugungen. Wenn all deine Gedanken und Überzeugungen auf den ewigen Wahrheiten beruhen, die sich niemals ändern, dann ist dein Gemüt eine Stadt Gottes. Du bist der Tempel des Lebendigen Gottes, und dein Gemüt ist eine fein lustige Stadt, wenn das Licht, die Liebe und Wahrheit Gottes durch all deine Gedanken, Handlungen und Reaktionen hindurchscheint.

Vers 5: *Gott ist bei ihr drinnen, darum wird sie fest bleiben. Gott hilft ihr früh am Morgen.* Eine Verheißung Gottes ist eine Antwort auf dein Gebet, und Gott versagt nie. Diese Einstellung vertilgt allen Zweifel und jegliche Furcht.

Vers 6–7: *Die Heiden müssen verzagen und die Königreiche fallen, das Erdreich muß vergehen, wenn Er sich hören läßt. Der Herr Zebaot ist mit uns, der Gott Jakobs ist unser Schutz. Sela.* Mit Heiden sind deine negativen Gedanken gemeint, deine Ängste, Zweifel, Sorgen, Selbstverurteilungen und Unzulänglichkeiten, die dich herausfordern oder dein Gemüt belagern. Wie oft hattest du schon vage Befürchtungen oder Zweifel bezüglich des Ausgangs eines schwebenden Verfahrens? Vielleicht kamen dir Verlustgedanken in den Sinn, falsche Anschuldigungen von Zeugen, die dir zu schaffen machten. Oder Zorn und Groll erhoben ihre häßlichen Häupter für Tage und Wochen. Sollte das der Fall sein, dann halte dich fest an das folgende Gebet, und du wirst triumphieren: »Das Unendliche Gesetz der Gerechtigkeit, Wahrheit, Liebe und Harmonie ist in perfekter Weise tätig – für mich und alle Beteiligten. Die Wahrheit Gottes herrscht vor, und ich sage Dank für die göttliche, harmonische Lösung.« Halte fest an den Wahrheiten dieses Gebets durch ständige Wiederholung dieser Wahrheiten. Früher oder später wird das Reich des Irrtums, der Lügen und falschen Anschuldigungen hinweggefegt werden. Er wird »von sich hören lassen«, und das heißt, du wirst die Freude der Gebetsbeantwortung hören und erfahren.

Der Herr der Heerscharen oder Herr Zebaot bedeutet der Herr oder Gott einer jeglichen Manifestation, die Allmacht des Unendlichen. Jakob steht für das Gemüt, das zur Gegenwart und Macht Gottes in sich erwacht ist und diese Macht anzuwenden beginnt. Mit Jakob bist du selbst gemeint, mit all deinen Problemen und all deinen Unzulänglichkeiten; dir wird aber auch gesagt, daß Gott dir antworten wird, wenn du dich an ihn wendest. Gott wird antworten und alle Tränen abwischen. Weinen und Klagen wird es nicht mehr geben.

Vers 8–9: *Kommt her und schaut die Werke des Herrn, der auf Erden solch ein Zerstören anrichtet, der den Krieg steuert in aller Welt, den Bogen zerbricht, Spieße zerschlägt und Wagen mit Feuer verbrennt.*

Hier haben wir es wiederum mit symbolischer und bildlicher Sprache zu tun. Wenn in alten Zeiten Soldaten in einer

Schlacht besiegt wurden, dann zerbrach das siegreiche Heer ihre Bogen und Speere und verbrannte ihre Wagen, was sie natürlich hilflos zurückließ – völlig entwaffnet und handlungsunfähig.

Der Krieg, von dem der Psalmist hier spricht, findet in unserem eigenen Gemüt statt. Die Ängste, Sorgen, Anspannungen, Grollgefühle und Feindseligkeiten schlagen eine Schlacht im Gemüt. Wenn wir uns jedoch an Gottes Strom des Friedens und der Liebe wenden, bekommt unser Gemüt seine Ausgeglichenheit zurück, seine stille Heiterkeit und seinen Gleichmut. Die Macht, die Herrlichkeit und die Weisheit der Unendlichen Gegenwart zerstört, neutralisiert und löscht alle Denkmuster in unserem Gemüt. Wenn wir Gott in unserer Mitte erhöhen, werden wir alle Ängste, Sorgen und destruktiven Emotionen verzehren und verbrennen.

Vers 10–11: *Seid stille und erkennt, daß ich Gott bin! Ich will der Höchste sein unter den Heiden, der Höchste auf Erden. Der Herr Zebaot ist mit uns, der Gott Jakobs ist unser Schutz. Sela.* Vers 10 ist der Schlüssel zur gesamten Bibel und der Schlüssel zu deiner Gesundheit und deinem Glück. Dir wird bedeutet, das Räderwerk deiner Gedanken zum Stillstand zu bringen, dich zu entspannen, loszulassen und dir die große Wahrheit bewußt zu machen, daß du jedesmal wenn du ICH BIN sagst, die Gegenwart Gottes in deinem Innern erklärst. ICH BIN ist ein namenloser Name, der Sein, Leben, Gewahrsein, selbsterschaffenden Geist, bedingungsloses Bewußtsein, Leben beinhaltet. Angesichts von Schwierigkeiten, Problemen, Krankheiten oder Mangel, ist das erste, was du tun mußt, dein Gemüt zu beruhigen und zu erkennen, daß das ICH BIN in dir Gott ist und Gott allein die Antwort und den Ausweg aus einer jeden Schwierigkeit kennt.

Wende dich still nach innen und erkenne, daß der äußere Zustand eine Wirkung, keine Ursache ist. Kontempliere dann, daß Gott weiß und daß Gott sorgt und daß er die Göttliche Lösung jetzt herbeiführt. Die stille Kontemplation, daß Gott jetzt am Werk ist, ist eine stille Verrichtung, und dennoch ist sie die kraftvollste Handlung, die es gibt.

9
Höhepunkte der Psalmen 49, 50, 51, 55, 57, 61, 62, 67

49. Psalm

Vers 3–4: *Mein Mund soll Weisheit reden, und was mein Herz sagt, soll verständig sein. Ich will einem Spruch mein Ohr neigen und mein Rätselwort kundtun beim Klang der Harfe.*

Salomon sagt: *Denn der Weisheit Anfang ist: Erwirb Weisheit… Achte sie hoch, so wird sie dich erhöhen und wird dich zu Ehren bringen, wenn du sie herzest* (Spr. 4,7–8).

Weisheit ist das Bewußtsein der Gegenwart und Macht Gottes in uns und unsere Befähigung, uns mit dem Unendlichen gleichzuschalten und damit alle Probleme, Schwierigkeiten und Begrenzungen in unserem Leben zu überwinden. Wenn du weißt, daß du dich mit der Unendlichen Intelligenz in dir gleichschalten kannst, durch das Medium deines Denkens und gemäß der Natur deines Begehrens eine Antwort bekommst, dann besitzt du Weisheit. Wenn du weißt, daß jeder Gedanke schöpferisch ist und bestrebt, sich zu manifestieren, dann besitzt du Weisheit. Wenn du weißt, daß alles, was du dir im Denken und Fühlen als wahr und bereits vorhanden vorstellst, deinem Unterbewußtsein aufgeprägt und von ihm verwirklicht wird, dann besitzt du Weisheit.

Der Mensch besitzt Weisheit, der die Gesetze des Gemüts und die Wege des Geistes kennt. Der Mensch von Weisheit findet seinen wahren Platz im Leben; er hat ein gutes Verhältnis zu seinem Nächsten; er gedeiht und hat Erfolg im Leben. Du mußt dir klar darüber sein, daß Weisheit nicht das Wissen der Welt ist. Die Welt ist angefüllt mit intellektuellen Narren, die vieles behaupten und geltend machen, was absolut falsch ist. Um wahre Bildung zu erwerben, beziehst du die Weisheit, Intelligenz und die schöpferischen Ideen aus den Tiefen deines Selbst. Geleitet wirst du dabei vom führenden Prinzip in dir, Gott genannt, und du offenbarst die Wahrheiten des Lebens allen Menschen.

Tausende von Männern und Frauen in den akademischen Hörsälen und Instituten der Welt sind wandelnde Lexika – sie haben haufenweise Kenntnisse angesammelt, Daten und Fakten –, alles schön und gut. Ihr persönliches Leben ist jedoch chaotisch und konfus. Einige setzen sich dann hin und schreiben Bücher über die Tatsache, daß der Mensch die Gesamtsumme seiner sichtbaren Teile ist – nicht mehr und nicht weniger. All das ist absurd. Du bist der Tempel des Lebendigen Gottes. Du bist mehr als dein Körper, der ja doch nur ein Instrument ist, um die Göttlichkeit in dir zu offenbaren. Über irgendwelche Körper wirst du bis in die Unendlichkeit verfügen können.

Weisheit ist nicht irgendeine Ansammlung von Informationen oder Statistiken. Weisheit befähigt dich, ein produktives, harmonisches Leben zu führen, gegründet auf Göttlichem Gesetz und Göttlicher Ordnung, das dich befähigt, produktiv zu sein und auf konstruktive Weise zum Wohl der Menschheit beizutragen. Eine College-Bildung inklusive Abschlußdiplom garantiert dir noch keinen Erfolg in der heutigen Welt. Du brauchst Inspiration, göttliche Führung, göttliche Liebe, und vor allem mußt du die Befähigung erwerben, mit anderen auszukommen. Um erfolgreich zu sein, mußt du in der Kunst des Lebens erfolgreich sein, den zwischenmenschlichen Beziehungen, in deinem Gebetsleben.

Du mußt gesund, vital und stark sein, voll guten Willens, Genialität und Zuvorkommenheit. Alles dies ist Weisheit. Verständnis hast du, wenn du weißt, wie du die Gesetze deines Gemüts anwenden mußt, und wenn du weißt, daß alles, was du dem Unterbewußtsein aufprägst, zum Ausdruck kommt. Du unterstehst dem Gesetz, das sich niemals ändert. Es ist nicht kapriziös und sieht die Person nicht an. Im Leben kommt es auf deinen Glauben und dein Vertrauen in die geistigen Gesetze an. Du verläßt dich auf deine Überzeugung, daß alles das, was du von ganzem Herzen mit deinem wachbewußten Verstand glaubst, von deinem Unterbewußtsein hervorgebracht wird. Auf dieser spirituellen Plattform kannst du stehen und wirst folglich erfolgreich sein.

Weisheit veranlaßt dich, völlig auf die universellen Prinzipien und Wahrheiten zu bauen, die sich niemals ändern. Die intellektuelle Bücherweisheit neigt nur zu oft dazu, sich zu sehr auf den Intellekt zu verlassen und auf das, was man auf der Hochschule aus Büchern gelernt hat.

Wenn es in Vers 4 heißt, du willst einem Spruch dein Ohr neigen, dann bedeutet das, daß du verstehst, daß dem Gleichnis eine innere Bedeutung unterliegt und du es nicht wörtlich nimmst. Das Ohr steht in der Bibel für Verständnis, was bedeutet, daß du die Wahrheit hörst und verstehst. Das Rätselwort steht für jede negative Ankündigung, die dein Wachstum behindert und deinen Fortschritt blockiert. Die Harfe beinhaltet Frohsein – die Freude über das Verständnis der tatsächlichen Wahrheit.

50. Psalm

Vers 12,14–15: *Wenn mich hungerte, wollte ich dir nicht davon sagen; denn der Erdkreis ist mein und alles, was darauf ist. Opfere Gott Dank und erfülle dem Höchsten deine Gelübde und rufe mich an in der Not, so will ich dich erretten, und du sollst mich preisen.*

Hier wird dir gesagt, daß das einzige, was du Gott geben kannst, Lob und Dank ist. Gott ist alles, was ist, in allem, über allem und alles in allem. Du kannst der Gottesgegenwart Anerkennung geben und Ehre, und die Macht in dir erhöhen. Dann gibst du Gott die rechte Gabe.

Ein Mann, der hier in Laguna Hills wohnt, verlor langsam seine Sehkraft. Der Augenarzt gab ihm ein Medikament, um seinen hohen Blutdruck zu reduzieren; seine Sehkraft verbesserte sich jedoch nicht. So sprach er, wie er mir erzählte, jede Nacht vor dem Einschlafen zu seinem höheren Selbst und sagte: »Ich danke dir für meine wunderbare Heilung, die sich jetzt vollzieht.« Mit diesem Gefühl tiefer Dankbarkeit überließ er sich dem Schlaf. Eines Nachts erschien ihm ein Mann im Traum und sagte: »Du bist geheilt.« Und das war er tatsächlich.

Sein Unterbewußtsein reagierte auf sein dankerfülltes Gebet. Den Mann, der ihm im Traum erschienen war, setzte ganz einfach sein Unterbewußtsein in Szene, um ihm die Tatsache seiner Heilung zu offenbaren.

Vers 15 offenbart dir, daß der Unendliche Geist dir antwortet – daß er dir erwidert, wenn du ihn anrufst, daß er dich erlösen und dir Freiheit geben wird. Du verherrlichst Gott in deinem Innern, wenn du unentwegt die Göttliche Gegenwart erhöhst, in dem Wissen und der Erkenntnis, daß es keine andere Macht gibt. All deine Verehrung, Hingabe und Loyalität gilt dem Geist im Innern. Das einzige »Opfer«, das du bringst, besteht darin, jeden Glauben an andere Mächte aufzugeben und dein ganzes Vertrauen in Ihn zu setzen.

51. Psalm

Vers 1: *Gott, sei mir gnädig nach deiner Güte, und tilge meine Sünden nach deiner großen Barmherzigkeit.*

Dieser Vers weist darauf hin, daß Gottes Liebe in unserem Gemüt alles ihr nicht Gemäße auflöst. Liebe verdammt oder bestraft niemals, und sobald wir uns selbst vergeben und gottgleiche Gedanken in unserem Bewußtsein inthronisiert haben, wird unser Unterbewußtsein entsprechend reagieren. Ein neuer Anfang ist ein neues Ende. Die Vergangenheit ist vergessen, ihrer wird nicht mehr gedacht. Der Unendliche Geist verdammt nicht, bestraft nicht und richtet nicht. Alles Richten ist dem Sohn überlassen, und der Sohn ist dein Verstand. Du sprichst das Urteil über dich selbst; Du bestrafst dich auch selbst.

Für jeden Fehler, jeden Irrtum, jedes Vergehen mußt du entweder das ernten, was du gesät hast, oder sie auslöschen durch wissenschaftliches Gebet, das Praktizieren der Gegenwart Gottes. Jeder Fehler, jedes Vergehen kann aus deinem Unterbewußtsein entfernt werden, und die Strafe oder Reaktion, die einem Mißbrauch des Gemüts folgen würde, wird sich nicht ereignen. Sie ist ausgelöscht und neutralisiert.

Ein rein mechanisches Beten ist nicht genug. Es würde absolut nichts bewirken. Wenn du jedoch über eine ausreichende Erkenntniss darüber verfügst, daß Gottes Liebe deinen Charakter grundlegend ändern kann, dann bist du transformiert und wirst zu einem neuen Menschen. Ein Mensch, der einen tiefen Hunger und Durst danach verspürt, ein neuer Mensch in Gott zu werden, der sein Unterbewußtsein mit den großen Wahrheiten Gottes sättigt, wird zu einem veränderten Menschen und wird nicht einmal den Wunsch verspüren, seinen Fehler zu wiederholen. Und Bestrafungen werden nicht erfolgen, denn Gott ist Liebe.

Vers 5: *Siehe, ich bin als Sünder geboren, und meine Mutter hat mich in Sünden empfangen.* Das darf auf gar keinen Fall wörtlich genommen werden. Sünde bedeutet Fehler. Wir alle wurden geboren ohne das wahre Wissen von Gott und seinen Gesetzen; und jeder Mensch ist einzigartig. Auf der ganzen Welt gibt es niemanden, der dir gleicht. Denn du bist du. Unendliche Unterschiedlichkeit ist das Gesetz des Lebens. Das Wort *Mutter* steht hier für das universelle subjektive Bewußtsein. Wir alle werden in das Massenbewußtsein hineingeboren. Jeder wird in Begrenztheit hineingeboren, ganz gleich, wer er ist. Wir werden in all das hineingeboren, was unsere Umgebung ausmacht. Niemand kommt mit allen bereits entwickelten Fähigkeiten auf die Welt. Unsere Begrenztheit ist unsere Sünde. Dieser Vers hat nichts zu tun mit einer leiblichen Mutter.

Vers 10: *Schaffe in mir, Gott, ein reines Herz, und gib mir einen neuen, beständigen Geist.* Das Wort *rein* muß hier viel weiter gefaßt werden. Es beinhaltet weitaus mehr als lediglich physische Reinlichkeit. Ein reines Herz erkennt Gott allein als die einzige wirkliche Ursache und Macht. Dieses Wissen ist das Geheimnis der Bewahrung vor Mangel, Begrenzung, Krankheit und Unheil jeglicher Art.

Du erneuerst den rechten Geist in dir, wenn du in all deinem Denken, Handeln und Fühlen Gott als die einzig reale Gegenwart und Macht anerkennst. Bedenke, mit dem Begriff Herz ist in der Bibel üblicherweise das Unterbewußtsein gemeint. Es genügt eben nicht, die Wahrheit nur mit deinem wachbewußten Verstand zu erfassen, erst wenn sie vom Unterbewußtsein angenommen und in deinen Geist eingegliedert ist, kann sie gewaltige Veränderungen in deinem Leben hervorbringen. *Denn so wie er in seinem Herzen denkt, so ist er…* (Spr. 23,7). *Behüte dein Herz mit allem Fleiß; denn daraus geht das Leben* (Spr. 4,23).

So mancher hat schon beträchtliches philosophisches und metaphysisches Wissen angehäuft und doch sein Leben nicht verbessern können. Überall findet man Professoren und Kirchenmänner, die mit der Weisheit aller Zeitalter vertraut sind und ihr auch zustimmen und dennoch weiterhin ein frustriertes und unglückliches Leben führen. Sie sagen und tun törichte Dinge. Ihr ganzes Wissen ist nur Meinung für sie; nur Kopfwissen. Bevor es in ihrem Leben aber wirksam werden kann, muß es zum Herzenswissen geworden sein; es muß in das Unterbewußtsein eingepflanzt sein, bevor es zum Ausdruck kommen kann.

55. Psalm

Die Schlüsselverse sind 17 und 22.

Vers 17: *Abends und morgens und mittags will ich beten und laut schreien; und er wird mich hören.* Der Psalmist betet dreimal täglich. Das ist eine ausgezeichnete Prozedur, denn wir alle sind in das Massengemüt eingetaucht, mit all seinen vielen unterschiedlichen Gedanken, von denen die meisten negativ sind und den ganzen Tag lang auf unser Gemüt einwirken. Wenn wir jedoch unser Unterbewußtsein morgens, mittags und abends mit den ewigen Wahrheiten sättigen, dann neutralisieren wir die meisten dieser Geistesgifte, denn wir sind mit Gebet getränkt.

Vers 22: *Wirf dein Anliegen auf den Herrn; der wird dich versorgen und wird den Gerechten in Ewigkeit nicht wanken lassen.* Du wirfst dein Anliegen oder deine Last ab, wenn du dein Begehren deinem tieferen Gemüt übergibst, das angefüllt ist mit Weisheit in dem Wissen, daß die subjektive Weisheit die Antwort bereits hat. Du weißt, wann du deine Last abgeworfen hast, weil dein Gemüt dann im Frieden ist, und du weißt, daß die Antwort so kommen wird, wie eine in den Boden gelegte Saat ihrer Art gemäß zum Vorschein kommt.

Die Gerechten sind jene, die das Gesetz auf rechte Weise anwenden. Sie denken recht, tun recht, handeln recht und fühlen recht. Die Gerechten haben ein Gefühl des Einsseins mit dem Unendlichen und anerkennen nur Gott und sein Gesetz.

57. Psalm

Vers 1: *Sei mir gnädig, Gott, sei mir gnädig! Denn auf dich traut meine Seele, und unter dem Schatten deiner Flügel habe ich Zuflucht, bis das Unglück vorübergeht.* Hier handelt es sich um das Thema von der Gnade und Wahrheit Gottes. Sie sind der sichere Grund des Vertrauens unter allen Umständen und Gegebenheiten.

Wenn wir die Wahrheit erkennen, auch nur in begrenztem Maß, beginnt das Problem sich aufzulösen, und der Zustand beginnt zu heilen. Das ist die Gnade, die uns zuteil wird. Gott ist der Heiler, und deshalb ist er der Geber der Gnade.

Unter dem Schatten deiner Flügel habe ich meine Zuflucht bedeutet, unter dem Schutz Gottes zu leben. Das ist ein orientalischer Ausdruck für Zuflucht und Sicherheit. In den heißen Ländern ist der Schatten eine Zuflucht vor der Sonne – »der Schatten eines großen Felsens in einem dürren Land«.

Vers 4: *Ich liege mitten unter Löwen; verzehrende Flammen sind die Menschen, ihre Zähne sind Spieße und Pfeile und ihre Zungen scharfe Schwerter.* Du könntest ein drückendes

Problem haben und keinen Ausweg sehen, aber die Allmächtige Kraft kennt diesen Ausweg. Eine alte Versinnbildlichung gibt es in den Tarotkarten, wo eine schöne Maid das Maul eines Löwen mit Grazie und völlig mühelos zuhält. Das versinnbildlicht die intuitive Macht des Geistes.

Vers 7: *Mein Herz ist bereit, Gott, mein Herz ist bereit, daß ich singe und lobe.* Wenn dein Herz auf Gott gerichtet ist, sind alle Probleme gelöst, und du bist im Frieden und kannst im stillen ein Lied des Triumphes singen.

61. Psalm

Vers 4: *Ich will wohnen in deinem Zelte ewiglich und Zuflucht haben unter deinen Fittichen. Sela.* Du bist das Zelt Gottes. Du ruhst und bist sicher unter den Flügeln des Glaubens und der Vorstellungskraft, die dich befähigen, dich über alles zu erheben und an dem geheimen Ort des Höchsten zu weilen, wo alles Segen, Harmonie und Frieden ist. Hier bist du unverwundbar, denn Gottes Liebe umhüllt dich allezeit.

62. Psalm

Vers 1–2: *Meine Seele ist stille zu Gott. Von ihm kommt meine Erlösung. Nur Er ist mein Fels und meine Erlösung; Er ist mein Schutz, daß ich gewiß nicht fallen werde.* Das Wort Erlösung ist weit verbreitet. Es ist ein sehr beliebter Begriff, aber seine Bedeutung wird allgemein mißverstanden. Dieses Wort erscheint etwa 130mal in der Bibel. Erlösung bedeutet allgemeine Harmonie, Gesundheit, Frieden und Überfluß. Wenn du vital und stark bist und deinen wahren Platz im Leben einnimmst, das tust, was du gern tun möchtest, wenn du dir selbst Ausdruck gibst auf höchster Ebene, wenn du frei von Furcht und Aberglauben bist und mehr und mehr von deiner Göttlichkeit zum Ausdruck bringst, Tag für Tag, dann ist das Erlösung im wahren Sinne des Wortes.

Alles das ist der Wille des Unendlichen für dich. Wende dich Gott zu in deinen Gedanken und werde zu einem Kanal für die göttliche Gegenwart.

Vers 5: *Aber sei nur stille zu Gott meine Seele; denn er ist meine Hoffnung.* Blicke auf die Gottgegenwart im Innern, und erkennne Gott als die Quelle aller Segnungen im Leben. Du erwartest herrliche und wundervolle Gaben vom Unendlichen, und deiner Erwartung gemäß wird dir geschehen. Wenn du auf andere Menschen blickst als Quelle deines Fortkommens, deiner Beförderung, Ehren, Anerkennung und finanziellen Ausgleichs, dann wirst du enttäuscht werden. Blickst du jedoch auf das Unendliche und beanspruchst dein Gutes, dann wird der Geist deine Ansprüche erfüllen. Du wirst niemals enttäuscht, denn du kannst der Unendlichen Gegenwart vollkommen vertrauen. Sie versagt niemals.

67. Psalm

Vers 1: *Gott sei uns gnädig und segne uns, er lasse uns sein Antlitz leuchten; Sela.* Thema dieses Psalms ist das Leben in der Gegenwart Gottes, in seinem Licht. Gott hat kein Antlitz. Der Begriff Antlitz bedeutet Anerkennung Gottes als höchster Macht in dem Wissen, daß die Unendliche Intelligenz das Licht ist, das dir jederzeit alles enthüllt, was du wissen mußt.

Vers 2: *Daß man auf Erden erkenne seinen Weg, unter allen Heiden sein Heil.* Würden alle Nationen auf Erden die geistigen Gesetze kennen und konstruktiv anwenden, dann würde das universelle Freude, Frieden und Wohlstand bewirken.

Vers 6: *Das Land gibt sein Gewächs; es segne uns Gott, unser Gott!* Wenn wir auf Gott blicken um Führung, Frieden, Gedeihen und Erfolg, dann wird Gott unser Gutes auf allen Gebieten vermehren. Dann kommt das Gewächs hundert- und tausendfach zum Vorschein, wie auch unsere Wünsche, Ideale, Träume und Bestrebungen – vergrößert und vervielfacht, auf gleiche Weise. Begib dich jede Nacht zur Ruhe mit dem ewigen Lob Gottes auf den Lippen.

10
Höhepunkte der Psalmen 68, 69, 70, 71, 72, 74, 75

68. Psalm

Vers 1: *Gott steht auf; und seine Feinde werden zerstreut, und die ihn hassen, fliehen vor ihm.* Dieser Vers, wie andere Verse auch, muß psychologisch interpretiert werden. Gott hassen bedeutet in biblischer Sprache, eine göttliche Gegenwart nicht zur Kenntnis zu nehmen und Gott vollkommen zurückzuweisen. Viele meinen, Gott hätte keine Feinde, aber Gott ist Wahrheit, und die Feinde der Wahrheit sind Furcht, Haß, Übelwollen, Eifersucht, Anspannung, Kompromisse, Beschwichtigung und alle anderen negativen Gedanken und Einstellungen.

Gott ist der unsichtbare Teil von dir, das heißt dein Gemüt, Geist, deine Gedanken, Vorstellungen und die schöpferischen Kräfte in dir. Erkenne, daß Gott Unendliches Gemüt ist, Unendliche Intelligenz, Grenzenlose Weisheit und Unendliche Macht, die für dich zu jeder Zeit unmittelbar verfügbar ist. Es ist so viel von Gott in dir, wie du dir zu eigen machen kannst in Form von Weisheit, Wahrheit, Schönheit, Freude und Liebe. Die Feinde Gottes befinden sich in unserem eigenen Gemüt, und wir müssen Furcht, Sorge, Zweifel und all das auslöschen, indem wir unser Konzept von Gott erhöhen und den Sonnenschein von Gottes Liebe einlassen.

Vers 2: *Wie Rauch verweht, so verwehen sie; wie Wachs zerschmilzt vor dem Feuer, so kommen die Gottlosen um vor Gott.* Die Gottlosen sind jene, die sich negativem, destruktivem Denken hingeben. Furcht, Zweifel, Anspannung und andere negative Gedanken werden in der Gegenwart von Gottes Licht und Liebe vollkommen zerstört und aufgelöst. Furcht ist die Wolke, die den Sonnenschein von Gottes Liebe verhüllt. Die Menschen haben sich persönliche Teufel geschaffen, aus der Furcht vor der Vergangenheit, der Gegenwart und der Zukunft. Alles, was der Mensch fürchtet, ist unwirklich. Nur der Eine allein ist wirklich. Nur der Eine allein ist Gesetz. Nur der Eine allein ist Wahrheit.

Vers 4: *Singt Gott, lobsingt seinem Namen! Macht Bahn dem, der durch die Wüste einherfährt; er heißt JAH. Freut euch vor ihm.* »Er heißt JAH« hat einen direkten Bezug zum heiligen Tetragrammaton (Bezeichnung für die vier hebräischen Konsonanten des Gottesnamens, Anm. d. Übers.) und den mit ihm verbundenen Geheimnissen. JAH ist eine Zusammenziehung von Jehova, dessen innere Bedeutung den alten hebräischen Mystikern seit Menschengedenken bekannt ist. Die Anwendung dieser inneren Bedeutung bringt Herrlichkeit und Schönheit in das Leben all jener, welche diese Macht in der rechten Weise anwenden.

Die innere Bedeutung dieses Namens ist das Fundament, auf dem die gesamte Struktur der biblischen Literatur ruht. Das Wort Jehova setzt sich aus vier hebräischen Buchstaben zusammen und erschließt das Geheimnis der Bibel. In diesem Namen ist das gesamte Drama der Schöpfung enthalten.

Der erste Buchstabe, YOD, repräsentiert das Absolute, das ICH BIN, den lebendigen Geist in dir, zuweilen auch unbedingtes Bewußtsein genannt, Gewahrsein, das alles Einschließende, aus dem alle Zustände hervorgehen. In moderner Terminologie ist YOD Gott oder das ICH BIN reines Sein, das Lebensprinzip in dir.

Der zweite Buchstabe, HE, repräsentiert Begehren, Idee, Plan, Zweck und wird zuweilen auch als der einzige eingeborene Sohn bezeichnet, die Mentalvorstellung, die du hältst, ein klares geistiges Vorstellungsbild.

Der dritte Buchstabe, VAU, repräsentiert das Gefühl, Liebe, Emotion, Belebung, wobei du dein Begehren belebst und lebendig machst durch das Gefühl seiner bereits vollzogenen Verwirklichung. Vau ist deine Überzeugung, die das begehrende Bewußtsein und das Begehren zusammenführt. Mit anderen Worten: Du fühlst dich eins mit deinem Begehren. Sei wie ein Schauspieler oder wie eine Schauspielerin, die immer in einer bestimmten Vorstellungswelt leben, ihrer Rolle gemäß. Stell dir vor, jetzt das zu sein, zu tun oder zu haben, was du sein, tun oder haben willst, und spüre die Realität der bereits vollzogenen Tatsache. Wenn du dein Unterbewußtsein mit dieser Realität imprägniert hast, dann hast du dich mit deinem Begehren vereinigt, es mit dem VAU versehen, und es wird sich verwirklichen.

Der vierte Buchstabe, HE, repräsentiert die Manifestation deiner subjektiven Verkörperung oder deines subjektiven Eindrucks. Auf diese Weise werden alle Dinge vollbracht. Es wurde nichts erschaffen, das nicht auf diese Weise erschaffen wurde.

Vers 13: *Wenn ihr zu Felde liegt, glänzt es wie Flügel der Tauben, die wie Silber und Gold schimmern.* Die Taube ist ein Symbol des inneren Friedens und spirituellen Erwachens. Dies ist ein Vers wunderbarer Ermutigung. Vergangene Bedrücktheit ist kein Hinderungsgrund für deine spirituelle Wiederherstellung und deine Macht, dich vorwärts, aufwärts und gottwärts zu bewegen.

Silber steht für dein Begehren, und die goldenen Federn bedeuten, daß du mit dem Gewand der Herrlichkeit bekleidet werden kannst und somit die Macht und Herrlichkeit des Unendlichen in dir erfahren kannst und zu einem transformierten Wesen wirst.

69. Psalm

Vers 9: *Denn der Eifer um dein Haus hat mich gefressen, und die Schmähungen derer, die dich schmähen, sind auf mich gefallen.* Die Anwendung mentalen Zwanges oder der Versuch, die Dinge ins Sein zu zwingen, bringen das Gesetz der Umkehrung ins Spiel, und man bekommt das Gegenteil dessen, wofür man betet. Anstrengungslose Anstrengung, müheloses

Bemühen ist die wirksamste Art zu beten; und in Frieden und Vertrauen liegt deine Stärke zu allen Zeiten.

Vers 10: *Ich weine bitterlich und faste, und man spottet meiner dazu.* Weinen, klagen und Selbstkritik wegen irgendwelcher Fehler oder Unzulänglichkeiten zieht noch mehr Mangel, Begrenzung und Leiden heran. Selbstkritik und Selbstverurteilung sind destruktive Geistesgifte, die deinen gesamten Organismus durcheinanderbringen. Spüre die Realität deines Begehrens und wandle im Licht, das jetzt dein ist.

Vers 30: *Ich will den Namen Gottes loben mit einem Lied und will ihn hoch ehren mit Dank.* Sobald du die wahre Natur Gottes als den ewig lebenden Einen, den Allweisen Einen, den ewig freudigen Lebensgeist des Universums erkannt hast, dich all seiner Wunder erfreust und ihm mit einem Lied auf den Lippen Dank sagst, werden in deinem Leben Wunder geschehen, und du wirst finden, daß alle deine Gebete beantwortet wurden, nach Göttlichem Gesetz und in Göttlicher Ordnung. Diese Gegenwart und Macht in dir ist nicht von irgendwelchen bestimmten festgelegten Formen der Huldigung abhängig, sondern nur von der wahren Huldigung, die aus dem Herzen kommt.

70. Psalm

Vers 4: *Laß deiner sich freuen und fröhlich sein alle, die nach dir fragen; und die dein Heil lieben, laß alle Wege sagen: Hochgelobt sei Gott!* Dieser Vers ist der Schlüssel zu den Psalmen! Dir wird bedeutet, dich an die Gottgegenwart zu wenden, dich zu freuen und fröhlich zu sein und Gott zu loben, das heißt, dir mehr und mehr seiner Allmacht und seiner Allgegenwart bewußt zu sein, mehr und mehr von dem ewig freudigen Geist des Lebens in Anspruch zu nehmen und dich der Werke Gottes zu erfreuen. Der Geist oder Gott erfreut sich seiner eigenen Macht des Selbstausdrucks, und wenn wir bejahen, daß wir Tag für Tag mehr von unserer Göttlichkeit Ausdruck geben, werden sie mehr und mehr gottgleiche Qualitäten offenbaren.

Vers 3: *Sei mir ein starker Hort, zu dem ich immer fliehen kann, der du zugesagt hast, mir zu helfen; denn du bist mein Fels und meine Burg.* Dieser Vers spricht vom gewohnheitsmäßigen Verweilen. Regelmäßige Beschäftigung des Gemüts mit den großen Wahrheiten des Lebens wird in der Bibel verweilen genannt, denn du kommunizierst mit dem Unendlichen in dir regelmäßig, systematisch und umsichtig. Die Göttliche Gegenwart oder das Unendliche Lebensprinzip ist in sich selbst das Prinzip fortgesetzter Erlösung.

Vers 4: *Mein Gott, hilf mir aus der Hand des Gottlosen, aus der Hand des Ungerechten und Tyrannen.* Du selbst befreist dich, und du selbst vergibst dir, denn das Lebensprinzip verdammt oder verurteilt nie. Ungerecht sein bedeutet, nicht vom spirituellen Standpunkt aus zu denken. Wenn du völlig verstört bist, »in die Luft gehst«, auf andere zornig oder haßerfüllt bist, dann setzt du eine fremde Ursache voraus. Es gibt aber nur eine Macht – Gott, die Höchste und Allmächtige, und das ist der Geist in dir. Bedenke, die negativen Emotionen hast du alle selbst erzeugt – die anderen sind nicht dafür verantwortlich.

Lerne, das spirituelle Gesetz anzuwenden, und vergib dir selbst. Mache niemals andere für Verluste oder Verletzungen verantwortlich. Wenn du das nämlich tust, verneinst du die Eine Spirituelle Macht in dir. Vergebung ist das Verändern deines Denkens, deine Ausrichtung auf göttliches Gesetz, göttliche Harmonie und göttlichen Frieden. Bejahe dein göttliches Anrecht auf alles Gute und alle Segnungen des Lebens. Verschwende keine Energie durch Schuldzuweisungen an andere.

Das Leben vergibt immer ungeachtet der Fehler, die du begangen hast, und ungeachtet der Anzahl dieser Fehler und Irrtümer. Das Gesetz antwortet, sobald du anfängst, richtig zu denken, richtig zu fühlen und richtig zu handeln. Ändere dein Denken über den Menschen, dem du gegrollt hast, und erkenne, daß es überhaupt keinen Grund gibt, sich verletzt zu fühlen; dann kehre zurück zu dem Geist in deinem Innern und beanspruche Harmonie, Gesundheit, Frieden und Freude. Was du beanspruchst und als wahr empfindest, das wird der Geist hervorbringen in deinem Leben.

72. Psalm

Vers 1: *Gott, gib dein Gericht dem König und deine Gerechtigkeit dem Königssohn.* Der König und der Königssohn repräsentieren deinen wachbewußten Verstand und dein Unterbewußtsein. Gericht in der Bibel bedeutet, daß du zu einer Entscheidung kommst über die Wahrheit oder Falschheit eines jeden Gedankens oder einer jeden Idee, die du hast. Dieser Prozeß vollzieht sich den ganzen Tag lang in unseren Gemütern im Wachzustand, während wir aktiv sind. Das ideale Leben besteht darin, »ein rechtes Gericht zu richten«, das unseren Charakter bestimmt. Das Richten vollzieht sich in unserem wachbewußten, wägenden Verstand. Jede definitive Schlußfolgerung, zu der wir kommen, wird automatisch vom Unterbewußtsein angenommen und auf dem Bildschirm des Raumes reproduziert.

Das Gute, Edle, Liebliche und Wohllautende zu bejahen, ist rechtes Gericht, und das trägt seinen Lohn in sich als Harmonie und Frieden in dieser sich verändernden Welt. Jesus sagte: *Richtet nicht, auf daß ihr nicht gerichtet werdet…* (Luk. 6,37). Damit meinte er, daß wir uns selbst gefährden, wenn wir verdammen oder einem anderen Schlechtes wünschen, denn unser Denken ist schöpferisch, und diese Ansicht des anderen verwirklichen wir für uns.

Was wir akzeptieren und mit unserem Verstand als real empfinden, das müssen wir in unserem eigenen Leben als Erfahrung hinnehmen.

Vers 5: *Er soll leben, solange die Sonne scheint und solange der Mond währt, von Geschlecht zu Geschlecht.* Die Sonne und der Mond sind altertümliche Symbole für das männliche und das weibliche Lebensprinzip. Die Sonne repräsentiert das spirituelle Abwägen oder den erleuchteten wachbewußten Verstand. Der Mond steht für das Unterbewußtsein in der altertümlichen Symbolsprache. Das Wort *Furcht* bedeutete in den Tagen, als die Bibel geschrieben wurde, eine gesunde Achtung vor den Gesetzen des Gemüts zu haben, auf die gleiche Weise, wie du eine gesunde Achtung vor den Gesetzen der Chemie oder Elektrizität haben würdest.

Vers 20: *Zu Ende sind die Gebete Davids, des Sohnes Isais.* David bedeutet der Geliebte Gottes, derjenige, der die Gottgegenwart im Innern an die erste Stelle setzt und keine andere Macht anerkennt. *Isai* bedeutet ICH BIN; der Sohn *Isais* bedeutet Liebe, ein Ausdruck oder Sohn des ICH BIN. Wenn du fühlst und weißt, daß du vom Geist Gottes geführt wirst, dann bist du der wahre Sohn Gottes oder *Isais.*

74. Psalm

Vers 4: *Deine Widersacher brüllen in deinem Hause und stellen ihre Zeichen darin auf.* Die Widersacher befinden sich immer in unserem eigenen Gemüt. Wenn wir äußeren Dingen Macht verleihen, dann zollen wir den Widersachern Anerkennung. Die Widersacher sind Furcht, Sorge und der Glaube an andere Mächte. Gott ist die Einzige Gegenwart und Macht, und alle Anerkennung muß dieser Einen Macht gegeben werden.

Es gibt viele Sekten, die ihre eigenen Zeichen aufstellen, das heißt, sie bezeichnen ihre bestimmten Lehrmeinungen als wahr, etwa wie eine Organisation, die eine Parole ausgibt. Es wird dir aber kein Zeichen gegeben außer dem Zeichen Jonah, was bedeutet, daß das einzige wahre Zeichen deine innere Überzeugung ist, daß Gott dein Gebet beantwortet hat. Es ist völlig unnötig, irgendeiner Sekte anzugehören oder einer bestimmten Konfession. Und das ganz einfach deshalb, weil niemand dir die Wahrheit geben kann.

Wenn dir jemand das Salz erklärt, seine chemische Zusammensetzung, seine Bestandteile oder die Tatsache, daß es einmal als Zahlungsmittel Verwendung gefunden hatte, oder seine Eignung zum Konservierungsmittel, dann bist du interessiert. Du müßtest das Salz jedoch erst einmal kosten, um seinen

Geschmack zu kennen. Ebenso mußt du die Macht Gottes in deinem Innern selbst erfahren. Niemand kann für dich einen Apfel verspeisen, und niemand hat das Monopol auf die Wahrheit.

Redensarten, Zeichen und Etiketten sind keine Alternative zu spirituellem Erwachen. Das vollzieht sich im Herzen des Menschen. Das wahre Zeichen, das du brauchst, ist deine Überzeugung von der Güte Gottes im Land der Lebenden. Wenn du betest, dann ist das einzige wahre Zeichen dein inneres stilles Wissen der Seele, daß dein Gebet beantwortet ist. Es ist ein inneres Gefühl, eine innere Überzeugung, und damit bist du im Frieden.

Vers 9: *Unsere Zeichen sehen wir nicht, kein Prophet ist mehr da, und keiner ist bei uns, der etwas weiß.* Im 1. Korintherbrief, Kapitel 13, Vers 8 lesen wir: ... *Während doch das prophetische Reden aufhören wird...* Wir alle sind mit den Vorhersagen von all den Arten von Astrologen, Wahrsagern bestens vertraut, und wir bemerken auch, wie oft solche Leute mit ihren Vorhersagen danebenliegen. Es will sich einfach nichts von dem Prophezeiten verwirklichen.

Werde zu einem Propheten Gottes, indem du an die Güte, Führung, Liebe und das rechte Handeln Gottes glaubst, der in dir, durch dich und überall um dich herum wirksam ist. ... *Dir geschehe, wie du geglaubt hast* (Matth. 9,29). Dein Glaube an Gott und alle guten Dinge ist deine Weissagung.

Vers 20: *Gedenke an den Bund; denn die dunklen Winkel des Landes sind voll Frevel.* Dunkelheit steht in der Bibel für Unwissenheit und Grausamkeit. Der Bund beinhaltet, daß Gott und Mensch eins sind, und wenn du einem anderen hilfst oder ihn segnest, hilfst du auch dir selbst, denn es gibt keinen anderen. Es erfordert vier Milliarden Menschen auf diesem Planeten, um dir zu sagen, wer du bist. Sie alle sind Ausweitungen deiner selbst. Menschheit bedeutet der Eine als Vielheit. Andere schlecht zu behandeln oder grausam zu ihnen zu sein, ist der Gipfel der Ignoranz. Früher oder später wird solches Verhalten auf einen zurückfallen, und das auf Wegen, die man nicht kennt.

Vers 6: *Denn die Erhöhung kommt nicht vom Osten noch vom Westen, noch vom Süden.* Hier haben wir es mit den vier Kardinalpunkten zu tun. Der Norden ist die göttliche Gegenwart – die Höchste Macht. Der Osten, wo die Sonne aufgeht, repräsentiert das Erwachen zum Licht Gottes oder der Erleuchtung. Der Westen repräsentiert deine objektive Welt, der Süden deine Leidenschaft, Emotionen und psychischen Kräfte. Einfacher gesagt: Er repräsentiert den spirituellen, geistigen, emotionalen und physischen Menschen. Der Psalmist stellt nur eine einfache Wahrheit fest: Wenn du nach Erhöhung strebst, dann blicke in dein Inneres, weil du dich selbst erhöhst. Blicke nicht auf Äußerlichkeiten.

Was du beanspruchst und als wahr empfindest, das wird dein Unterbewußtsein hervorbringen. Beanspruche Erhöhung, Fortkommen, Sieg und Triumph in dem Wissen, daß der Geist deinen Anspruch honorieren wird. Erkenne, daß du dir alles selbst gibst, weil deine Selbsteinschätzung immer objektiviert und erfahren wird.

Vers 7: *Sondern Gott ist Richter, der diesen erniedrigt und jenen erhöht.* Viele Menschen werden prahlerisch, arrogant, störrisch und aggressiv, weil sie sich der Göttlichen Gegenwart in ihrem Innern nicht bewußt sind. Deshalb versuchen sie, sich einen Weg mit Ellenbogen zu bahnen. Viele Menschen geben nur vor, erfolgreich zu sein; sie wollen, daß man sie für reich hält, aber innerlich reich sein wollen sie nicht. Viele wollen etwas gelten. Sie wollen, daß man sie für wichtig hält, aber ein inneres Wertgefühl haben sie nicht. Sie haben im Gegenteil eine sehr geringe Meinung von sich.

Du bist dir solcher Zeitgenossen, die nur einen äußeren Schein wahren wollen, sehr wohl bewußt. Sie streben nach äußerer Anerkennung auf Kosten des inneren Wertgefühls und Selbstvertrauens. Du mußt das geistige Gegenstück – die geistige Entsprechung – zunächst in deinem Gemüt etablieren, bevor du irgendein Ziel im Leben erreichen kannst. Gott ist der Richter, und Gott ist das ICH BIN oder der Geist in dir, die Realität von dir. Das Gesetz Gottes ist, daß du das bist, was du kontemplierst. Dein Unterbewußtsein kennt keine inneren Gedanken, Gefühle und Überzeugungen. Es ist sich jeder Nuance deines Denkens und deiner Stimmungen bewußt. Es ist eine innere Rede, die sich manifestiert, denn dein inneres Reden ist das, was du glaubst.

Wenn du dich durchboxt, um vorwärtszukommen, sei es im Geschäft oder in einem Amt – wenn du nur an Einfluß, an Protektion und andere Vorteile glaubst, dann bedeutet das, daß du nicht an dich selbst glaubst und im Grunde sehr unsicher bist. Nach Prominent-Sein auf der äußeren Seite des Lebens zu streben, offenbart eine große innere Leere. Das Gesetz des Geistes ist der Richter und das Urteil, die Schlußfolgerung beruht auf deinem Glauben, deiner Überzeugung von dir selbst. Du erreichst nichts, was du nicht aufgrund deines Bewußtseins erreichst. Und wenn du dich im Bewußtsein minderwertig und fehl am Platz fühlst, dann wirst du die Position eines Tages aufgeben müssen, die du durch rein äußerliche Manipulationen erworben hast. *…der diesen erniedrigt…* (Psalm 75,7).

Bedenke *…und jenen erhöht,* was bedeutet, daß du selbst dich erhöhst, durch das Gesetz des Geistes. Du kannst dich jetzt für dein Vorwärtskommen entscheiden. Stell dir vor und fühle, daß du das bist, was du sein willst. Du weißt, wenn du deinem mentalen Vorstellungsbild treu bleibst, wird dein Unterbewußtsein es hervorbringen. Alle Gemütszustände werden sich früher oder später manifestieren als Form, Funktion, Erfahrung oder Begebenheit.

Kürzlich befand ein Handelsvertreter, daß er befördert werden und auf der ganzen Linie vorwärtskommen wollte. Daher stellte er sich am Abend vor, wie sein Chef ihm zu seinem Erfolg gratulierte. In seiner Vorstellung nahm er an Lehrgängen teil, wurde zu einem glänzenden Redner und konnte mit anderen Menschen gut umgehen. Kurz darauf wurde er zum Hauptbüro seiner Firma beordert und zum Verkaufsleiter ernannt. Jetzt hat er den Vorsitz bei vielen Sitzungen und spricht auf vielen Schulungskursen. Sein Unterbewußtsein wußte, was er zu seiner Beförderung benötigte, und veranlaßte ihn, sich mit Rhetorik und Public Relations zu befassen.

Dieser Mann wußte, daß er es mit dem geistigen Gesetz zu tun hatte, und so wie er es einsetzte, in seinem Innern ausfüllte, wurde das Gesetz für ihn tätig. Es bestand nicht die geringste Notwendigkeit, Ellenbogen zu gebrauchen, denn es gab keinen Anlaß, anderen etwas vorzumachen. Er brauchte nur das Geistige Gesetz anzuwenden. Das Erniedrigen und Erhöhen findet im eigenen Gemüt statt.

Sich abmühen und anstrengen, um sein Ziel geistig zu erzwingen, setzt das Gesetz der Umkehr in Tätigkeit, was bedeutet, daß du genau das Gegenteil dessen bekommst, was du anstrebst. Sei dem Gesetz deines Gemüts gegenüber demütig und empfänglich, und du wirst auf unendlich viele Arten erhöht und gesegnet werden.

11
Höhepunkte der Psalmen 80 bis 87

80. Psalm

Vers 1: *Du Hirte Israels, höre, der du Joseph weidest wie eine Herde! Der du auf Kerubim thronst, erscheine.*

Israel meint damit jeden, der die Oberherrschaft des innewohnenden Geistes anerkennt, und der Hirte ist einer, der all seine Treue der einen inneren Kraft gibt und auf seine Gedanken (Schafe) achtet, um sicherzugehen, daß sie den ewigen Wahrheiten und Lebensprinzipien entsprechen.

Eine der wichtigsten Fähigkeiten des Verstandes ist die Vorstellungskraft, die hier durch Joseph dargestellt wird. Jede Idee, die der Verstand sich vorstellt, kann durch diese Fähigkeit auf der Leinwand sichtbar gemacht werden.

Kerubim sind symbolische Figuren, die in den Heiligen Schriften dazu dienen, die Macht und Herrlichkeit Gottes darzustellen wie auch Seine Attribute. Das Wort Kerubim bedeutet auch Schutz oder heiliges Leben. Du bist im Schutz der Kerubim, wenn Liebe und Frieden dein Herz (die Arche) erfüllen.

In diesem Psalm weist der Psalmist darauf hin, daß in jedem von uns etwas existiert, das uns führt und Licht auf ein Problem wirft, denn wenn wir diese Höchste Intelligenz in uns anrufen, antwortet sie.

Vers 2: *... vor Efraim, Benjamin und Manasse! Biete deine gewaltige Macht auf, und komm uns zu Hilfe!*

Efraim bedeutet das Verlangen deines Herzens; Benjamin bedeutet Gottvertrauen; und Manasse bedeutet, sich von dem

Problem abzuwenden und die Freude an der Gebetsbeantwortung zu feiern.

Mit anderen Worten: Du hast damit eine ganz einfache Formel für Gebete. Dein Wunsch, zu sein, zu tun und zu haben, kann erfüllt werden, wenn du dich in eine andere Richtung wendest und deine Aufmerksamkeit von dem Problem oder all den Gründen, weshalb du dein Ziel nicht erreichen kannst, abwendest und statt dessen deine Idee oder deinen Wunsch nährst voller Vertrauen und Zuversicht, daß Gott für dich eintritt. Wenn du deinen Wunsch beharrlich nährst und unterstützt, wird die Göttliche Ordnung eine Antwort geben.

Vers 19: *Herr, Gott der Heerscharen, richte uns wieder auf! Laß dein Angesicht leuchten, dann ist uns geholfen.*

Wenn du dich der Unendlichen Intelligenz in dir zuwendest, so wird sie dir antworten, denn Antwort ist ihre Natur. *Herr, Gott der Heerscharen* heißt hier Gott der Offenbarung oder der Schöpfung. Alles, was man in dieser Welt sieht, ist die Manifestation des Geistes in unterschiedlichen Graden.

Laß dein Angesicht leuchten meint natürlich nicht ein wirkliches Gesicht wie das eines Mannes oder einer Frau. Es ist eine symbolische Art und Weise, Göttliche Weisheit auszudrücken. Das Gesicht symbolisiert die Fähigkeit des Erkennens. Es ist das Gesicht, an dem du Menschen in deinem täglichen Leben wiedererkennst. Normalerweise erkennst du sie nicht von hinten, auch nicht an ihren Händen oder Füßen. Das Angesicht Gottes zu suchen, heißt Gottes Gegenwart anerkennen und merken, daß Seine Liebe und Sein Frieden durch dich fließen, wodurch deine Seele heilt und gesundet und deinem geplagten Verstand Frieden gebracht wird.

Laß nie einen Schleier des Zweifels und der Angst zwischen dir und der Göttlichen Gegenwart entstehen. Wolken mögen sich zwischen dich und die Sonne schieben, aber vergiß nicht, die Sonne scheint dennoch unverändert hinter den Wolken. Ebenso scheint Gottes Licht ununterbrochen, und wenn du den Schleier der Zweifel und der Angst lüftest und der Sonnenschein von Gottes Liebe und Licht hereinströmt, dann bist du frei.

81. Psalm

Vers 1: *Jubelt Gott zu, er ist unsre Zuflucht; jauchzt dem Gott Jakobs zu!*

Vers 2: *Stimmt an den Gesang, schlagt die Pauke, die liebliche Laute, dazu die Harfe!*

Vers 3: *Stoßt in die Posaune am Neumond und zum Vollmond, am Tag unsres Festes!*

Das überragende Hauptthema dieses Psalms ist die Freude, daß du Gott entdeckt hast, den lebendigen Geist in dir, der dich liebt und für dich sorgt. Eine freudige Einstellung deinerseits läßt dich vielerlei Segnungen erfahren. Du entdeckst: ... *Vor deinem Angesicht herrscht Freude in Fülle, zu deiner Rechten Wonne für alle Zeit* (Psalm 16,11).

Es gibt nur den Geist oder Gott, Ursache und Schöpfer zugleich. Deine Gedanken verursachen entsprechende geistige Erwiderungen. Dein Geist ist dein Gefühlsleben. Ist dein inneres emotionales Leben fröhlich, dann wirst du auch fröhliche Erfahrungen machen, denn das Innere beherrscht das Äußere.

Nehemia sagte: ... *die Freude am Herrn ist eure Stärke* (Neh. 8,10). Freude bedeutet, ein fröhliches Herz zu haben; sie ist Ausdruck von Dankbarkeit. Sie bedeutet auch Harmonie, Frieden, Schönheit und Heiterkeit.

Eine Schauspielerin, die auch eine große Sängerin war, hatte eine Wucherung in der Lunge. Sie bat mich um eine Affirmation, die sie regelmäßig, für eine halbe Stunde drei-, viermal am Tag benutzen konnte. Als sie diese bekommen hatte, begann sie, still für sich zu bejahen: »Gottes Freude ist meine Kraft.« Ungefähr am dritten Tag stellte sie fest, daß Freude in ihrem emotionalen Leben überwog, und ihr Körper spiegelte diese neue, freudige Einstellung mit gesundem Gewebe und einer vollständigen Heilung der Lunge. Eine Operation war nicht mehr notwendig.

In der Bibel steht: *Ein fröhliches Herz tut dem Leib wohl, ein bedrücktes Gemüt läßt die Glieder verdorren* (Spr. 17,22). Es ist wirklich eine herrliche Medizin und dabei sehr wirksam, um all die Neigungen, Bedürfnisse und Wünsche deiner Persönlichkeit in Einklang zu bringen.

Denke daran, deine Religion sollte dir Freude, Zufriedenheit und inneren Frieden geben. Sie sollte dich über falschen Glauben, Ängste und Aberglauben dieser Welt erheben. Freude sollte dir die Kraft geben, um große Aufgaben zu vollbringen und über den Problemen dieser Welt zu stehen. Der Ingenieur erfährt eine innere Freude, wenn er große Hindernisse und Probleme bewältigt beim Bau einer Brücke, die einen tiefen Abgrund überspannt; er hat dabei eine schwierige und gefährliche Aufgabe gelöst.

Vers 9: *Für dich gibt es keinen anderen Gott. Du sollst keinen fremden Gott anbeten.*

Vers 10: *Ich bin der Herr, dein Gott, der dich herausgeführt hat aus Ägypten. Tu deinen Mund auf! Ich will ihn füllen.*

Diese Verse bedeuten dir, das wahre Konzept Gottes zu erkennen und es zum wirklichen, dauerhaften Fundament deines Lebens zu machen. Es gibt nur eine Macht – nicht zwei oder drei oder gar tausend. Diese Macht ist die Allmacht, die höchste und allgegenwärtige. Nichts kann der Unendlichkeit gegenüberstehen. Gäbe es zwei Mächte, würde eine die andere aufheben. Es entstünde ein Chaos und es gäbe keinen Kosmos. Zwei Unendlichkeiten kann es weder mathematisch noch spirituell noch wissenschaftlich geben – es ist undenkbar und unmöglich.

Deswegen gibt der wissenschaftliche Denker keinem erschaffenen Ding Macht. Ebensowenig gibt er einer Person, einem Ort oder einem Zustand, noch Sonne, Mond oder Sternen irgendwelche Macht. All diese sind Wirkungen, nicht Ursachen.

Lerne, dem Schöpfer die Macht zu geben – und nicht den erschaffenen Dingen. Wenn du diese Wahrheit einmal erkannt hast und sie in dein Leben integrierst, werden deine Ängste und Sorgen Äußerlichkeiten gegenüber vermindert und allmählich verblassen. Zuversicht und Friede werden in deinem Herzen herrschen.

Es ist wahr, daß äußere Ereignisse und Erfahrungen dir von Zeit zu Zeit Freude bereiten. Zum Beispiel, wenn du befördert wirst, wenn dein Sohn einen großen Preis gewonnen hat oder geehrt wurde, wenn dir ein Kind geboren wird oder wenn du einen Sechser im Lotto hast, so kann dir das große Freude geben und dich in eine gehobene Stimmung versetzen. Die Bibel sagt, daß die Freude des Herrn deine Kraft ist, was soviel heißt, als daß du, wenn du diese herrliche Kraft in dir einmal kennenlernst, auch weißt, daß deine Gedanken kreativ sind. Wenn du denkst, reagiert der Geist oder Gott, und du erkennst, daß dies die wahre Ursache in deinem Leben ist, die dir wirkliche Freude gibt.

Wenn du an Harmonie, Frieden denkst, an richtiges Handeln, Liebe, Schönheit, wahren Ausdruck und Freude, dann reagiert der Geist in dir entsprechend und baut all diese Qualitäten und Merkmale in dein äußeres Leben und deine Erfahrungen ein; dadurch werden dir Harmonie, Gesundheit, Frieden und erfreuliche Beziehungen mit anderen zuteil. All dies gibt dir innere Freude und Entzücken darüber, jetzt zu wissen, daß du der Kapitän deiner Seele bist und der Meister deines Schicksals. Rufe dir immer wieder in Erinnerung, daß der Geist in dir – oder Gott – der Herrscher und das Oberhaupt deines Lebens ist. Wenn du das weißt und dieses Wissen im täglichen Leben anwendest, wird dein Herz voll Gottes Freude sein.

Tu deinen Mund auf! Ich will ihn füllen in Vers 10 heißt: Sei offen und aufnahmebereit für all die guten Dinge des Lebens. Schon Shakespeare sagte: »Alle Dinge sind bereit, wenn das Gemüt es ebenfalls ist.« Das Wort Mund in der Bibel bedeutet Geist.

Du mußt gut annehmen können, um geben zu können. Öffne also deinen Geist und dein Herz für den Einfluß des Heiligen Geistes, und erkenne, daß alles, was immer du auch suchst, im Unendlichen bereits besteht; denn dieses ist die Quelle aller Dinge, im Himmel wie auf Erden.

Bereite deinen Geist darauf vor, jetzt Gesundheit, Frieden, Freude, Führung, Reichtum zu empfangen. Warum darauf warten? Nimm dir all das doch jetzt statt in fünfzig Jahren. *Bittet, dann wird euch gegeben...* (Matth. 7,7).

82. Psalm

Vers 6: *Wohl habe ich gesagt: Ihr seid Götter, ihr alle seid Söhne des Höchsten.* Hier wird dir genau gesagt, wer du bist. Du bist Tochter oder Sohn des Unendlichen, und alle Kräfte der Gottesgegenwart sind in dir. Erkenne, was du von deinem himmlischen Vater geerbt hast, dann wirst du an Weisheit, Wahrheit und Schönheit wachsen.

Alle Kräfte, Eigenschaften und Qualitäten Gottes wohnen in dir und warten darauf, durch dich Ausdruck zu finden. Schau dir die Wunder an, die du im Laufe deines Lebens vollbringst in der Erkenntnis, daß Gott dein Vater ist. Stelle den beständigen Anspruch, daß du jeden Tag mehr und mehr von deiner Göttlichkeit zum Ausdruck bringst. Wenn du das fortwährend machst, wird deine ganze Welt magisch verschmelzen mit den Bildern deiner Kontemplation.

83. Psalm

Vers 2: *Sieh doch, deine Feinde toben; die dich hassen, erheben das Haupt.*

Vers 3: *Gegen dein Volk ersinnen sie listige Pläne und halten Rat gegen die, die sich bei dir bergen.*

Die Feinde Gottes – oder der Wahrheit – sind Angst, Unwissenheit, Aberglaube, Haß, Eifersucht, Selbstverurteilung und jeder negative Gedanke. »Die, die sich bei ihr bergen« sind diejenigen, die ihr Einssein mit Gott erkannt haben und auch, daß die einzige Macht die Göttliche Gegenwart, der innere Unendliche Geist ist. Wenn du für einen geliebten Menschen betest, der sehr krank ist, hast du vielleicht schon das Auftauchen ängstlicher Gedanken beobachtet, die versuchen, dich vom Glauben an die Unendliche Heilende Gegenwart abzubringen. Du mußt diesen Gedanken den Kopf abschlagen, indem du sagst: »Gott ist die einzige Gegenwart und Macht.« Das macht alle negativen Gedanken, die du haben magst, unwirksam.

Vers 16: *Bedecke mit Schmach ihr Gesicht, damit sie, Herr, nach deinem Namen fragen.*

Vers 18: *Sie sollen erkennen, daß du es bist. Herr (Jehovah) ist dein Name. Du allein bist der Höchste über der ganzen Erde.*

Wenn man den 83. Psalm liest, bekommt man den Eindruck, daß verschiedene Vergeltungen auf den Feind niederprasseln; aber, wie du weißt, sind die Feinde in deinem eigenen Kopf. Der Wille Gottes für jeden, auch den sogenannten schlechten Menschen, ist nicht Tod oder Verderben, sondern vielmehr, daß sie sich von ihrer Bosheit abwenden und ein prächtiges und friedliches Leben führen sollen.

Der Name Jehovah bedeutet das ICH BIN in dir, die Gegenwart und Macht Gottes, dein eigenes Gewahrsein, unbedingtes Bewußtsein, das Lebensprinzip in dir, die Realität deiner selbst. Was du auch immer an ICH BIN anhängst und glaubst, wirst du auf der Leinwand des Universums erleben.

84. Psalm

Vers 3: *Auch ein Sperling findet ein Haus und die Schwalbe ein Nest für ihre Jungen – deine Altäre, Herr der Heerscharen, mein Gott und mein König.* All die Vögel der Lüfte und alle Tiere haben ein Zuhause. Sie werden durch ihren Instinkt geleitet, um ihr Zuhause zu bauen. Die gütige Vorsehung sorgt perfekt für sie.

Wenn du ein Zuhause oder einen Platz zum Leben suchst, solltest auch du kühn bejahen: »Gott stellt all seinen Geschöpfen ein Zuhause zur Verfügung. Gott hat auch für mich ein Zuhause, und ich werde durch die Göttlichkeit zu meinem Heim geführt.« Erkenne das aufrichtig und glaube daran, und dir wird nie ein schönes, friedliches Zuhause fehlen für den Rest deines Lebens.

Vers 4: *Wohl denen, die wohnen in deinem Haus, die dich allezeit loben. Sela.* Gottes Haus ist dein eigener Geist, denn dein Geist ist Gottes Geist, und es gibt nur Einen Geist, der allen Individuen gemeinsam ist. Du kommunizierst mit dem

Unendlichen durch das Medium deiner eigenen Gedanken, und es wird gesagt, daß du in Gottes Haus wohnst, wenn du dich immer wieder auf das Unendliche einstimmst und regelmäßig und systematisch bejahst: »Gott ist mein Führer, mein Ratgeber, mein Wegweiser, mein Zahlmeister, mein Herr und die Quelle aller Segnungen.« Erinnere dich häufig an diese Grundwahrheiten, und du wirst zu Hause sein bei Gott.

Vers 5: *Wohl den Menschen, die Kraft finden in dir, wenn sie sich zur Wallfahrt rüsten.* Der Schwerpunkt des 83. Psalms liegt darauf, daß du Gott deine ganze Zuversicht und dein gesamtes Vertrauen schenkst. Gott ist die Quelle der Kraft, die in dich hineinfließt, weil dein Geist und dein Herz für das Einströmen des Heiligen Geistes zu jeder Zeit offen sind und weil so die Kraft zu einer immer größeren Kraft werden kann.

Vers 9: *Schau, Gott, unser Schild, schau auf das Antlitz deines Gesalbten!*

Vers 10: *Denn ein einziger Tag in den Vorhöfen deines Heiligtums ist besser als tausend andere. Lieber an der Schwelle stehen im Hause meines Gottes als wohnen in den Zelten der Frevler.*

Vers 11: *Denn Gott, der Herr, ist Sonne und Schild. Er schenkt Gnade und Herrlichkeit; der Herr versagt denen, die rechtschaffen sind, keine Gabe.*

Zweimal wird Gott als unser Schild dargestellt (Verse 9 und 11), womit gemeint ist, daß dich eine Schutzschicht umgibt, so daß du ein verzaubertes Leben führen kannst. *Dein Gesalbter* steht für all diejenigen, die bewußt bejahen, daß Gottes Wahrheit auch ihre Wahrheit ist; dann wird ihr Intellekt mit der Weisheit Gottes gesalbt, und alles, was sie tun, wird gedeihen.

In Vers 10 bist du ein Türsteher in Gottes Haus und paßt auf, daß in dein Unterbewußtsein nur das hineindringt, was deine Seele mit Freude erfüllt. Du erkennst auch, daß deine geistige Einstellung, dein Vertrauen und deine Überzeugung die Tür zu aller Verwirklichung bilden. Du erkennst, daß dein eigenes Bewußtsein, das heißt, wie du denkst, fühlst, glaubst und geistig annimmst, das Tor zu allem Ausdruck ist. Das Innere beherrscht das Äußere.

Gott ist auch unsere Sonne (Vers 11). Die Sonne ist ein Symbol für Gott. Wenn Ganzheit, Schönheit und Harmonie durch uns zum Ausdruck kommen, lassen wir die Sonne, oder Gott, scheinen. Gottes Mitte ist überall, aber nirgends hat Er eine Begrenzung. Gott hält nie etwas Gutes zurück, denn es gibt überhaupt keine Begrenzung, und alle Reichtümer des Unendlichen stehen jedem zur Verfügung. Die Quelle ist unerschöpflich. Das einzig Notwendige ist, daß wir beten, und wenn wir glauben, werden wir bekommen.

85. Psalm

Vers 3: *...hast zurückgezogen deinen ganzen Grimm und deinen glühenden Zorn gedämpft.*

Vers 4: *Gott, unser Retter, richte uns wieder auf, laß von deinem Unmut gegen uns ab!*

In den Psalmen und auch an vielen anderen Bibelstellen wird Bezug genommen auf Gottes Zorn. Dieses Wort ergibt keinen Sinn, wenn man es wörtlich nimmt, denn uns wird immer und immer wieder gesagt, daß Gott Liebe ist und daß Gottes Handeln ausschließlich dazu dient, zu heilen, wiederherzustellen, zu inspirieren und uns in vieler Hinsicht zu segnen.

Das Wort Zorn, wie schon vorher in diesem Buch erläutert, bezeichnet die große Aktivität, die vor der Heilung einer Krankheit stattfindet; genauso kann beispielsweise, wenn du für ein fieberndes Kind betest, das Fieber noch steigen, und diese Hitze tötet die bösartigen Bakterien, die das Fieber verursachen; dann erst sinkt die Temperatur, und das Kind ist wieder gesund. Diese Art von Krise wird als Zorn bezeichnet.

Wenn wir negativ denken und bösartige, destruktive Gedanken hegen, die eine Reaktion im Unterbewußten hervorrufen, wird dieses als der Zorn Gottes bezeichnet. Mit anderen Worten ist der Zorn eine Widerspiegelung der Gesetze unseres eigenen Geistes. Wir bestrafen uns selbst durch Mißachtung der Gesetze. Die Richtung des Lebensprinzips ist immer hin zum Leben; es versucht immer, zu heilen, wiederherzustellen und ein Gleichgewicht zu schaffen. Gott ist absoluter Friede und absolute Glückseligkeit. Alle Wut entsteht durch unsere eigenen negativen, destruktiven Gedanken.

In der Bibel steht Seelenheil für gute Gesundheit und Harmonie, für Frieden und Leben im Überfluß. Wenn du dich voll zum Ausdruck bringst und eine freudige und sinnvolle Arbeit verrichtest, hast du Seelenheil erlangt.

Vers 10: *Es begegnen einander Huld und Treue; Gerechtigkeit und Friede küssen sich.* Dieser Vers enthüllt ein tiefgründiges geistiges Gesetz. *Es begegnen einander Huld und Treue.* Das bedeutet, daß die Lösung eines Problems oder einer Schwierigkeit darin besteht, die Wahrheit der Problematik zu erkennen.

Die Wahrheit ist, daß Gott gegenwärtig ist. Wenn wir die Gegenwart Gottes erkennen, d.h. die Gegenwart von Ganzheit, Frieden und Vitalität dort erkennen, wo Krankheit oder Leiden vorherrschen, beginnt sich der Zustand schon zu bessern. Das ist die Barmherzigkeit, die wir bekommen. Die Unendliche Heilende Gegenwart ist es, die heilt und die daher auch die Barmherzigkeit bringt.

Die zweite Hälfte des Verses ist in der bildlichen Sprache des Ostens gehalten. Gerechtigkeit heißt hier rechtes Denken gemäß spirituellen Maßstäben, und dies bringt Frieden; folglich gehören sie zusammen.

Seelenfrieden ist eine der größten Segnungen des Lebens. Energie aus den tieferen Schichten deines Geistes wird dadurch freigesetzt und ermöglicht, daß du viele Dinge vollbringst, die dir sonst unerreichbar wären. Der Seelenfrieden heilt den Körper, aber auch das Bankkonto. Er läßt kreative Gedanken entstehen und steht als Zeichen für das Gleichgewicht des Geistes.

86. Psalm

Vers 13: *Du hast mich den Tiefen der Hölle entrissen. Denn groß ist über mir deine Huld.*

Hier ist die Rede von der Hölle, die wir selbst geschaffen haben. Hölle bedeutet Knechtschaft, Einschränkung, selbstauferlegte Grenzen, vielleicht aus Unkenntnis oder falschen Vorstellungen von einem Gott der Liebe. Die, die den Heiligen Geist anrufen, werden gehört. Das heißt, durch die Erhebung Gottes in deine eigene Mitte kannst du dich aus der selbstauferlegten Knechtschaft oder Einschränkung befreien und die heilende Kraft nutzen.

Vers 5: *Herr, du bist gütig und bereit zu verzeihen, für alle, die zu dir rufen, reich an Gnade.*

Das Lebensprinzip vergibt dir ständig. Das erfährst du zum Beispiel, wenn du dich schneidest. Dann fängt die Unendliche Intelligenz sofort an, dich zu heilen. Wenn du dich verbrennst, versucht sie, die Brandblasen zu lindern und dir neue Haut zu geben. Sobald du göttliche Gedanken in deinem Bewußtsein einsetzt, fließt die Höchste Intelligenz zurück, und die negativen Zustände werden ausradiert. Das ist Vergebung nach den geistigen und spirituellen Gesetzen.

Du vergibst dir selbst, indem du dich mit der Ewigen Wahrheit identifizierst. Ein neuer Beginn ist auch ein neues Ende. Zeit und Raum existieren nicht im Geistigen Prinzip. Verändere diesen Moment, und erhalte ihn so verändert, und deine Zukunft wird die Verwirklichung deines jetzigen Denkens sein. Der Heilige Geist oder Gott bestraft oder verurteilt nie. Wenn wir anfangen, die Gesetze unseres Geistes nach dem Muster von Harmonie, Gesundheit und Frieden anzuwenden, wird die Vergangenheit einfach vergessen sein. Gott ist ohne Zeit und Raum. Ein neuer Beginn ist ein neues Ende, denn der Anfang und das Ende sind eins.

87. Psalm

Vers 5: *Doch von Zion wird man sagen: Jeder ist dort geboren. Er, der Höchste, hat Zion gegründet.* Zion stellt das Bewußtsein von Gottes Liebe dar, wo hohe, heilige Gedanken und Ideale weilen. Zion symbolisiert spirituelles Bewußtsein, eine Wahrnehmung des Einflusses der Gegenwart und der Macht Gottes in deinem Leben. Dies behandelt die zweite Geburt, die

Wiederauferstehung von Liebe, Frieden, Harmonie und Eingebung von höchster Stelle. Die Wiedergeburt in Zion findet wahrlich statt, wenn du dein Eins-Sein mit Gott spürst und anfängst, von einem Standpunkt der ewigen Prinzipien aus zu denken, sprechen und zu handeln. Zion ist das Reich Gottes, dein eigener Geist und all diejenigen, die dort wohnen (die Gedanken, Ideen, Überzeugungen und dergleichen), erkennen die Überlegenheit des innewohnenden Geistes. Dort, wo du Gott mit seiner Fähigkeit, zu heilen, zu segnen und zu inspirieren, in deiner Mitte verherrlichst, ist das Reich Gottes.

12
Höhepunkte der Psalmen 88, 89, 91

88. Psalm

Vers 10: *Wirst du an den Toten Wunder tun, werden Schatten aufstehen, um dich zu preisen? (Sela)* Im biblischen Sinne sind wir tot, wenn wir nicht wissen, daß Gott in uns wohnt und das eigentliche Leben und die Wirklichkeit eines jeden von uns ist. In der Sprache der Bibel sind wir tot in bezug auf die Wahrheit des Seins und müssen zur göttlichen Gegenwart in uns wiedererweckt werden.

Vers 11: *Erzählt man im Grab von deiner Huld, von deiner Treue im Totenreich?*

Vers 12: *Werden deine Wunder in der Finsternis bekannt, deine Gerechtigkeit im Land des Vergessens?*

Natürlich nicht. Das Bewußtsein des Menschen weiß fast gar nichts von der Unendlichen Intelligenz und uneingeschränkten Weisheit, die er in sich trägt, und er kann folglich das Göttliche in sich nicht lobpreisen. Wenn sich dein Bewußtsein auf das Unendliche einstimmt und beginnt, all die Eigenschaften und Qualitäten Gottes aufzunehmen, heißt solch eine Einstellung in der Bibel Wiederauferstehung vom Tode. Das Grab ist unser eigener Geist, in dem wir unsere Hoffnungen, Träume, Ideale und Sehnsüchte begraben, weil wir nichts wissen von der Macht, die unsere Wünsche erfüllen würde.

Es gibt keinen tatsächlichen Tod und auch keine tatsächliche Auferstehung. Gott ist Leben, und das ist dein Leben jetzt. Du lebst mit dem Leben Gottes, und Gott kann nicht sterben. Daher kannst auch du nicht sterben. Millionen verpassen die

Gelegenheit, am inneren Ozean des Lebens, der Liebe, der Wahrheit und der Schönheit teilzuhaben. Geselle dich zu der Unendlichen Intelligenz, die du in dir trägst, und du wirst vor Unwissenheit, Angst, Begrenzungen und dem Schmerz und den Konflikten dieser Welt bewahrt.

Die sogenannten Toten sind überall um uns herum, nur durch unseren Glauben von uns getrennt. Du triffst sie oft in deinen Träumen und Visionen während der Nacht. Es ist dumm, an den Tod zu glauben. Werde dir bewußt, daß die Radio- und Fernsehprogramme dein Haus und das Zimmer, in dem du wohnst, füllen, obwohl du sie nicht wahrnimmst, bis du das Programm einschaltest. Es ist nur die Frequenz, die dich von deinen Lieben trennt. Es ist die Frequenz, die ein Fernsehprogramm von einem anderen trennt. Deine Lieben existieren in vier Dimensionen und durchdringen auch deine Ebene. Wenn einer deiner Lieben in die nächste Dimension hinübertritt, freue dich über seinen oder ihren neuen Geburtstag mit Gott, denn die Reise ist immer vorwärts, aufwärts und gottwärts.

89. Psalm

Vers 14: *Recht und Gerechtigkeit sind die Stützen deines Thrones, Huld und Treue schreiten vor deinem Antlitz her.*

Gerechtigkeit bedeutet, die Dinge ins Gleichgewicht zu bringen, die Dinge zu egalisieren. Anders ausgedrückt, Gerechtigkeit bringt die Unausgeglichenheit des Lebens ins Gleichgewicht. In der Bibel bedeutet Gerechtigkeit, eine klare Entscheidung zu treffen über Wahrheit oder Unrichtigkeit von Gedanken, Ideen oder Erklärungen. Wenn du das Gute in deinem Leben bejahst, dann ist das gerecht und bringt Harmonie, Gesundheit und Frieden mit sich. Das Unendliche richtet nicht und verurteilt nicht; jede Verurteilung findet in deinem Geist statt. Indem du etwas bei einem anderen verurteilst, erzeugst du eben dies in deinem eigenen Leben. Wir werden das, was wir verurteilen.

Wenn du dich in Schwierigkeiten befindest, besteht die Lösung darin, die Wahrheit des Übels zu kennen; und Gott ist Wahrheit. Wenn du also Gottes Gegenwart dort siehst, wo Schwierigkeiten sind, beginnt der Zustand zu heilen. Barmherzigkeit ist Liebe, und göttliche Liebe löst alles ihr Unähnliche auf.

91. Psalm

Dieser Psalm ist eines der hervorragendsten Kapitel der Bibel. Viele kennen ihn auswendig. Man muß ihn spirituell interpretieren, um zum wahren Kern vorzudringen. Sieh ihn als eines der schönsten und seelisch bewegendsten Gebete der Bibel. Überall auf der Welt sehen Menschen darin das große Schutzgebet. Laß uns diesen Psalm detailliert ansehen und Vers für Vers auf die tiefere Bedeutung eingehen.

Vers 1: *Wer im geheimen Ort des Höchsten wohnt und ruht im Schatten des Allmächtigen.*

Der *geheime Ort* ist dein eigener Geist, wo du mit der Unendlichen Gegenwart und Macht in dir verkehrst. Er ist dein höheres Selbst – der lebendige Geist oder Gott in dir. Er wird geheimer Ort genannt, weil niemand weiß, woran du denkst oder worüber du meditierst. Ziehe dich häufig in deine Gedankenwelt zurück, und besinne dich auf die Gegenwart Gottes in dir. Wenn du dies häufig am Tag machst, wohnst du im geheimen Ort.

Im Schatten des Allmächtigen zu ruhen bedeutet, im Schatten der Gegenwart Gottes zu leben und von ihm geschützt zu sein. Das Wort Schatten ist ein orientalischer Begriff und deutet auf Sicherheit und Schutz hin. Kürzlich passierte es, daß eine Frau, die in einem Feuer eingeschlossen war, sagte: »Ich stehe im Schatten des Allmächtigen«, und ein Mann tauchte plötzlich auf und sagte: »Folge mir.« Sie wurde in Sicherheit gebracht. Sie verfiel nicht in panische Angst, sondern begann, diesen Vers des Psalms aufzusagen. Die Antwort kam, sie war völlig beschützt.

Das Hauptthema dieses Psalms ist, daß du es dir zur Gewohnheit machst, durch tägliches Gebet und häufige Meditation an diesem geheimen Ort zu verweilen. Gleich, ob du die Straße entlangfährst, im Flugzeug sitzt oder welches Transportmittel du auch immer benutzt, mache dir die Erkenntnis zur Gewohnheit, daß die göttliche Liebe dir den Weg zeigt und deine Reise freudig, glücklich und friedlich macht. Das Wort allmächtig bedeutet, daß diese Gegenwart in dir alle Macht hat. Nichts kann ihr entgegengestellt werden oder ihr entgegenarbeiten, und wenn du dich mit Gott zusammentust, erkennst du: *...für Gott (aber) ist alles möglich* (Matthäus 19,26). Alle Segnungen des Lebens gibt es für diejenigen, die gewohnt sind, sich nach dem Unendlichen zu richten, und die Frieden, Harmonie, Gerechtigkeit, göttliches Gesetz und Ordnung in ihrem Leben für sich in Anspruch nehmen. Gib deine ganze Treue, Loyalität und Hingabe dem lebendigen Gott in dir, und Wunder werden in deinem Leben geschehen.

Vers 2: *...der sagt zum Herrn: »Du bist für mich Zuflucht und Burg, mein Gott, dem ich vertraue.«*

Der Herr bedeutet das ICH BIN oder Gottes Gegenwart in dir. Als du in die Augen deiner Mutter geschaut hast als kleines Kind, hast du Vertrauen zu ihr gehabt – dort hast du Liebe gesehen. Lege dein Vertrauen in den unendlichen Ozean der Liebe in dir selbst, wo auch Gott ist. Er ist dein Höheres Selbst – reiner Geist.

Ein Detektiv erzählte mir, daß er diesen Vers mehrmals täglich aufsagt. Durch wiederholte Beschäftigung seines Geistes mit diesem Thema konnte er sein Unterbewußtsein mit dieser großen Wahrheit durchdringen. Er erzählte mir, daß auf ihn geschossen wurde, manchmal aus nächster Nähe, aber keine Kugel hat ihn je getroffen. Einmal wurde ihm eine Pistole an den Kopf gehalten, und der Mörder hatte sogar den Abzug gezogen, aber die Pistole blockierte. Er glaubt bedingungslos an die große Wahrheit in diesem Psalm, und sein Glaube wird bestätigt. Er führt ein verzaubertes Leben.

Wenn du die Wahrheit dieses zweiten Verses bejahst, umgibt dich die unsichtbare Rüstung Gottes und macht dich unverwundbar. Vertraue auf das Unendliche in jeder Situation, und du wirst einen Ausweg, eine Lösung finden. Bejahe deutlich: »Gott weiß, und Gott sorgt für mich und wird mir die Augen offenbaren.« Damit hast du dein Vertrauen in Gottes Liebe gelegt statt in eine bestehende Gefahr oder Schwierigkeit.

Verse 3 und 4: *Er rettet dich aus der Schlinge des Jägers und aus allem Verderben. Er beschirmt dich mit seinen Flügeln, unter seinen Schwingen findest du Zuflucht, Schild und Schutz ist dir seine Treue.*

Diese Verse sind sehr deutlich und weisen darauf hin, daß du vor allen ansteckenden oder seuchenartigen Krankheiten oder auch jeder moralischen Ansteckung geschützt bist. Noch dazu wirst du vor Schwindlern oder Hochstaplern bewahrt, die versuchen, dich in irgendeine Betrügerei zu verwickeln oder dich um dein Geld zu bringen. Dein Höheres Selbst wird dich warnen und dich veranlassen, nicht auf diese Falschheiten hereinzufallen.

Viele Leute haben mir erzählt, daß sie während einer Grippeepidemie vollkommen vor Ansteckung geschützt waren, indem sie auf die Verheißungen dieser Verse vertrauten. Die Vogelmutter beschützt ihre Jungen, indem sie sie mit ihren Flügeln bedeckt; so sind sie keinerlei Gefahren ausgesetzt.

Ein Mann, fälschlicherweise angeklagt, seinen Vater hypnotisiert zu haben, der ihm seinen ganzen Besitz vermacht hatte, ruhte in der großen Wahrheit: *... Schild und Schutz ist mir seine Treue.* Dies bestätigte er häufig, und bei Rückschlägen oder wenn Meineide von seinen Verwandten zu Protokoll gegeben wurden oder Verzögerungen eintraten, dann wiederholte er: »Schild und Schutz ist mir seine Treue.« Die Verwandten, die habgierig waren und falsche Aussagen unter Eid machten, wurden schwer krank und gaben das gerichtliche Verfahren auf. Ihm wurde Recht gegeben: Die Wahrheit hat ihn befreit.

Verse 5 und 6: *Du brauchst dich vor dem Schrecken der Nacht nicht zu fürchten noch vor dem Pfeil, der am Tag dahinfliegt, nicht vor der Pest, die im Finstern schleicht, vor der Seuche, die wütet am Mittag.*

Schlaf ist die Nachtzeit der Seele. Du solltest nie einschlafen, ohne dich in den Geist der Vergebung für dich selbst und alle anderen hineinversetzt zu haben. Gib sie alle frei und in Gottes Hand und wünsche ihnen alle Segnungen des Lebens. Der kleine Junge, der Gruselfilme ansieht oder Krimi- und Kriegsgeschichten liest vorm Einschlafen, bekommt vielleicht Alpträume und seelische Störungen.

Mache es dir zur Gewohnheit, in Frieden einzuschlafen und in Freude wach zu werden. Dein Unterbewußtsein vermehrt alles, was du hineinlegst. Überdenke vor dem Schlaf Gottes große Wahrheiten, und du wirst in Frieden schlafen und am Morgen ausgeruht und erfrischt aufwachen.

Der Pfeil, der am Tag dahinfliegt, und die Seuche, die wütet am Mittag, beziehen sich auf die negativen Gedanken und Einflüsterungen, die du am Tag hörst, und auf die negativen Schwingungen des kollektiven Bewußtseins, in das wir alle eingebunden sind. Wenn du voll aufgetankt bist mit Gebeten, bleibt sehr wenig Platz in deinem Gehirn für die negativen Suggestionen des kollektiven Bewußtseins, die ständig auf uns alle einwirken. Die Seuche am Mittag steht für die dir bewußten Tagesprobleme, Schwierigkeiten und Leiden wie auch für finanzielle Probleme oder emotionale Konflikte mit anderen. Du weißt, daß du eine Reaktion erwarten kannst, die Harmonie und Frieden verbreitet, wenn du die unendliche heilende Gegenwart und das göttliche Gesetz anrufst.

Der Schrecken der Nacht und die Pest, die im Finstern schleicht, könnten sich auf verborgene Konflikte in deinem Unterbewußtsein beziehen, auf eine bevorstehende Krankheit oder auf die Aktivitäten von Menschen, die heimlich gegen dich arbeiten, um dich zu schwächen. Dir wird gesagt, du brauchst dich nicht zu fürchten, weil die Weisheit deines tieferen Geistes dir jede, wo auch immer herrührende, verborgene Sorge enthüllen wird.

Vor kurzem erzählte mir ein Geschäftsmann, daß er seinen drei Angestellten, die über 25 Jahre bei ihm im Geschäft waren, absolutes Vertrauen entgegenbrachte. Sein Geschäft lief glänzend, aber die Gewinne blieben aus, und er war in die roten

Zahlen gekommen. Er betete wie folgt: »Unendliche Intelligenz hat mir offenbart, was ich über mein Geschäft wissen muß, und ich erkenne die Antwort.« Eines Tages, kurz vor Feierabend, verspürte er einen übermächtigen Drang, in seinen Laden zu gehen, und dort ertappte er seine Angestellten dabei, wie sie ihre Autos mit Waren vollpackten. Er hatte seine Antwort erhalten. Er entließ sie auf der Stelle und übergab seinem Sohn und seiner Tochter die Verantwortung für das Geschäft.

Verse 7 und 8: *Fallen auch Tausende zu deiner Seite, dir zur Rechten zehn mal tausend, so wird es doch dich nicht treffen. Ja, du wirst es sehen mit eigenen Augen, wirst zuschauen, wie den Frevlern vergolten wird.* Das bedeutet, daß du eine Immunität gegen Schaden aufbaust. Du bekommst einen Gottesrausch und erhältst den göttlichen Antikörper. In höherentwikkelten Bewußtseinsstufen haben Männer festgestellt, daß sie inmitten eines Kugelhagels unversehrt blieben. Viele haben ihre Immunität gegen Feuer entdeckt; wenn etwa ihr Flugzeug brannte, blieben sie unversehrt. Feuer brennt, aber nicht in höheren Bewußtseinsstufen.

Die Tausende von negativen Gedanken, die uns täglich bombardieren, können den Menschen, der Gott in sein Leben miteinbezieht, nicht beunruhigen oder verletzen, wenn er erkennt, daß er durch die Gegenwart Gottes in seinem Leben weder verletzt noch verwundet werden kann und auch nicht zu leiden braucht. Gott in dir ist allmächtig, ewig, das Höchste und die einzige Realität. *Ja, du wirst es sehen mit eigenen Augen, wie den Frevlern vergolten wird,* ist einfach zu verstehen. Der Psalmist meint, daß man nicht nur mit den Augen sehen soll, sondern auch bewußt wahrnimmt, was in der Welt geschieht. Dies bedeutet, das Böse und die Verneinung nicht in sich hineinzulassen. Du kannst alle Verbrechen, Vergewaltigungen und Morde objektiv sehen und dennoch verhindern, daß diese Geschehnisse dich beunruhigen, verwirren oder erzürnen.

Viele Menschen haben in ihrer Phantasie geistige Bilder von Gefahren und Katastrophen. Sie haben Angst vor Krankheit, Leiden, Unfällen, vor dem Alter und vor Verlusten verschiedenster Art. Angst und Sorgen sind Formen des Bösen. Wenn wir uns mit Unwillen, Ärger und Böswilligkeit abgeben, sind diese Zustände subjektiv und emotional und drücken sich als Leid und Mangel aus. Solche Leute sehen darin die Vergeltung für das Böse (das negative Denken) in ihrem Leben.

Sieh nur die schönen und wunderbaren Dinge. Was du spirituell wahrnimmst und in deinem Geist annimmst, wird zu deiner Erfahrung, und du wirst gesegnet sein.

Verse 9 und 10: *Denn der Herr ist deine Zuflucht, du hast dir den Höchsten als Schutz erwählt. Dir begegnet kein Unheil, kein Unglück naht deinem Zelt.*

Das ist ein sehr schönes und deutliches Versprechen. Es verweist darauf, daß der göttliche Zauber dich immer schützt, leitet und über dich wacht. Indem du häufig denkst, daß Gott dich liebt und für dich sorgt, machst du den Höchsten zu deinem Zuhause, weil du dich immer daran erinnerst, daß die göttliche Liebe dich vollständig umgibt. Deswegen bist du immer in die Heilige Allgegenwart eingetaucht, und kein Kummer kann dich erreichen.

Das ist eine sehr bestimmte Fügung. Vergiß nicht, daß das Wort Verheißung in der Bibel eine sehr genaue Erklärung eines geistigen Gesetzes ist, ebenso gültig wie z.B. Boyles Gesetz auf der physikalischen Ebene. Ergebnisse, Umstände und Erfahrungen werden durch deine gewohnheitsmäßige Denkweise und deine Vorstellungen gesteuert. Dein Geisteszustand manifestiert sich immer auf dem Bildschirm der Zeit. Du kannst gegen alle Gefahren eine Immunität aufbauen, indem du auf die großen Wahrheiten dieses Psalms Nachdruck legst.

Verse 11 und 12: *Denn er befiehlt seinen Engeln, dich zu behüten auf all deinen Wegen. Sie tragen dich auf ihren Händen, damit dein Fuß nicht an einen Stein stößt.*

Das ist eine großartige Aussage, die das Herz berührt und Gottes Melodie zum Klingen bringt. Erkenne die Bedeutung dieser Verheißung. Engel stellen Botschafter Gottes dar, göttliche Eingebungen, die in dir auftauchen; spontane Ideen als Geistesblitze, die dir Antworten enthüllen; innere Eingebungen des Heiligen Geistes; und innere Mahnungen, die dich lenken und schützen. Betrachte die Engel als göttliche Führung, die dich in all deinen Unternehmungen leitet, in der Auswahl deiner Nahrung, deiner Gefährten, im echten Ausdruck, bei Investitionen und in allen anderen Phasen deines Lebens. Mit anderen Worten, du wirst bei all deinen Reisen und Unternehmungen beschützt sein.

Vers 13: *Du schreitest über Löwen und Nattern, trittst auf Löwen und Drachen.*

Es steht geschrieben, daß Daniel, als er in der Höhle der Löwen eingeschlossen war, ihnen seinen Rücken zukehrte und sich der Gottesgegenwart in sich zuwandte, wohl wissend, daß er vor allem Schaden geschützt war. Die Löwen, die für dieses Fest vorsätzlich ausgehungert worden waren, fügten dem Propheten keinen Schaden zu. Die Löwen sind ein Symbol für jedes schreckliche Problem, wie z.B. die als unheilbar bezeichneten Krankheiten, Armut oder jede lauernde Gefahr. Wie Daniel sollten wir uns dem heilenden Licht Gottes zuwenden in der Gewißheit, daß es dort eine Lösung und einen Ausweg für uns gibt.

Die Natter versinnbildlicht verborgene Komplexe, neurotische und psychotische Neigungen, unterdrückten Haß und verdrängte Wut. Die Natter, oder Schlange, schnappt nach dir im Dunkeln, wenn du es am wenigsten erwartest. Du hast gesehen, wie Menschen sich plötzlich vollaufen lassen oder wegen irgendeiner Kleinigkeit völlig ausrasten. Oft werden dir Menschen erzählen, daß ihnen eine innere Stimme gesagt hat, töte den oder den. Dies ist auf einen Komplex in ihrem Unterbewußtsein zurückzuführen. Ein Komplex ist eine Ansammlung von Ideen, in den entlegensten Winkeln des Unterbewußtseins versteckt, die mit zerstörerischen Emotionen aufgeladen sind.

Dir wird gesagt, daß all diese negativen, subjektiven Muster aufgelöst, neutralisiert oder ausgelöscht werden können, indem du dein Unterbewußtsein mit Gottes Wahrheiten auffüllst, damit aller Schutt aus deinem tieferen Geist getilgt wird.

Vers 14: *Weil er mich liebt, will ich ihn retten; ich will ihn schützen, denn er kennt meinen Namen.*

Gott zu lieben bedeutet, deine ganze Treue, Loyalität und Andacht der einen Macht, in der Bibel *ich bin* genannt, zu geben. Dies wiederum bedeutet, daß dir bewußt ist, daß der lebendige Geist in dir allmächtig, das Höchste und die einzige schöpferische Macht ist. Unter keinen Umständen darfst du je der Welt der Erscheinungen oder von Menschen geschaffenen Dingen Macht verleihen. Das würde die Schöpfung über den Schöpfer stellen, was absurd wäre.

Es gibt nur eine Macht, und wenn du diese Macht erkennst und ehrst und es ablehnst, einer Person, einem Ort, einem Ding oder einem Stern, Zustand oder Umstand Macht zu geben, dann liebst du Gott, weil du der Einen Macht treu bist.

Die Erkenntnis, daß es nur die eine Macht gibt und daß sie auf deine Zuversicht und dein Vertrauen anspricht, macht dich von deinem Problem frei. Wenn du anfängst, zu beten und diesen Psalm anzuwenden, zeigst du dein Vertrauen in Gott und setzt deine Liebe auf das Unendliche. Wenn du standhaft bist, kommt für dich der Tagesanbruch, und alle Schatten werden fliehen.

Der »Name« einer Sache in der Bibel weist auf das Wesen dieser Sache. Das Wesen der Unendlichen Intelligenz ist Erwiderung. Sie reagiert auf deine Gedanken. Es gibt nur Gott. Gott antwortet nicht nur, er ist allmächtig, unendlich weise, unendliche Liebe, völlige Harmonie, vollkommener Frieden, allwissend und allgegenwärtig.

Verse 15 und 16: *Wenn er mich anruft, dann will ich ihn erhören. Ich bin bei ihm in der Not, befreie ihn und bringe ihn zu Ehren. Ich sättige ihn mit langem Leben und laß ihn schauen mein Heil.*

Nur die Unendliche Intelligenz weiß die Antwort. So wie du dich an den Allweisen in dir wendest, wird Er sich dir zuwenden. Durch das Gesetz der wechselseitigen Beziehungen antwortet Er entsprechend deiner Bitte. Für alle Probleme bekommst du Antworten, in deiner Verwirrung bekommst du Führung, du wirst speziell triumphieren und den Sieg über alle Herausforderungen davontragen.

Das lange Leben, das dir versprochen wurde, ist ein Leben voller Glückseligkeit, in dem du dich frei und fröhlich fühlst. Gott ist Leben, und nun ist es dein Leben. Du wirst ewig leben.

13
Höhepunkte der Psalmen 92 bis 99

92. Psalm

Vers 1–2: *Wie schön ist es, dem Herrn zu danken, deinem Namen, du Höchster, zu singen, am Morgen deine Huld zu verkünden und in den Nächten deine Treue.*

Als ich letztes Jahr in Honolulu einen Vortrag hielt, traf ich einen alten Mann, so um die 100, der mir von einer interessanten Erfahrung aus seiner Jugend erzählte. Seine Eltern starben bei einem Unfall; er verlor seinen Job; seine Freundin heiratete einen anderen; und er war sehr depressiv, entmutigt und noch dazu finanziell am Ende.

Er hatte mit einem Kahuna (ein hawaiianischer Priester) gesprochen, der am Unity Headquarters studiert hatte, und der gab ihm folgenden Satz zur häufigen Wiederholung: »Herr, du hast meinen Dank für den Frieden und die Fülle, die mir jetzt beschert werden.« Diesen Satz hatte er auf eine Karte geschrieben, über sein Bett gehängt und wiederholte ihn immer wieder. Er fühlte sich erhoben, erfüllt und voller Eifer und Begeisterung. Neue Türen taten sich auf: Er bekam eine wunderbare Stelle, und er wurde bald darauf in den Vorstand seiner Organisation berufen. Er wurde sehr wohlhabend und spendete große Beträge für Jugendclubs und andere angesehene Einrichtungen.

Sein Geheimnis war, daß sein Unterbewußtsein antwortete und das Gute außerordentlich vermehrte, sobald er anfing, sich für den Reichtum und die Güte um sich herum zu bedanken. Er lernte, daß alles, was du lobst und preist, vermehrt wird. Der Gärtner preist und lobt die Samenkörner, die er in den Boden sät, und er bekommt einen wunderschönen Garten voller Blumen. Sie zeigen üppiges Wachstum unter den Schwingungen der Lobpreisungen und Segnungen. Auch wenn du ein Kind lobst, weil es seine Arbeit gut gemacht hat, wird es weiterhin hervorragende Arbeiten abliefern. Das dankbare Herz ist immer nahe bei Gott.

Dankt für alles… (1. Thess. 5,18). Es ist gut, Dank zu sagen, weil es deinen Geist auf die Quelle des Guten schärft und fixiert. Wenn du deine Treue und Loyalität dem lebendigen Geist in dir schenkst, der Quelle allen Segens, entdeckst du eine Entgegnung auf dein gewohnheitsmäßiges Denken, und du wirst über alle deine Erwartungen gesegnet.

Vers 6: *Ein Mensch ohne Einsicht erkennt das nicht, ein Tor kann es nicht verstehen.*

Dies bezieht sich auf den, der geistige Gesetze nicht bedenkt und daher auch das Gesetz von Ursache und Wirkung nicht versteht. Das ist der Tor, von dem hier die Rede ist.

Vers 10: *Du machtest mich stark wie einen Stier, du salbtest mich mit frischem Öl.*

Wenn wir Gott in uns verherrlichen, erfahren wir diese Verherrlichung in unserem Geist und in unserem Herzen, weil Gott für uns wird, wie wir ihn uns vorstellen.

Vers 14: *Sie tragen Frucht noch im Alter und bleiben voll Saft und Frische.*

Das Alter ist nicht das Hineilen der Jahre, sondern die Dämmerung der Weisheit. Erfahrung bringt Wissen; Verwirklichung kommt im fortgeschrittenen Leben. Geist hat kein »Alter«. Geist ist zeitlos und ewig.

Viele der Menschen hier in Leisure World, Laguna Hills, Kalifornien, sind über 100 Jahre alt, und viele von ihnen sind noch aktiv, vital und voll vom Lachen Gottes. Einige der Männer über 90 erzählten mir, wie sie alle üblichen Gesundheitsregeln mißachten und dennoch glücklich, freudig und gesund sind. Vor kurzem hatte ich hier ein Gespräch mit einer Frau aus Alabama, die gerade Freunde besuchte. Sie war 98 Jahre alt, und sie sagte mir, daß sie ihren Weinkonsum etwas einschränkte, da sie seit über 40 Jahren rund einen Liter pro

Tag getrunken hätte. Sie bereist die Welt, ist Experte für moderne Fotografie und hält Vorträge vor verschiedenen Frauen-Vereinen in Alabama.

Es ist zweifellos die geistige Einstellung zum Essen und Trinken wie auch zur Umwelt, zu den Zuständen und zu allen anderen Einflüssen, die deren Wirkung ausmacht. Mut, Vertrauen, Zuversicht, Wohlwollen, Güte, Großzügigkeit, Liebe und innere Freude sind an kein Alter gebunden. ... *Die Freude am Herrn ist eure Stärke* (Neh. 8,10). Viele haben Großes erzielt, mit 80, 90 und mehr Jahren, weil sie die Erkenntnis der Gegenwart und Macht der Unendlichen Gegenwart in sich tragen, die es ihnen ermöglicht, ihr Leben angenehm zu gestalten und auf friedliche Pfade zu lenken.

Verbitterung, Feindseligkeit, Neid, Sorgen und Selbstverurteilung lassen die Menschen alt werden. Dem Kalender nach wirst du vielleicht älter, aber dein Geist bleibt jung. Gott in dir ist der Lebendige Geist, deine Wirklichkeit. Gottes Leben ist dein Leben; du bist daher ein ewig lebender Geist ohne Alter. Du bist so jung, wie du dir der Gegenwart und Macht Gottes in dir bewußt bist. Du bist alt in dem Maße, in dem du dich dieser ewigen Wahrheit entziehst.

Es gibt viele Männer und Frauen über 40 oder 50, die emotional noch Kinder sind. Spirituell sind sie nicht reif. Wenn du beispielsweise zuläßt, daß dich die Radio- oder Fernseh-Nachrichten oder andere Leute und Zustände stören und aufregen, dann könntest du als Kind angesehen werden, weil du dich von deiner Umwelt und anderen Leuten stören läßt.

Du mußt verstehen, daß die spirituelle, ursächliche Macht das Höchste ist. Wenn du weißt, daß das Innere (deine Gedanken und Gefühle) das Äußere steuert, läßt du dich durch die Welt der Geschehnisse und Menschen nicht stören und ärgern.

93. Psalm

Vers 4: *Gewaltiger als das Tosen vieler Wasser, gewaltiger als die Brandung des Meeres ist der Herr in der Höhe.*

Der Grundton dieses Psalms ist, wie in Genesis 1, die Macht des Geistes oder Gottes, des Herrn, über das Wasser. Wasser steht hier für Emotionen, chaotische Zustände und Aufruhr. Der Geist kann diese Emotionen steuern und Harmonie und Frieden in deine Erfahrung hineinbringen. Gott ist in dir, du bist in Gott, und ihr seid eins. Die Erkenntnis dieser Wahrheit gibt die Zuversicht und Stärke – das Vertrauen, das Berge versetzt.

Jedesmal, wenn du beunruhigt und gefühlsmäßig verwirrt bist, erkenne, daß Gottes Strom des Friedens durch dich hindurchfließt; das wird deinen Gedankenfluß besänftigen. Wenn deine Gedanken ruhig und friedlich sind, wird die göttliche Ordnung die Antwort und Lösung liefern.

94. Psalm

Vers 9: *Sollte der nicht hören, der das Ohr gepflanzt hat, sollte der nicht sehen, der das Auge geformt hat?*

Dein Sehvermögen ist spirituell, ewig und unzerstörbar. Mit geschlossenen Augen kannst du sehen. Viele haben die Gabe der Hellsichtigkeit. Sie können den Inhalt eines geschlossenen Tresors sehen und den Brief in deiner Tasche lesen, den du selbst noch nicht gelesen hast.

Wenn du mit deinen Augen Schwierigkeiten hast, solltest du dich fragen, ob es nicht etwas in deiner Welt gibt, das du ausschließen möchtest, oder ob es nicht irgendeine Sache oder Person gibt, die du ausschließen möchtest. Mit anderen Worten: Du mußt dich fragen, warum dein Unterbewußtsein deine Augen als Sündenbock ausgesucht hat. Augen sind symbolisch für spirituelle Wahrnehmung.

Eine Frau sagte mir einmal, daß sie es hasse, ihren Mann betrunken nach Hause kommen zu sehen. Sie wollte ihn aus ihrem Geist ausschließen. Ich habe ihr erklärt, daß ihr Unterbewußtsein ihren Wunsch wörtlich nimmt und bereits eine Reaktion zeigt, denn ihr Augenlicht wurde zusehends schlechter. Ihr Mann entschloß sich, daß Trinken aufzugeben, und entsprechend seiner Entscheidung reagierte sein Unterbewußtsein, und er war frei.

Die beiden begannen, zusammen zu beten. Sie betete wie folgt: »Ich sehe die Gegenwart Gottes in meinem Mann. Gottes Frieden sättigt seinen Geist und seinen Körper. Die Unendliche Heilende Gegenwart fließt durch ihn, und er ist ganz und vollkommen. Gott liebt ihn und sorgt für ihn.« Er benutzte ein ähnliches Gebet für seine Frau, und während sie fortfuhr, Gottes Wirken auf ihren Mann zu kontemplieren, wurde ihr Augenlicht wiederhergestellt.

Ein wunderbares Gebet für gutes Sehvermögen lautet: »Bei Tag und bei Nacht sehe ich spirituell, geistig und physisch immer besser. Ich sehe die Wahrheit, ich liebe die Wahrheit, und ich kenne die Wahrheit. Gott sieht durch meine Augen, er sieht seine eigenen Vorstellungen von Schönheit und von Vollkommenheit.«

Das Ohr steht in der Bibel symbolisch für Verständnis und Gehör. Du sollst die Wahrheit hören, die Wahrheit erkennen und sie verstehen. Gott hat deine Augen und deine Ohren erschaffen und kann sie natürlich auch wiedererschaffen, heilen und diese Organe, wie auch jedes andere Organ, wieder vervollkommnen.

Ein wundervolles Gebet, um dein Gehör wieder gesunden zu lassen, ist wie folgt: »Ich höre die Wahrheit; ich liebe die Wahrheit; ich kenne die Wahrheit. Meine Ohren sind Gottes vollkommene Ideen, die immer perfekt funktionieren. Meine Ohren sind vollkommene Instrumente, um mir Gottes Harmonie zu offenbaren. Ich stimme überein mit dem Unendlichen. Der Heilige Geist schärft mein Gehör, und meine Ohren sind offen und frei.« Sprich dieses Gebet langsam, ruhig und mit Gefühl einige Male am Tag. Leugne nicht, was du bejahst.

95. Psalm

Vers 1: *Kommt, laßt uns jubeln vor dem Herrn und zujauchzen dem Fels unsres Heiles!*

Vers 2: *Laßt uns mit Lob seinem Angesicht nahen, vor ihm jauchzen mit Liedern!*

Vers 3: *Denn der Herr ist ein großer Gott, ein großer König über allen Göttern.*

Das Hauptthema dieses Psalms ist »der Fels«, also das ICH BIN, das allem zugrundeliegende Fundament des Universums. Dieser Fels heißt hier »der Herr«, das heißt der Universale Lebensgeist, Gott, ICH BIN, Reines Sein, der Allmächtige Lebendige Geist. Und die richtige Einstellung zu diesem Geist ist Freude.

Vers 2 zeigt uns den richtigen Weg, dem Unendlichen gegenüberzutreten. Der primitive Mensch bemühte sich um Gottes Wohlwollen, indem er sich bettelnd, anflehend und kriechend vor Ihm niederwarf. Heute sieht man Gott als Unendliche Intelligenz, die durch kreatives Gesetz wirkt. Die göttliche Gegenwart hat auch alle Züge einer Persönlichkeit, wie z.B. freie Wahl, Willenskraft und Entschlußkraft und auch Liebe, Freude, Frieden, Weisheit, Intelligenz und Harmonie. Sie wird dem, der sich auf sie einstimmt und das Gesetz gerecht anwendet, vertraut wie ein Freund.

Wenn der Mensch die Wunder der Unendlichen Gegenwart entdeckt, steigen Lobpreisung, Dankbarkeit und Jubel Seines Geistes in ihm auf; genauso wie ein Junge, der ein Geheimnis der Chemie oder der Natur entdeckt, aufgeregt und glücklich ist und seinem Vater alles über seine Entdeckung erzählt. Der Junge freut sich und sucht Lob für seine Entdeckung. Es ist dir wohl bewußt, daß Lob und Danksagung weder Gott noch das Gesetz bewegen, aber diese Einstellung und Gemütsverfassung deinerseits bewirken eine innere Geistes- und Herzensveränderung, was dich wiederum zum spirituellen und geistigen Magneten macht, der vielerlei Gutes, einschließlich Geld, von überall her anzieht.

Deine Dankbarkeit, Dein Lob und Deine Danksagung müssen nicht in einer kriechenden Art erfolgen, die nur nach Gunst trachtet. Statt dessen sollte es eine glückliche Gemütsbewegung sein, in der du dich über die Fähigkeit freust, dich der Unendlichen Gegenwart und Macht in dir zuwenden zu können in der

Erkenntnis, daß alles, was du brauchst und beanspruchst, grundsätzlich in dir ist und nur darauf wartet, von dir mit einem freudigen und dankbaren Herzen angenommen zu werden. »Alles ist bereit, wenn der Geist auch bereit ist.« (Shakespeare).

Vers 4: *In seiner Hand sind die Tiefen der Erde, sein sind die Gipfel der Berge.*

Vers 5: *Sein ist das Meer, das er gemacht hat, das trockene Land, das seine Hände gebildet.*

Das Wort *Erde* in der Bibel bezieht sich nicht nur auf diesen Planeten. In Wirklichkeit bedeutet es Manifestation oder Ausdruck aufgrund einer Ursache. Wie du weißt, geschieht alle Ursächlichkeit in deinem Geist. Dein Körper, dein Geschäft, dein Leben zu Hause und alle deine Erfahrungen sind reine Spiegelungen deiner Gemütsverfassung.

In einer einfachen Sprache bedeutet deine »Erde« alle deine äußeren Erfahrungen und Zustände. Die Worte »das Erdreich zu besitzen«, erwähnt in den Seligpreisungen*, bedeuten, daß du die Herrschaft über alle deine äußeren Erfahrungen hast. Das beinhaltet auch, daß du selbst die Macht hast, Harmonie, Frieden und Erfolg in dein Leben zu bringen.

Die Gipfel der Berge in Vers 4 beziehen sich auf die höchste Intelligenz in dir, die auf dich reagiert und dir eröffnet, was du zu wissen brauchst zu jeder Zeit und an jedem Ort.

Das Wort »Hände« in Vers 5 bezieht sich auf die Macht des Allmächtigen. Du formst, gestaltest, schaffst und lenkst mit deinen Händen. Sie sind daher ein Symbol der schöpferischen Macht in dir und erinnern dich auch daran, daß Gott das Universum und die Galaxien im All erschaffen hat.

Vers 10: *Vierzig Jahre war mir dies Geschlecht zuwider, und ich sagte: Sie sind ein Volk, dessen Herz in die Irre geht; denn meine Wege kennen sie nicht.*

Die *vierzig Jahre* sind nicht vierzig mal zwölf Monate, sondern die Zeit, die dein Bewußtsein braucht, um sich zu zeigen. »Dein Bewußtsein« umfaßt alles, was du denkst, fühlst, glaubst und geistig annimmst.

---

* siehe Emnet Fox ›Die Bergpredigt‹, Verlag Peter Erd

In der Symbolik bedeutet die Zahl vier die gegenständliche Welt. Zehn ist die Zahl der männlichen und weiblichen Prinzipien in dir. Eins ist dein Bewußtsein. Null stellt den weiblichen Aspekt dar, die Gebärmutter, dein Unterbewußtsein. Multipliziere 10 mit 4, und du bekommst 40, und das bedeutet, daß der Bewußtseinszustand, über den du nachdenkst, der ist, der sich in deiner Welt manifestiert. Vierzig symbolisiert auch die Vollendung einer Aktivität in deinem Bewußtsein.

Diese Symbolik wird an anderer Stelle der Bibel geschildert, in der steht, daß die Israeliten 40 Jahre durch die Wildnis wanderten, bevor sie das Gelobte Land erreichten. Das Gelobte Land bedeutet innere Harmonie, Gemütsfrieden, Wohlstand und Erfüllung deiner Herzenswünsche. Noah lebte 40 Tage in der Arche und wurde schließlich befreit und erfuhr die Freude des beantworteten Gebets. Es wird auch erzählt, daß Jesus 40 Tage in der Wildnis fastete und danach anfing zu predigen: Das Königreich im Himmel ist nahe.

Alle diese Geschichten sind rein psychologisch und deuten auf eine Transformation des Geistes. Wenn der Mensch sich alter Ideen und weltlichen Aberglaubens enthält und sich von den ewigen Grundwahrheiten nährt, die gestern, heute und morgen gleich sein werden, heißt es, daß er 40 Tage gefastet hat.

Das Irren in Vers 10 bezieht sich auf den Mißbrauch von Geistesgesetzen, der zum Versagen in allen Lebensphasen führt.

96. Psalm

Vers 1: *Singet dem Herrn ein neues Lied, singt dem Herrn, alle Länder der Erde!*

Vers 2: *Singt dem Herrn und preist seinen Namen, verkündet sein Heil von Tag zu Tag!*

Das Hauptthema dieses Psalms ist das Frohlocken in Gott, weil du weißt, wie die Göttliche Gegenwart auf dich reagiert, wenn du sie anrufst. Der Name ist Gottes Art, die grenzenlose Liebe und Unendliche Intelligenz ist. Und Seine Art ist, auf deine Gedanken zu erwidern. Wenn du diese Wahrheit kennst, hast du Grund zum Frohlocken. Durch dein gewohnheitsmäßiges Denken kannst du deine Welt und dadurch auch deine Verhältnisse verändern. Sollte die überragende Qualität deines inneren Lebens Freude sein, wirst du dies auch in deiner äußeren Welt erfahren.

Wenn du eine neue Aufgabe mit Freude anfängst, wird das Resultat sehr erfolgreich sein. Freude bedeutet Harmonie, Frieden, Schönheit, Symmetrie, Ausgeglichenheit und Humor. In der Bibel steht: *Ein fröhliches Herz tut dem Leib wohl…* (Spr. 17,22). Dies ist eine wunderbare spirituelle Medizin. Deine innere Freude regelt und lenkt alle anderen Emotionen, harmonisiert all die Nöte, Triebe und Impulse deiner Persönlichkeit.

Dein religiöser Glaube und deine Überzeugungen sollten dir Freude und inneren Frieden bringen. Deine Religion sollte dir über die Verwirrung des Tages hinweghelfen, denn wahre Religion ist die Verwirklichung von Gottes Gegenwart.

Vers 6: *Hoheit und Pracht sind vor seinem Angesicht, Macht und Glanz in seinem Heiligtum.*

Macht und Glanz kommen zu dir durch deine Beziehung mit der Göttlichen Gegenwart. Der Geist in dir ist die wahre Ursache, gänzlich souverän, und der einzige Herrscher deines Lebens. Mit dieser Erkenntnis hast du keine Angst mehr vor anderen Menschen, vor Zuständen oder anderen äußeren Dingen. Wenn du deine Ängste, Sorgen und Beklemmungen verlierst, erfüllen Macht und Glanz dein Herz.

Schenk deine ganze Treue und Hingabe deinem inneren Geist, und du wirst beständige Freude erfahren, die alle Enttäuschungen, Verzögerungen, Hindernisse und Behinderungen deines täglichen Lebens transzendiert. Der Geist in dir ist Gott, und Er ist der Höchste. Dies zu wissen ist deine Stärke und deine Freude.

97. Psalm

Vers 1: *Der Herr ist König. Die Erde frohlockte. Freuen sollen sich die vielen Inseln.*

Der Gegenstand dieses Psalms ist die herrschende Macht des Geistes, Gottes. Der Herr ist der Geist. Dies ist ein Grund zur Freude, weil du die Einzige Gegenwart, Macht, Ursache und Substanz entdeckt hast. *Die vielen Inseln* verweisen auf die Vielfältigkeit deiner Gedanken und geistigen Vorstellungen, die du alle zusammenrufst, um ihnen die gute Nachricht zu enthüllen. Auf diese Weise nährst du die blinden, die lahmen und die tauben Gedanken.

Vers 2: *Rings um ihn her sind Wolken und Dunkel, Gerechtigkeit und Recht sind die Stützen des Throns.*

Die Mitte oder der Thron ist in uns selbst und wird die Unendliche Gegenwart genannt, deren Mitte überall und deren Rand nirgendwo ist. Das Himmelreich ist in dir. Das Ganze strahlt von der Mitte aus, und so wie du dich auf das Unendliche einstimmst, so wird die Vollständigkeit, Schönheit und Perfektion Gottes durch dich fließen.

Wolken und Dunkel stellen deine Konfusion und Ignoranz dar, bevor Rechtschaffenheit, richtiges Denken, richtiges Fühlen und richtiges Handeln dich lenkten. Dein Urteilsvermögen trennt Falschheit von der Wahrheit des Seins. Wenn du das Gesetz kennst, wird dein Urteil auf den ewigen Wahrheiten gegründet sein, die ewig, zeitlos und unveränderbar sind.

Vers 5: *Berge schmelzen wie Wachs vor dem Herrn, vor dem Antlitz des Herrschers aller Welt.*

Das heißt, daß Verdruß, Streit und Probleme, wahrgenommen mit deinen fünf Sinnen, auf magische Weise schmelzen und verschwinden, während du Gottes Gegenwart kontemplierst. Du bist das, was du kontemplierst, und deine ganze Welt schmilzt und löst sich magisch auf, im Bildnis und in der Spiegelung deiner Kontemplation.

98. Psalm

Vers 1: *Singet dem Herrn ein neues Lied; denn er hat wunderbare Taten vollbracht. Er hat mit seiner Rechten geholfen und mit seinem heiligen Arm.*

Vers 2: *Der Herr hat sein Heil bekannt gemacht und sein gerechtes Wirken enthüllt vor den Augen der Heiden.*

Der Hauptgedanke und Höhepunkt dieses Psalms ist das Frohlocken. Ich habe in den vorangegangenen Psalmen bereits alle Gründe abgehandelt, weshalb du dich freuen solltest, wenn du entdeckst, daß der göttliche Geist in dir dein Erlöser ist.

Das Wort *Heiden* aus dem zweiten Vers bezieht sich auf deine negativen Gedanken, die dir all deine Schwierigkeiten bereiten. Unrechte und falsche Gedanken werden Heiden genannt, weil sie mit den Wahrheiten Gottes nicht übereinstimmen. *Heiden* bezieht sich in keinster Weise auf andere Menschen.

Vers 3: *Er dachte an seine Huld und an seine Treue zum Hause Israel. Alle Enden der Erde sahen das Heil unsres Gottes.*

Das Haus Israel bezieht sich auf »Das Volk des ICH BIN«, weil es Gott, oder das ICH BIN, als die einzige Gegenwart und Macht anerkennt und es ablehnt, einem geschaffenen Ding Macht zu geben. Alle Macht wird dem Schöpfer gegeben, genannt ICH BIN, dem Lebendigen Allmächtigen Geist. Du solltest Gott erkennen, nicht anflehen.

99. Psalm

Vers 1: *Der Herr ist König: Es zittern die Völker. Er thront auf den Kerubim: es wankt die Erde.*

In der Bibel werden Kerubim als symbolische Figuren verwendet, die die höchste herrschende Macht Gottes und seine Liebe wie auch seine anderen Eigenschaften darstellen. Dir wird erzählt, daß die Kerubim ihre Schwingen über den Ort der Arche ausbreiten und sie und ihre Dauben zudeckten, sie wurden jedoch »nicht von außen gesehen; und sie sind bis heute da«. Dies bezieht sich auf die Allgegenwart Gottes im gesamten spirituellen Leben des Menschen.

Das Wort »Kerubim« bedeutet Schutz oder heiliges Leben. Du bist durch spirituelles Denken, durch Meditation und durch

Beten mit dem Unendlichen Geist vereinigt. Wenn du dich selbst beobachtest, bewacht vom Schatten der Gegenwart und mit der ganzen Rüstung Gottes um dich, dann ist das dein Kerubim.

Vers 5: *Rühmt den Herrn, unseren Gott; werft euch am Schemel seiner Füße nieder! Denn er ist heilig.*

Heilig bedeutet ganz oder Ganzheit. Was auch immer unheilig ist, ist es deshalb, weil es dem Prinzip der Ganzheit, das Gott ist – eins und unteilbar –, entgegensteht. Erkenne deinen eigenen Platz in der universalen Ganzheit als eine individuelle Manifestation des Geistes. Das bedeutet, daß wir alle Kinder Gottes sind, und wir leben, bewegen uns und haben unser Sein in dem einen Lebensprinzip, das nie geboren wurde und nie sterben wird.

Vers 7: *Aus der Wolkensäule sprach er zu ihnen; seine Gebote hielten sie, die Satzung, die er ihnen gab.*

Dies ist eine symbolische Ausdrucksweise. Wenn wir über den langen Marsch der Hebräer durch die Wildnis lesen, wird uns berichtet, daß sie bei Tag unter einer Wolkensäule und bei Nacht unter einer Feuersäule waren. Die Landschaft, durch die sie reisten, war voller Schluchten, tiefer Wasserrinnen und Erdwälle, und leicht gingen Mitglieder der Karawane verloren. Deshalb sind sie so verfahren, daß ein Mann auf einem Kamel vorritt und eine Kohlenpfanne voll brennender Holzkohle am Ende einer sehr langen Stange schwenkte. Der Rauch, der in der Wüste emporstieg und wie eine »Wolkensäule« aussah, konnte aus großer Entfernung gesehen werden. Bei Nacht konnte das Glühen der brennenden Kohle gut gesehen werden, und die Funken flogen empor wie »eine Feuersäule«.

Die Bibel ist für Millionen ein Buch mit sieben Siegeln, weil ihnen gelehrt wurde, Worte zu lesen, die für sie keine Bedeutung hatten oder sich anhörten, als ob Gott ein großer Magier wäre. Einstein sagte: »Gott ist ein Wissenschaftler; kein Magier.« Das Feuer bei Nacht verweist auf die Unendliche Intelligenz, die dich durch die Nacht der menschlichen Dunkelheit auf angenehme Wege und Pfade voller Frieden führen wird.

Du kannst dich auf den Tod der unendlichen Liebe und Weisheit einstimmen. Der Geist wird dich zu Frieden, Freude und zur Erfüllung deiner Herzenswünsche führen. Lerne, die Reichtümer deines inneren Gottes anzuzapfen, von denen du nicht einmal träumst. Die Unendliche Intelligenz (Feuer bei Nacht) kann auch dich führen, lenken und dir die Antwort offenbaren, auch wenn du tief im Schlaf bist (die Nachtzeit deiner Seele) *... und der Herr sprach: ... so gebe ich mich ihm in Visionen zu erkennen und rede mit ihm im Traum* (Numeri 12,6).

14
Höhepunkte des 100. Psalms

100. Psalm

Verse 1 und 2: *Jauchzt vor dem Herrn, aller Länder der Erde! Dient dem Herrn mit Freude! Kommt vor sein Antlitz mit Jubel!*

Shakespeare sagte: »Herr, der du mir Leben schenktest, verleihe mir ein Herz voll Dankbarkeit.« Dankbarkeit ist eine Qualität, an der es in der heutigen Welt arg mangelt. Sei dankbar, daß du lebst. Betrachte ein paar Minuten lang, wie es wäre, wenn du nicht geboren wärst. Du würdest die schönen Gesichter deiner Lieben nicht sehen. Du würdest die Sonne, den Mond und die Sterne, die Emerson das tägliche Brot der Seele nannte, nicht wahrnehmen. Du würdest die Herrlichkeit der Natur nie gesehen haben.

Das Jauchzen steht für Harmonie, Frieden, Schönheit, Lachen und Wohlwollen. Wenn du eine Aufgabe mit freudiger Erfolgserwartung angreifst, wirst du dein Ziel erreichen, und das Ende wird Sieg sein, denn der Anfang und das Ende sind gleich.

Du dienst dem Herrn mit Freuden, wenn du die Tatsache völlig akzeptierst, daß es eine Unendliche Intelligenz gibt, aus der alles herausfließt, und daß diese Quelle auf dich reagiert; dann bist du mit Herzensfreude erfüllt. Wenn du das Gesetz kennst, wirst du dieser Gegenwart singend gegenübertreten. In der Bibel lautet dieses Gesetz: *Sucht die Nähe Gottes; dann wird er sich euch nähern* (Jak. 4,8). Dieses Gesetz ist das Naturprinzip von Aktion und Reaktion, das kosmisch und universell ist; oder, um es noch weiter zu erläutern, es bedeutet einfach, daß alles, was du deinem Unterbewußtsein eingibst, ähnlich wieder zum Ausdruck kommen wird.

Die freudige Erwartung – mit einem Lied im Herzen voller Dankbarkeit für das Gute, das du erhältst – wird zur Überzeugung in den tieferen Schichten deines Geistes, und das, was du beanspruchst, wird dir zukommen.

Vers 3: *Erkennt: Der Herr allein ist Gott. Er hat uns geschaffen, wir sind sein Eigentum, sein Volk und die Herde seiner Weide.*

Es gibt nur eine Macht. Diese Macht hat viele Namen, wie Allah, Brahma, Wirklichkeit, Unendlicher Geist, Jehova, Ain Soph, Herr, Adonai, der Allmächtige, Unendliche Intelligenz und viele mehr. Die alten Mystiker sagten? »Wenn du es benennst, kannst du es nicht finden, und wenn du es findest, kannst du es nicht benennen.« Die Bibel nennt diese Macht ICH BIN oder Sein, Leben, Bewußtsein. Wenn du ICH BIN sagst, kündigst du in Wirklichkeit die Gegenwart Gottes in dir an. Dieses ICH BIN, beinhaltet auch »ich war« und »ich werde«, denn alles, was war, ist oder jemals sein wird, ist darin enthalten. Es ist die einzige Gegenwart im Universum. Es ist ohne Zeit und Raum.

Diese Unendliche Intelligenz hat uns und die ganze Welt erschaffen. Da sie uns aus einer Zelle erschaffen und unser Herz zum Schlagen gebracht hat, kennt sie alle unsere Körperfunktionen und -vorgänge und weiß auch um ihre Heilung und Wiederherstellung. Vers 3 sagt, daß wir sein Volk sind. Das Wort »Menschheit« bedeutet ein einziges Wesen in vielerlei Gestalt. Wir alle sind Gewänder, die Gott trägt, während er sich durch die Illusion von Zeit und Raum bewegt.

Wir sind die Schafe seiner Weiden in dem Sinn, daß wir uns an den Wahrheiten Gottes geistig ergötzen können. Schafe sind symbolisch zu sehen als gottähnliche Gedanken und spirituelle Vorstellungen, die in der Bibel als Brot des Himmels bezeichnet werden. Wir alle brauchen das himmlische Brot des Friedens, der Gelassenheit, des Mutes, des Vertrauens, der Zuversicht und Liebe. Wer kann heutzutage ohne dieses Brot leben?

Vers 4: *Tretet mit Dank durch seine Tore ein! Kommt mit Lobgesang in die Vorhöfe seines Tempels! Dankt ihm, preist seinen Namen!*

Ein Mann erzählte mir, daß ihm ein Augenarzt gesagt hatte, er würde vielleicht seine Sehkraft verlieren, er könne ihm jedoch aufgrund seines hohen Alters nicht viel helfen. Der Mann faßte dennoch den Entschluß, sich jeden Tag 10 oder 15 Minuten hinzusetzen, insbesondere kurz vor dem Einschlafen, und sich vorzustellen, er spräche mit seinem inneren Unendlichen Geist im Bewußtsein, daß dieser sein Höheres Selbst war.

Leise bejahte er: »Ich danke dir, Vater, für mein jetziges perfektes Sehvermögen.« Er fuhr damit in dieser entspannten und friedlichen Weise fort, bis das Gefühl oder die Stimmung der Dankbarkeit in seinem Geist vorherrschte. Jede Nacht schlief er ein mit den Worten »ich danke dir, Vater, für mein perfektes Sehvermögen«, die er immer wieder bejahte wie ein Wiegenlied und in der Gewißheit, daß sich seine letzte wache Vorstellung seinem Unterbewußtsein tief einprägen und sein Unterbewußtsein reagieren würde. Nach einem Monat ließ er sich nochmals untersuchen, und der Arzt war erstaunt: Er sagte ihm, sein Sehvermögen sei völlig normal, und er brauche keine Tropfen und andere Medikamente mehr.

Dadurch daß er »Ich danke dir, Vater« andauernd wiederholte, wurden sein Geist und sein Herz bis zur Annahme emporgehoben. Wenn während des Tages ängstliche oder sorgenvolle Gedanken in seinem Geist auftauchten, ersetzte er sie sofort und so oft wie notwendig mit den Worten: »Ich danke dir, Vater, für mein perfektes Sehvermögen.«

Die Tore in diesem Psalm stehen für deinen bewußten Verstand, der Eingang oder Zugang zu deinem Unterbewußtsein ist. Die Vorhöfe repräsentieren dein Unterbewußtsein, und wenn du mit der Lobpreisung und Erhebung Gottes in deinem Leben einschläfst, betrittst du die Vorhöfe mit Lobesgesang. Dein emporgehobener Geist vermehrt das Gute in allen Bereichen deiner objektiven Welt.

Vers 5: *Denn der Herr ist gütig, ewig währt seine Huld, von Geschlecht zu Geschlecht seine Treue.*

Glaube an die Güte Gottes in dem Land der Lebenden. Gott und Güte sind gleichbedeutend. Erbarmen bedeutet Liebe, und Gott ist grenzenlose Liebe; die Liebe der ganzen Welt – so wie Eltern ihre Kinder lieben, und die Liebe für ein Land, wenn Männer und Frauen selbstlos ihr Leben lassen, um anderen zu helfen –, all diese Liebe ist nur eine leise Andeutung des unendlichen Meeres der Liebe in dir.

Die Unendliche Gegenwart bestraft oder verurteilt niemals. Wir bestrafen uns selbst durch Mißbrauch der Geistesgesetze und durch unser Mißachten, das die einzige Sünde des Universums ist; jede Bestrafung und alles Elend der Menschen ist darauf zurückzuführen. Die Wahrheit ist immer die gleiche, gestern, heute und auf ewig. Liebe ist Wahrheit; Freude ist Wahrheit; Frieden ist Wahrheit; Harmonie ist Wahrheit; Schönheit ist Wahrheit; Reichtum ist Wahrheit; Weisheit ist Wahrheit; göttliches richtiges Handeln ist Wahrheit. Mit anderen Worten: Gott ist die Wahrheit – ewig, unveränderbar und zeitlos. Wenn du Gott als Wahrheit und Liebe erkennst, ist Dankbarkeit das Ergebnis.

15
Höhepunkte der Psalmen 101 bis 107

101. Psalm

Vers 1: *Von Gnade und Recht will ich singen; dir, o Herr, will ich spielen.*

In der Sprache der Bibel bedeutet Recht, über die Wahrheit oder Falschheit eines Gedankens zu entscheiden. Dies ist ein ständiger Prozeß, der den ganzen Tag in unserem Verstand abläuft. Wir beurteilen richtig, wenn wir vom Standpunkt der ewigen Wahrheiten aus denken, reden und handeln. Negative Gedanken und den Glauben an andere Mächte ganz ablehnen und das Liebliche, Prächtige und Gottähnliche bejahen, das ist gerechte Beurteilung und bringt Glück und Harmonie als Belohnung. Wir müssen vorsichtig sein und andere nicht verurteilen, denn damit erheben wir diese Erscheinung in ihnen zur Wirklichkeit, und wenn wir einer Sache zur Verwirklichung verhelfen, wird sie sich zwangsläufig in unserem eigenen Leben äußern.

Gnade bedeutet, daß sich der Zustand bessert, sobald wir die Gegenwart Gottes dort erkennen, wo die Krankheit oder das Problem ist. Das ist die Gnade, die wir erhalten. Unsere Seele, erfüllt mit göttlicher Liebe, ist der Heiler und Bote der Gnade.

Vers 2: *Ich will auf den Weg der Bewährten achten. Wann kommst du zu mir? Ich liebe in der Stille meines Hauses mit lauterem Herzen.*

Der *Weg der Bewährten* bedeutet, nach den Prinzipien der Harmonie, Ganzheit und göttlichen Liebe zu leben und zu handeln.

Die Stille meines Hauses deutet auf deine innersten Gedanken.

Vers 3: *Ich richte mein Auge nicht auf Schändliches; ich hasse es, Unrecht zu tun, es soll nicht an mir haften.*

Dieser Vers bedeutet, daß wir das Böse von uns fernhalten. Du magst über Mord, Vergewaltigung und andere abscheuliche Verbrechen lesen, aber du kannst solche Nachrichten objektiv betrachten. Laß dich nicht emotional verwirren oder darin verwickeln. Angst, Zorn und Feindschaft sind Arten von spiritueller Bosheit. Durch richtiges Denken kannst du deinen Geist trainieren, die schöpferische Seite des Lebens zu sehen. Nur das, was du im geheimen wahrnimmst und dir vorstellst, kann je von dir in Erfahrung gebracht werden.

Das Wort *hassen* heißt in diesem Vers, die Arbeit derer, die von den ewigen Lebenswahrheiten abgekommen sind, völlig abzulehnen.

Vers 8: *Morgen für Morgen spreche ich das Urteil über die Frevler im Land, um in der Stadt des Herrn alle auszurotten, die Unrecht tun.*

Die, die ihren Geist nicht in Gott verankern, können nicht in Harmonie, Frieden, Gesundheit und Glück leben, welche das Reich Gottes ausmachen. Die »Leute«, die deinen Geist bevölkern, sind Gedanken, Ideen, Überzeugungen, Meinungen und andere Vorstellungen. Achte darauf, daß sie dem spirituellen Standard all dessen entsprechen, was wahr, prächtig und gottähnlich ist.

102. Psalm

Vers 10: ... *denn auf mir lasten dein Zorn und dein Grimm. Du hast mich hochgerissen und zu Boden geschleudert.*

Vers 11: *Meine Tage schwinden dahin wie Schatten, ich verdorre wie Gras.*

Depression ist der Hauptgedanke dieses Psalms. Gott ist niemals zornig. Gott ist grenzenlose Liebe, absolute Harmonie, unendliche Weisheit und vollkommene Freude. Er ist allmächtig und allgegenwärtig, und das Bewußtsein darüber führt zu vollkommenem Frieden. *Ich habe jetzt keinen Zorn mehr* (Jes. 27,4). Gott verändert sich nicht und kann nicht zornig sein. Zorn wird durch uns selbst kreiert, durch unsere geistige Haltung.

Die depressive Verfassung in Vers 11 hat ihre Ursache in der Feindseligkeit und der Wut, die wir in unserem Unterbewußtsein unterdrücken. Die Lösung besteht darin, dir selbst im stillen zu vergeben und Gottes Liebe anzurufen, damit sie dein Gemüt und dein Herz erfülle. Bei einer Depression ist es hilfreich, einen kranken Freund zu besuchen und ihm eine Transfusion aus Glaube und Vertrauen zu verabreichen. Das heißt, anders ausgedrückt, daß du ihn erhebst und dazu inspirierst, sich an die Unendliche Heilende Gegenwart zu wenden, die ihn segnen wird. Ein anderes vorzügliches Verfahren wäre ein Besuch bei einem spirituellen Heiler, um mit ihm über dein Problem zu sprechen und anschließend mit ihm zusammen für Frieden und Harmonie zu beten.

Viele Menschen hören wunderbare Musik, wenn sie deprimiert oder niedergeschlagen sind, lesen erhebende spirituelle Bücher oder vertiefen sich in eine ähnliche Beschäftigung. Auf diese Weise lösen sie die psychischen Giftstoffe auf, die sich in den Tiefen des Unterbewußtseins festgesetzt haben.

103. Psalm

Verse 1–2: *Lobe den Herrn, meine Seele, und alles in mir seinen heiligen Namen! Lobe den Herrn, meine Seele, und vergiß nicht, was er dir Gutes getan hat.*

Du kannst jedes Mitglied deiner Familie oder auch jeden anderen Menschen segnen, indem du feststellst, daß Gottes Liebe und Licht, Seine Wahrheit und Schönheit sein Gemüt und Herz erfüllen. Spüre und erkenne, daß die Gegenwart und die Macht Gottes – also Harmonie, Gesundheit, Frieden, Fülle und richtiges Handeln – durch diesen Menschen wirken. Du segnest den anderen, indem du die Freisetzung der Weisheit, Intelligenz und Macht des Unendlichen in ihm betrachtest.

Segne dein Geschäft oder deinen Beruf durch die Erkenntnis, daß göttliches Handeln sich jetzt vollzieht und dein Geschäft oder dein Beruf vom Gesetz und der Ordnung des Göttlichen regiert, kontrolliert und geleitet wird.

Segne deinen sogenannten Feind, und alle Dinge werden sich positiv für dich entwickeln. Du *vergißt nicht, was er dir Gutes getan hat,* wenn du erkennst, daß Gott die Quelle deiner Versorgung ist und deine Bedürfnisse jederzeit befriedigt. Das ist wunderbar!

Vers 3: *... der dir all deine Schuld vergibt und all deine Gebrechen heilt.*

Das Prinzip des Lebens oder Gott vergibt uns ewig. Wir können das täglich sehen, etwa wenn wir uns aus Versehen schneiden und das Lebensprinzip sofort danach trachtet, den Schnitt zu heilen. Die Tendenz des Lebensprinzips ist es, den Körper zu heilen und seine Unversehrtheit wiederherzustellen. Die Gottesgegenwart bestraft oder verurteilt nie.

Du vergibst dir selbst dafür, negative oder ärgerliche Gedanken zu beherbergen. Wenn jemand dich irgendwie kränkt oder verletzt, mußt du dem Übeltäter vollständig und aus freien Stücken verzeihen. Erinnere dich daran, daß du in deinem Universum der einzige Denker bist und unter dem Befehl deines Denkens stehst. Dein Denken ist kreativ; deshalb erschaffst du für deine Erfahrungswelt das, worüber du bei der anderen Person nachdenkst. Groll ist die verbindende Klammer.

Übe die Vergebung folgendermaßen:

»Ich vergebe ______________________________ (Namen einsetzen) vollständig und wünsche ihr/ihm alle Segnungen des Lebens. Das meine ich wirklich. Ich bin aufrichtig, und ich verfüge, daß es so ist. Immer wenn ich an diesen Menschen denke, werde ich ihn unverzüglich segnen, indem ich bejahe ›Gott ist mit dir‹.«

Das solltest du so lange und so oft machen wie nötig, und nach einer Weile wirst du entdecken, daß die Person, um die es geht, dir nur noch selten in den Sinn kommt, und wenn es doch geschieht, wird es deinem Gemüt keinen Stich mehr versetzen, und du bist frei.

Wenn dein Gebet für Wohlstand oder Heilung einer Krankheit nicht beantwortet wird, könnte die Ursache in der Tatsache liegen, daß du jemandem nicht vergeben hast. Erteile eine Generalamnestie wie folgt: »Aufrichtig wünsche ich jedem Gesundheit, Glück, Frieden und alle Segnungen des Lebens. Ich verfüge dies bewußt und unbewußt. Für alle strahle ich Liebe, Frieden und Freundlichkeit aus. Die Unendliche Heilende Gegenwart zielt jetzt auf den Fleck in meinem Unterbewußtsein, wo das Problem liegt, und es wird zerschmettert und macht so dem Heiligen Geist Platz, der mich ganz und vollkommen macht.«

Es gibt nur eine Heilende Gegenwart. Der Arzt verbindet die Wunde, aber Gott heilt sie.

Vers 4: *...der dein Leben vor dem Untergang rettet und dich mit Huld und Erbarmen krönt.*

Wenn du erkennst, daß die alles überschattende Gegenwart Gottes ständig über dich wacht, wirst du ein verzaubertes Leben führen. Du wirst dann immer von der Liebe Gottes umhüllt sein und in Frieden leben.

Vers 5: *...der dich dein Leben lang mit seinen Gaben sättigt; wie dem Adler wird dir die Jugend erneuert.*

Richte deine Aufmerksamkeit auf die universelle Quelle deines Lebens, und werde gewahr, wie sie dich erhält und kräftigt. Dein Leben ist das Leben Gottes, und dies Leben kann nicht altern. Sowohl in der Funktion als auch vom Prinzip her bist du eins mit Gott.

Bejahe kühn: »Gott ist mein Führer, mein Ratgeber. Er macht meinen Weg vollkommen.« Du kannst deine Jugend erneuern, wenn du häufig bejahst: »Die verjüngende Kraft des Geistes wirkt jetzt in jeder Zelle und Faser meines Wesens und macht mich ganz, rein, frisch und strahlend vor göttlichem Leben und Vollkommenheit. In jedem Moment meines Lebens werde ich jugendlicher. Die unermüdliche, belebende Energie des göttlichen Lebens fließt jetzt durch mich hindurch. Ich fühle mich wunderbar.« *...er, der allen das Leben, den Atem und alles gibt* (Apg. 17,25). Dies spendet die göttliche Quelle fortwährend.

Vers 7: *Er hat Mose seine Wege kundgetan, den Kindern Israels seine Werke.*

Moses hat das großartige Lebensgesetz intuitiv verstanden. Das Gesetz ist ein kosmisches Gesetz, nämlich Aktion und Reaktion. Alles was von unserem bewußten Verstand dem Unterbewußtsein eingeprägt wird, bringt dieses als Form, Funktion und Erfahrung hervor.

Die Kinder Israels repräsentieren die spirituellen Vorstellungen. Israel steht für jeden, der die Souveränität des Geistes und die Herrschaft seiner eigenen Gedanken erkennt. Die Kinder dieser Geisteshaltung sind die Vorstellungen, die heilen, segnen und inspirieren.

104. Psalm

In diesem Psalm ist viel Wiederholung enthalten. Auch wird uns in ihm die wunderbare Disziplin der göttlichen Wirkungsweise in der Natur vor Augen geführt, Symmetrie, Ordnung, Schönheit, Ebenmaß und ein Universum, das vom Göttlichen Gesetz und Seiner Ordnung regiert wird.

Vers 3: *Du verankerst die Balken deiner Wohnung im Wasser, du nimmst dir die Wolken zum Wagen, du fährst einher auf den Flügeln des Sturmes.*

Viele Menschen blockieren eine Heilung, weil sie glauben, daß sie unheilbar krank sind, oder weil sie meinen, das wäre zu schön, um wahr zu sein; deshalb bauen sie einen unbewußten Widerstand auf gegen die Heilkraft. Sie hängen an ihren alten Überzeugungen, etwa daß es Gottes Wille sei, daß sie leiden, oder sie hören auf den Urteilsspruch ihrer Umwelt. Diese Haltung und ihre Überzeugungen stehen dem Glauben und Vertrauen des Heilens entgegen und blockieren das Fließen des heilenden Geistes.

Um diese Haltung zu überwinden, muß man als erstes einen wirklichen Wunsch nach Heilung bilden und anschließend erkennen, daß die Tendenz des Lebensprinzips auf Heilung und Wiederherstellung ausgerichtet ist. Im nächsten Schritt beginnt man dann zu behaupten, daß die übernatürliche heilende Kraft jetzt deinem offenen, entspannten und empfänglichen Gemüt antwortet. Eine hilfreiche Methode zur Entspannung ist, sich ein feuchtes Blatt auf einem Holzstamm vorzustellen. Wenn du deine ganze Aufmerksamkeit diesem Blatt widmest, wirst du dich automatisch entspannen. Wenn du entspannt bist und daran glaubst, daß du geheilt wirst, kommt die Unendliche Heilende Gegenwart gleich einem Wind, der das menschliche Gemüt durchbläst und heilt, *...du fährst einher auf den Flügeln des Sturmes.*

105. Psalm

Vers 9: *An den Bund, den er mit Abraham geschlossen, an den Eid, den er Isaak geschworen hat.*

Ein Bund ist ein Abkommen, und das Gesetz, das in deinem Herzen geschrieben steht, ist einfach dieses. Wenn dein wachbewußter Verstand und dein Unterbewußtsein sich auf etwas einigen können, wird dein Gebet beantwortet. Du bist eins mit der Unendlichen Gegenwart und Macht, und was du auch glaubst und akzeptierst, wird eintreten.

Abraham bedeutet Vater der großen Menge (Vielfältigkeit). So wird die Fähigkeit deines Geistes dargestellt, seine Vorstellungen unbegrenzt auszudrücken und zu reproduzieren. Dein Glaube an Gott, hier symbolisiert durch Abraham, wird dich befähigen, die Vielfältigkeit deiner Vorstellungen, Träume und Sehnsüchte auf dem Bildschirm des Universums Wirklichkeit werden zu lassen.

Abraham, der von Gott inspiriert war, machte sich auf in ein anderes Land (einen anderen Gemütszustand), wo seine Gebete, oder Offenbarungen, gewaltig zunahmen. Du bist Abraham, der in die Welt hinausgeht, im beständigen Glauben, daß Gott, der dir diesen Wunsch oder diese Idee eingegeben hat, die Verwirklichung durch göttliche Anweisung veranlassen wird.

Isaak steht für Lachen und bedeutet die Freude über die Geburt Gottes in deinem Geist und deinem Herz. Es geht um die Einsicht, daß du ein Sohn des lebendigen Gottes bist und Erbe all seiner Reichtümer. Du bist überglücklich und frohlockst über dein Privileg, dich selbst als Sohn Gottes ausdrükken zu können.

106. Psalm

Dieser Psalm liefert eine allgemeine Beschreibung der Wanderungen und Launenhaftigkeit des Menschen wie auch der Beständigkeit Gottes, der immer derselbe ist, gestern, heute und ewig.

Vers 7: *Unsere Väter in Ägypten begriffen deine Wunder nicht, dachten nicht an deine reiche Huld und trotzten dem Höchsten am Schilfmeer.*

Es ist deine eigene Gemütsverfassung oder dein Bewußtsein, was dich aus Ägypten herausbringt, oder – anders ausgedrückt – aus Leid und Not. Bewußtsein ist das, was du denkst, fühlst, glaubst und wozu du deine geistige Zustimmung gibst. Jedesmal, wenn du eine Schwierigkeit überwunden hast oder dich von einer Krankheit oder einer anderen quälenden Situation erholst, war es dein Bewußtsein, das dich da herausgeholt hat.

Das Schilfmeer steht für jedes störende emotionale Problem oder für schwere Krankheit. Du kannst über deine Ängste, Zweifel und falschen Überzeugungen hinweggehen und sie unter Kontrolle halten.

Kürzlich sprach ich mit einer Frau, die glaubte, daß eine feindselige Macht gegen sie am Werk sei. Ihr Leben war chaotisch. Sie war schrecklich verwirrt. Sie sagte, daß ihre Arthritis sie plötzlich überfallen hatte und sie zwang, einen Gehstock zu benutzen. Ihre Schmerzen waren unerträglich. Anscheinend erleichterten auch die Schmerztabletten die Qual kaum noch, und sie ging durch ein Meer von durcheinanderwirbelnden Emotionen.

Ich erklärte ihr, daß es nirgendwo eine feindselige Macht gibt. Nur Gott existiert, und Gott ist unendlich gut und vollkommen. Dein Gemüt empfängt Eindrücke, und je mehr

Wahrheit du aufsaugst, desto gesünder wird es. Die Schöpferische Macht ist in dir. Das bedeutet, daß Gott in dir ist und daß Äußerlichkeiten nichts verursachen können. Das wiederum verschafft dir einen Einfluß auf die Eindrücke, die du über deine fünf Sinne bekommst.

Verehre die göttliche Gegenwart in dir selbst, und lobe und preise Gott, so wie alle Psalmen dich ermutigen und nachdrücklich betonen, es zu tun. Die Göttliche Gegenwart heilt dich und geleitet dich sicher durch die turbulenten Gewässer deines Gemüts hin zu innerem Frieden. Diese Frau betete so:

»Ich weiß, daß mein Gemüt ein Spiegel ist, der immer das widerspiegelt, worauf er sich richtet. Ich richte den Spiegel meines Gemüts den ganzen Tag über auf Gott. Ich stelle immer wieder fest, daß Gott bei mir ist und daß Seine Liebe meine Seele erfüllt. Sein Frieden durchtränkt mein ganzes Wesen. Ich preise Gott in meiner Mitte, und ich bedanke mich für die wunderbare Heilung, die sich in diesem Moment vollzieht.«

Ich bin froh, sagen zu können, daß sie schon nach drei Wochen eine bemerkenswerte Heilung erfahren hatte und keine Schmerzmittel mehr brauchte.

Vers 9: *Er bedrohte das Schilfmeer, da wurde es trocken; wie durch eine Steppe führte er sie durch die Fluten.*

Die eben erwähnte Frau schlug sich durch das Schilfmeer negativer, destruktiver Gedanken hindurch, und das Ödem klang ab, die Schmerzen verschwanden, und die Beweglichkeit ihrer Gelenke stellte sich wieder ein. Die Göttlichkeit führte sie durch die Tiefen ihrer Verzweiflung und die Wildnis ihres Gemüts. All das Unkraut und die verschlungenen Gewächse von Furcht, Unwissenheit und Aberglauben wurden verzehrt und verbrannt vom Feuer göttlicher Liebe.

Vers 48: *Gepriesen sei der Herr, der Gott Israels, vom Anfang bis ans Ende der Zeiten. Alles Volk soll sprechen: Amen, Halleluja!*

Es ist eine ausgezeichnete Übung, Gott in deiner eigenen Mitte viele Male am Tag zu loben. Indem du dir das zur Gewohnheit machst, wird dein Gemüt zu einer dankbaren Erwartungshaltung erhoben, und du wirst zu einem spirituellen

Magneten, der die guten Dinge des Lebens unwiderstehlich anzieht. *Amen* bedeutet die Verschmelzung deines bewußten und unbewußten Gemüts. Wenn beide sich verbinden und übereinstimmen, wirst du die Freude der Gebetsbeantwortung erfahren.

107. Psalm

Vers 15: ... *sie alle sollen dem Herrn danken für seine Huld, für sein wunderbares Tun an den Menschen.*

Vers 16: ... *weil er die ehernen Tore zerbrochen, die eisernen Riegel zerschlagen hat.*

In diesen Versen bedeutet uns der Psalmist im wesentlichen, die Macht und den Ruhm der Unendlichen Gegenwart zu bedenken, die ständig in uns vorhanden ist; wie durch das Gebet eine Erwiderung des Unendlichen kommt, die unsere Verfassung und unsere Ängste verwandelt, Schwierigkeiten und Sorgen auflöst; und wie die Gott-Gegenwart all die Dinge entwaffnet und unschädlich macht, vor denen wir Angst haben, und alle Macht vernichtet, die sie jemals hatten.

Vers 19: ... *die dann in ihrer Bedrängnis schrien zum Herrn, die er ihren Ängsten entriß.*

Vers 20: ... *denen er sein Wort sandte, die er heilte und vom Verderben befreite.*

Wenn du hungerst und dürstest nach dem, was du erreichen willst, wirst du Ergebnisse erzielen. Erhebe dein Gemüt und dein Herz, und begreife, daß es die Absicht des Lebensprinzips ist, zu heilen und gesund zu machen. Jene, die nach einer Krankheit oder Operation genesen, wünschen sich wirklich sehr, wieder gesund zu werden, und bringen ihr Gemüt in diese Richtung. Sie stellen sich vor, wie sie all die Dinge tun, die sie machen würden, wären sie erst wieder gesund, vital und stark. Anders ausgedrückt machen sie sich ein genaues Bild ihrer Gesundheit, und die geistigen Bilder sind ganz auf Wohlbefinden und Gesundheit ausgerichtet.

Es gibt Menschen, die, wenn sie an Krebs erkranken, aufgrund all der Massenpropaganda zu diesem Thema völlig verschreckt reagieren und denken, sie seien erledigt. Sie neigen dazu, ihren Zustand als endgültig zu akzeptieren. Andererseits habe ich mit Menschen gesprochen, deren Krebs als inoperabel und unheilbar erklärt worden ist, die aber dennoch die Diagnose zurückwiesen und darauf bestanden, wieder gesund zu werden. Ihr dringlicher Wunsch nach Gesundheit brachte eine Antwort aus dem Unterbewußtsein, und sie wurden auf göttliche Weise zu jedem Schritt geführt, der für eine Wiedererlangung ihrer Gesundheit notwendig war. Einige beteten sich ihren Weg aus der Krankheit, andere machten sich auf nach Tijuana, Mexiko, um dort die Lätril-Behandlung zu bekommen, und fuhren dabei fort zu beten. Sie erzielten erstaunliche Heilerfolge.

Eine Frau berichtete mir, daß ihre Leber und andere Organe vor zehn Jahren voller Metastasen waren und sie als unheilbar angesehen wurde. Die Prognose besagte, daß sie noch drei Monate zu leben hätte. Sie fuhr nach Tijuana, ließ sich Lätril-Injektionen und Tabletten verabreichen und bedankte sich den ganzen Tag über für eine wundersame Heilung. Sie verwendete den 100. Psalm, dieses herrliche Lied der Dankbarkeit. Zehnmal am Tag las sie ihn laut vor. Sie sagte mir: »Nach einer Weile hörte ich mich automatisch sagen ›Dank sei dir, Vater, für meine wunderbare Heilung‹.«

Heute ist diese Frau vital, lebendig und voller Begeisterung und Enthusiasmus. Sie durchquerte das Schilfmeer und erreichte das gelobte Land der Harmonie, Gesundheit und des Friedens. Es ist wunderbar!

Vers 22: *Sie wollen ihm Dankopfer weihen, mit Jubel seine Taten verkünden.*

Das Opfer, das du bei Krankheit oder in Not bringst, liegt darin, das Geringe für das Größere aufzugeben. Gib deinen Glauben an Äußerlichkeiten auf, und widme deine ganze Ergebenheit, Hingabe und Andacht der einen kreativen Macht in dir, Gott genannt oder Lebendiger Allmächtiger Geist. Du kannst Gott in Wirklichkeit nichts geben, weil es außer Gott nichts gibt. Er ist in allem, über allem und alles in allem. Alles ist der manifestierte Gott oder Geist. Du hast ein dankbares

Herz im Wissen, daß Gottes Wille ein größerer Maßstab für Liebe, Licht, Wahrheit, Schönheit und ein Leben in Fülle ist. Wie der Wille Gottes sich bei dir manifestiert, wird deine kühnsten Träume übersteigen.

Aus diesem Grunde wende dich im Falle einer Krankheit an die innewohnende Gegenwart und bejahe gefühlvoll und wissend: »Ich danke für die Heilende Gegenwart, die mich durchströmt und mich vollkommen wiederherstellt.«

Vers 29: *Er machte aus dem Sturm ein Säuseln, so daß die Wogen des Meeres schwiegen.*

Dieser Vers bezieht sich auf die Besänftigung psychischer Schwingungen. Einmal besuchte mich eine Frau, um mit mir über ihren Bruder zu sprechen, mit dem sie zusammenwohnte. Er war entsetzlich verstört und schrie in der Nacht, weil ihn böse Geister anfielen, wie er sagte. Er war überzeugt, daß jemand Schwarze Magie gegen ihn anwandte. Er hatte seiner Schwester gesagt, daß eine Voodoo-Frau nach seiner Vernichtung trachtete.

Seine Schwester hingegen, die sich mit dem Studium geistiger Gesetze auseinandersetzte, bejahte kontinuierlich: »Mein Bruder ist ein makelloses Kind Gottes. Er hat inneren Frieden. Er ist göttlich, und er ist frei.« Sie hatte damit keinen Erfolg.

Ich machte ihr klar, daß sie erst dann Erfolg haben würde, wenn sie ihren Geist von der Angst vor diesen Begebenheiten befreit hätte. Sie mußte erst erkennen, daß es keine bösartigen Kräfte gibt, daß der Aufruhr im Gemüt ihres Bruders ausschließlich durch Suggestion verursacht wurde und daß ihre Bejahung keinerlei Kraft haben könnte, solange sie an die Existenz von Schwarzer Magie glaubte. Schwarze Magie, Voodoo, Hexerei, solche Praktiken fußen allesamt auf negativen Suggestionen auf das Gemüt eines Menschen, und wenn dieser sie annimmt, verursachen sie tatsächlich all die seltsamen Erfahrungen, die er erlebt. Sie begriff, daß er das Opfer negativer Suggestionen geworden war.

Sie befreite ihren eigenen Geist von der Angst und von der Lethargie, die böse Geister als existent akzeptieren. Sie spornte ihren Geist an, die großartige Wahrheit aus Psalm 23,3 anzuerkennen: *Er stillt mein Verlangen, er leitet mich auf rechten Pfaden.* Sie besprach die ganze Angelegenheit mit ihrem Bruder und klärte ihn über die Vorgänge in seinem Geist auf. Daraufhin begann er, den 91. Psalm mehrmals täglich und auch vor dem Einschlafen laut vorzulesen.

Ihr Gebet lautete folgendermaßen: »Mein Bruder ist ein Mann Gottes, und Gottes Frieden erfüllt seine Seele. Göttliche Liebe durchtränkt seinen Geist und sein Herz, und er ist frei.« Sie stellte sich vor, wie er zu ihr sagen würde, was sie so sehnsüchtig von ihm zu hören wünschte, da sie wußte, daß ihr geistiges Bild mit ihrer Bejahung übereinstimmen muß. Mehrmals am Tag besänftigte sie ihr Gemüt, entspannte sich und stellte sich vor, wie er zu ihr sagen würde, »Schwesterchen, ich bin frei. Ich lebe in Frieden«. Das hielt sie jeden Tag aufrecht, und nach ein paar Wochen erzählte er ihr, daß er seine Freiheit und seinen inneren Frieden wiedererlangt hätte.

Sie verfügte über die Kraft der Vorstellung und konnte sehen, wie ihre Bilder Form annahmen. Das Bild muß auf bedeutungsvolle und eindringliche Weise gelenkt werden. Das geistige Gesetz lautet, daß alle bewußten Gedanken oder vorgestellten Bilder, die aufmerksam und intensiv wiederholt werden, schließlich in das Unterbewußtsein absinken, in der Bibel auch Herz genannt, und hier ein selbständiges Leben führen; diese Gedanken oder Vorstellungen regieren uns jeweils ihrer Natur entsprechend und wirken sich auf uns aus, auch wenn wir nicht bewußt darüber nachdenken.

Ihre zielgerichtete, bewußte Vorstellung wurde im Unterbewußtsein ihres Bruders verzeichnet und leitete sein Gemüt um auf Pfade voller Harmonie und Frieden.

16
Höhepunkte der Psalmen 108 bis 118

108. Psalm

Vers 1: *Mein Herz ist bereit, o Gott, mein Herz ist bereit, ich will dir singen und spielen. Wach auf, meine Seele!*

Vers 5: *Ich will dich vor den Völkern preisen, Herr, dir vor den Nationen lobsingen.*

Die Seele bedeutet hier Ausstrahlung und meint damit Liebe und Licht; und Licht bedeutet die Unendliche Intelligenz in uns, die jedes Problem beleuchtet. Anders gesagt, nur diese Intelligenz kennt die Antwort. Paulus sagt: *Der Mann darf sein Haupt nicht verhüllen, weil er Abbild und Abglanz Gottes ist; die Frau aber ist der Abglanz des Mannes. Denn der Mann stammt nicht von der Frau, sondern die Frau vom Mann* (1. Kor. 11,7–8).

Psalm 108 und die Korinther beziehen sich auf das männliche und weibliche Prinzip in uns allen. Das männliche Prinzip in uns ist unser wachbewußter Verstand, und das weibliche Prinzip in uns ist unser Unterbewußtsein. Wenn Paulus sagt, die Frau – oder das weibliche Prinzip in uns – sei der Abglanz des Mannes, so bedeutet das einfach, daß das weibliche Prinzip (unser Unterbewußtsein) das reflektiert, was das männliche Prinzip ihm aufprägt. Dies ist nicht wortwörtlich zu verstehen, denn jeder von uns besitzt sowohl das weibliche als auch das männliche Prinzip.

Paulus sagt, daß ein Mann sein Haupt unbedeckt lassen soll, um zu zeigen, daß er im Einklang mit dem Unendlichen ist und frei von falschen strittigen Meinungen und Widerständen, aber auch offen und empfänglich für göttliche Eingebung. Wenn du betest, wird dein bewußter Verstand, in der Bibel *Mann* genannt, jede Angst, Voreingenommenheit und jede streitsüchtige Einstellung ausrotten. Setze erleuchtete, spirituelle Schlußfolgerungen und rechtes Denken auf den Thron deines Unterbewußtseins. Mit anderen Worten: Denke in deinem wachbewußten Verstand über die ewigen Wahrheiten nach, und während du deinen bewußten Verstand damit beschäftigst, wird dein Unterbewußtsein das Muster deines gewohnheitsmäßigen Denkens getreu reproduzieren.

Die Frau in dir, dein Unterbewußtsein, der Sitz deiner Emotionen, muß durch deinen wachbewußten Verstand geschützt werden. Dein Unterbewußtsein (die Frau) wird durch den Intellekt, das Denken und die Gedankenmuster deines bewußten Verstandes, des denkenden Verstandes, das Reich der Wahl, das heißt den Mann, geschützt.

Denke daran, daß die Frau in dir, ob du Mann oder Frau bist, Emotion, Intuition, Subjektivität und Gefühl ist und immer abhängig bleibt von dem Gedanken, der sich über ihr bewegt. Dein Unterbewußtsein kann diese Gedanken nicht wählen und wird deswegen zum Opfer des autokratischen, egoistischen, despotischen, bewußten Verstandes. Dein wachbewußter Verstand ist oft großspurig in seinem Unwissen, und mit dem daraus resultierenden Chaos und der Verwirrung wird dein Unterbewußtsein verunreinigt.

Diese Eigenschaften sind in jedem von uns, unabhängig vom Geschlecht. Wenn du von unbegründeten Ängsten, Sorgen und falschen Überzeugungen beherrscht wirst, zwingst du dein Unterbewußtsein dazu, sträfliche Aktivitäten zu unternehmen, und du selbst bist schuld. Es hat keinen Sinn, deinem Unterbewußtsein die Schuld zu geben, denn es drückt nur das aus, was ihm eingeschärft wird.

In Vers 5, in dem steht, *dir vor den Nationen lobsingen,* heißt das, daß dein bewußter, denkender Verstand Herr der ganzen Welt ist. Das letztere bezieht sich auf deinen Körper, deine Geschäfte und deine Lebensumstände. Es ist der gesunde Menschenverstand, denn du bist das, was du den ganzen Tag lang denkst. Dein Denken und dein Fühlen sind maßgebend für dein Schicksal.

109. Psalm

Vers 17: *Er liebte den Fluch – der komme über ihn; er verschmähte den Segen – der bleibe ihm fern.*

Fluchen heißt von sich selbst oder einem anderen negativ denken. Wenn du einem anderen Böses wünschst, wünschst du auch Böses für dich. Dein Denken ist schöpferisch, und in deinem Universum bist du der einzige Denker. Daher wirst du dir, in allen Phasen deines Lebens, nur Schwierigkeiten machen. Mit anderen Worten: Was du aussendest, kommt zu dir zurück. Auch das Gute, das du tust, kommt zu dir zurück.

Du segnest den anderen, indem du ihm, oder ihr, gute Gesundheit, Glück, Frieden, Freude und all die Segnungen des Lebens wünschst. Eine solche Einstellung zahlt sich aus durch Wohlstand und Erfolg in allen Phasen deines Lebens. Du stehst immer unter dem Gesetz deiner eigenen Gedanken und Gefühle, und du mußt dich fragen: »Möchte ich so leben, wie ich es dem anderen wünsche?« Ist deine Antwort ja, wirst du ein reiches Leben führen.

110. Psalm

Vers 1: *So spricht der Herr zu meinem Herrn: Setze dich mir zur Rechten, und ich lege dir deine Feinde als Schemel unter die Füße.*

Bemerke den Unterschied zwischen *der* Herr und *mein* Herr. ICH BIN ist in der Bibel der Name für Gott und bedeutet die Kenntnis des Seins oder ein ungeprägtes Bewußtsein. Es ist ein noch ungeprägter Zustand, der, indem er sich vorstellt oder einbildet, etwas zu sein, konditioniert wird. Auf unbekannte Art und Weise nimmt die Vorstellung oder Einbildung Form an. Die Bibel nennt das ICH BIN auch Vater und die ganze Welt

Sohn, den Ausdruck oder die manifestierte Welt. Diese Macht heißt Gott, der Schöpfer, Allmächtiger, Allwissender, die höchste und einzige Macht des Universums. Jede Macht, die durch eine andere überwunden oder neutralisiert werden kann, kann nicht die höchste sein, kann daher unmöglich Gott sein.

Wenn in der Bibel *mein Herr* steht, bedeutet das Gottes Gegenwart, die sich in dir individualisiert. Wenn du ICH BIN sagst, verkündest du die Gegenwart Gottes in dir. Das heißt, daß du in deiner Welt Gott bist; du hast die Macht über deinen Verstand, Körper, deine Verhältnisse und Bedingungen, und das, was du gefühlsmäßig und wissentlich an ICH BIN anhängst, wirst du.

Die Feinde wie Angst, Zweifel, Krankheit, Leiden usw. sind eine Schöpfung deines eigenen Verstandes. Sie werden von keinem Prinzip unterstützt, und es gibt nichts, um sie aufrechtzuerhalten. Durch die Erkenntnis, daß die Macht des Unendlichen durch dich hindurchfließt als Harmonie, Gesundheit, Frieden, Freude, Fülle und rechtes Handeln, vertreibst du die Ängste und Zweifel aus deinem Gemüt.

Du sitzt still, das heißt, du beruhigst dein Gemüt und wirst dir der Macht Gottes in deiner Mitte bewußt (das bedeutet zur Rechten Gottes). Wenn zum Beispiel dein Körper unpäßlich ist, solltest du die Unendliche Heilende Gegenwart, die dich durchströmt, auffordern, dich gesund zu machen. Deine Überzeugung von Gesundheit, Vitalität und Makellosigkeit wird sich manifestieren, und das wird deine Rettung sein.

Deine Ängste, die Feinde der Wahrheit in deinem Gemüt, werden verschwinden, wenn du sie unter das Licht des Verstandes hältst, und wenn du gewahr wirst, daß deine Angst auf der Tatsache basiert, daß äußerliche Dinge die Ursachen sind. Äußerlichkeiten sind aber Wirkungen, nicht Ursachen. Dein konstantes Bewußtsein der einzigen Macht wird allmählich all die sogenannten Feinde in deinem Gemüt überwinden.

Erkenne, daß es immer einen Ausweg gibt und daß die Höchste Macht unverzüglich verfügbar ist, um dir jederzeit zu antworten. Diese Gemütshaltung verkündet das Nahen deines Erlösers, die Antwort also auf dein Gebet.

Vers 4: *Der Herr hat's geschworen, und nie wird's ihn reuen: »Du bist Priester auf ewig nach der Ordnung Melchisedeks.«*

Melchisedek, Priester und König, bezieht sich auf das ICH BIN oder die Gegenwart Gottes in dir. Wenn göttliche Liebe und göttliches rechtes Handeln dein Bewußtsein bestimmen, wirst du Gesundheit, Glück, Sicherheit und inneren Frieden erfahren.

In der Sprache der Bibel ist ein Priester ein Vermittler zwischen der Unsichtbaren Gegenwart und dem Sichtbaren. Es handelt sich dabei jedoch nicht um einen physischen Menschen. Es ist deine Gemütsverfassung, dein Glauben und dein Vertrauen, die dich aus deinem Elend, deinem Schmerz und den Begrenzungen herausführen und zwischen beiden Zuständen vermitteln.

Welches Problem du auch haben magst, so hast du doch auch den Wunsch nach der Lösung beziehungsweise der Antwort, die dich befreien könnte. Die Aufgabe der Vermittlung ist es, den Unterschied zwischen beiden Zuständen aufzuheben, damit dein Gemüt Frieden bekommt. Es gibt einen Mittelsmann der Regierung, der oft herbeigerufen wird, um etwa einen Arbeitskampf zwischen den Arbeitern und den Betreibern einer Mine zu schlichten. Er ist erfolgreich, wenn er den streitenden Parteien zu einer harmonischen und befriedigenden Übereinkunft verhilft.

111. Psalm

Vers 6: *Er hat seinem Volk seine machtvollen Taten kundgetan, um ihm das Erbe der Völker zu geben.*

Das Thema dieses Psalms enthüllt die Wirkungsweise des Geistes. Wissenschaftler untersuchen das Wesen einer unsichtbaren, unwägbaren Kraft, die das Universum beherrscht, und sie sind ergriffen in göttlichem Erstaunen beim Betrachten der Wunder und Herrlichkeiten von alledem. Eine Höchste Intelligenz hat die gesamte Welt wie auch die Galaxien im All gestaltet und beherrscht alle Zyklen der Zeit und des Werdens.

Auch in unserem Gemüt gibt es Zyklen oder Jahreszeiten, denn das Gemüt bewegt sich von Krankheit zu Gesundheit, von Schmerz zu Frieden und von Traurigkeit zu Fröhlichkeit. Das Universum verkündet, daß ein Prinzip Göttlicher Ordnung und Harmonie wirksam ist innerhalb eines Gefüges von unveränderlicher Sicherheit und absoluter Gewißheit. Der Psalmist sagt uns, daß wir geistig verweilen sollen bei den großen Gesetzen und Prinzipien, die den Kosmos beherrschen; so werden wir aus der psychischen Atmosphäre von Unzulänglichkeit, Kleinheit und Unterlegenheit emporgehoben in die dünnere Atmosphäre von Frieden, Sicherheit und Gewißheit von Gottes Güte und Weisheit im Land der Lebenden. Die Völker, von denen in Vers 6 die Rede ist, beziehen sich nicht auf Leute. Falsche Gedanken und irrige Meinungen über Gott sind diese Völker, da sie nichts vom Wesen der inneren Unendlichen Gegenwart wissen. Für dein wahres Selbst sind sie Fremde und die einzigen Feinde, die du hast. All diese Feinde werden vernichtet, jedoch nicht, indem man mit ihnen ringt, sondern indem man diese falschen Meinungen ersetzt durch die Wahrheit, daß Gott die Einzige Gegenwart und die Einzige Macht ist.

112. Psalm

Vers 2: *Seine Nachkommen werden mächtig im Land, das Geschlecht der Redlichen wird gesegnet.*

Vers 3: *Wohlstand und Reichtum füllen sein Haus, sein Heil hat Bestand für immer.*

Die Nachkommen sind Gottes Ideen, die als wahr empfunden werden und sich im Unterbewußtsein festsetzen, wenn das Bewußtsein sie aufgenommen und mit Gefühl versehen hat; im Unterbewußtsein können sie sich dann entwickeln, vervielfachen und unermeßlich vergrößern. Gottes Reichtümer – spirituelle, seelische, materielle, intellektuelle und finanzielle – werden dir widerfahren, weil dein Blick auf die ewige Quelle gerichtet ist, die all deine Bedürfnisse augenblicklich stillt. Dein Vertrauen und dein Glaube sind nicht auf äußere Reichtümer gerichtet, die der Veränderung unterworfen sind. Im Gegenteil, du schaust zur Quelle aller Reichtümer. Trotz äußerer Veränderungen, Revolutionen, Erdbeben, Kriegen oder Umwälzungen wirst du nie Not leiden, wenn dein Glaube und dein Vertrauen in Gott ankern.

Vers 7: *Er fürchtet sich nicht vor Verleumdung; sein Herz ist fest, er vertraut auf den Herrn.*

Alle Furcht ist beseitigt, wenn wir unsere Aufmerksamkeit auf Gott und Seine Liebe heften. Es steht geschrieben: *Sein Sinn ist fest; du schenkst ihm Ruhe und Frieden; denn er verläßt sich auf dich* (Jes. 26,3).

113. Psalm

Vers 9: *Die Frau, die kinderlos war, läßt er im Hause wohnen; sie wird Mutter und freut sich an ihren Kindern. Halleluja!*

Wir sind kinderlos, wenn wir keine Früchte des Geistes hervorbringen, als da sind Gesundheit, Zufriedenheit, Frieden, Freude, Fülle, Sicherheit und rechtes Handeln. Vor einigen Jahren sprach ich mit einer Frau, die sich ein Baby wünschte. Ein Arzt hatte ihr und ihrem Mann organische Gründe genannt, aus denen dies nicht möglich sei.

Auf meine Empfehlung hin fing sie an, ihrem Höheren Selbst für ein Kind zu danken, und zwar mit folgendem Gebet, das sie jeden Abend vor dem Schlafengehen sprach: »Vater, ich danke dir für die Geburt eines wunderbaren Kindes in Übereinstimmung mit dem göttlichen Gesetz.« Außerdem stellte sie sich bildlich vor, wie ein Säugling in ihren Armen liegt; in ihrer disziplinierten Vorstellungskraft liebkoste und streichelte sie das Baby, legte es in eine Wiege und sang ihm leise ein Schlaflied vor.

Später wurde sie schwanger und brachte ein reizendes Kind zur Welt, in Übereinstimmung mit der göttlichen Ordnung. Ihr Vertrauen in das Unendliche und ihre geschulte Vorstellungskraft hatten ihr Unterbewußtsein befruchtet, und letzteres brachte in göttlicher Ordnung die Erfüllung. Die organische

Unzulänglichkeit war von der Unendlichen Intelligenz, von der sie geschaffen war, ausgeglichen worden.

114. Psalm

Vers 4: *Die Berge hüpften wie Widder, die Hügel wie junge Lämmer.*

Die *Berge* sind die Herausforderungen und Schwierigkeiten, denen wir im Leben begegnen, wie etwa eine als unheilbar bezeichnete Krankheit; wenn wir jedoch glauben und die belebende Kraft der Unendlichen Heilenden Gegenwart anerkennen, können wir sie überwinden und geheilt werden. Die *Hügel* stehen für die vielen Hindernisse, auf die wir täglich treffen, seien es zwischenmenschliche Probleme, Ängste, weltliche Propaganda oder der Augenschein unserer fünf Sinne.

All das wird beiseite geschoben durch das Wissen, daß unser subjektiver Gemütszustand die objektiven Bedingungen umstürzt und überwindet. Das Innere beherrscht das Äußere. Mit diesem Wissen erobern wir uns unseren Weg.

115. Psalm

Vers 4: *Die Götzen der Völker sind nur Silber und Gold, ein Machwerk von Menschenhand.*

Vers 5: *Sie haben einen Mund und reden nicht, Augen und sehen nicht.*

Vers 6: *Sie haben Ohren und hören nicht, eine Nase und riechen nicht.*

Vers 7: *Mit ihren Händen können sie nicht greifen, mit den Füßen nicht gehen, sie bringen keinen Laut hervor aus ihrer Kehle.*

Wenn wir anfangen, nach spirituellen Maßstäben zu leben, müssen wir zuvor mit der alten Lebensweise unzufrieden sein. Unser gesamtes Leid wird verursacht von der Unkenntnis der Geistesgegenwart. Es wird verursacht durch Mißbrauch und falsche Auslegung der Gesetze des Lebens. Laß von den alten Ansichten ab und heiße die ewigen Wahrheiten des Lebens willkommen, und du wirst nicht mehr leiden müssen.

Zwar haben wir Ohren, aber die meisten Menschen hören von klein auf irrige Meinungen über Gott, über Krankheit, und ihre Ohren haben sich an Einflüsterungen über Mangel, Begrenzung und Verneinungen aller Art gewöhnt. Zwar haben die Menschen einen Mund, aber nur selten sprechen sie die Wahrheit. Aus den Mündern der Menge quellen Vorhersagen von Katastrophen, Kriegen, Krankheiten und anderen entsetzlichen Folgen.

Zwar haben wir Augen, aber die Wahrheit sehen wir nicht. Die Augen repräsentieren die spirituelle Wahrnehmung. Die Wahrheit über einen kranken Menschen zu sehen heißt, Gesundheit, Schönheit und Vollkommenheit für diesen Menschen zu fordern. Anders ausgedrückt, du stellst den Anspruch, daß Gottes Wahrheit auch für diesen Menschen gilt, da die Realität eines jeden Menschen die glückliche Gegenwart ist.

Die Nase symbolisiert die Entscheidung über die Richtigkeit oder Unrichtigkeit eines Gedankens oder einer Idee. Jemand sagt etwas, aber du »riechst« etwas anderes. Riechen bedeutet unterscheiden und gutheißen oder ablehnen. Du wählst die Dinge aus, die wahrhaftig, edel und gottähnlich sind.

Mit deinen Händen gestaltest du, modellierst, formst und kreierst. Mit deinen Händen kannst du eine Melodie Gottes spielen oder eine Hymne des Hasses. Hände stehen auch für die Macht Gottes. Genauso wie ein Polizist mit seinen Händen den Verkehr regelt, kannst du die Macht des Unendlichen dirigieren, hin zu deinen Zielen, Idealen, Träumen und Sehnsüchten; und diese Macht wird dir antworten. Nichts kann sich ihr entgegensetzen, nichts kann sie vereiteln oder beeinträchtigen, weil du es dabei mit dem Allmächtigen zu tun hast.

Viele Leute nehmen eine wundervolle Philosophie in den Mund und haben hochfliegende Ideale, doch sind ihre Ideale und Überzeugungen nicht in ihrem tieferen Gemüt enthalten. Es sind bloße Wortklaubereien und Theorien. Was du in dir trägst, zwingt dich dazu, es nach außen hin auszudrücken.

Viele Menschen in hochgestellten Positionen scheitern in bezug auf ihr Vertrauen und ihr Ansehen. Sie werden des Amtsvergehens und des Mißbrauchs ihres Amtes bezichtigt. Das ist der Typ Geist, der sieht, ohne jedoch die Wahrheit zu erkennen oder einzusetzen. Er hört, aber er hört nicht die Wahrheit. Das Gemüt vieler Menschen gleicht einem Stein. Sie sind rigoros, auf bestimmte Meinungen fixiert, unflexibel und nicht bereit, die Wahrheit über das Leben, Gott oder das Universum zu vernehmen.

Die Götzen aus Vers 4 beziehen sich auf die großartige Wahrheit: *Du sollst neben mir keine anderen Götter haben* (Exodus 20,3). Du verehrst keine Person, keinen Ort und kein Ding oder Objekt. Du schenkst deine ganze Treue der einen schöpferischen Kraft in dir selbst. Wenn du denkst, daß jemand anders oder irgendeine Kirche einen größeren Einfluß auf Gott hat als du, dann betest du einen Götzen an. Die Wahrheit ist: Du bist so nahe bei Gott, wie es deine Empfänglichkeit und deine geistige Einstellung zulassen.

Andere Götter zu haben ist Götzendienst. Dies scheint alles Übel zu umfassen. Du solltest nichts über Gott stellen. Du solltest nichts Erschaffenem Macht verleihen. Du gibst alle Macht dem Schöpfer – dem Lebendigen Allmächtigen Geist in dir. Gott ist die Einzige Gegenwart und die Einzige Macht. Niemand anders kann für dich sagen ICH BIN. Nur du selbst kannst sagen ICH BIN. Das ist deine wahre Identität, die göttliche Gegenwart in dir. Was immer du mit Überzeugung an das ICH BIN anhängst, das bist du, und das gehört dir. Betrachte Gott als Reinen Geist, als Unendliches Schöpferisches Leben, als Unbegrenzten Verstand und Unendliche Intelligenz. Gott ist reines, bedingungsloses Sein, dir innewohnendes Lebensprinzip.

Wenn du in Vers 7 etwas liest über die Füße, so haben sie hier die Bedeutung von Verstehen. Wenn du die Wahrheit verstehst, wandelst du auf dem Pfad der Rechtschaffenheit. Mit anderen Worten, dann wirst du richtig denken, richtig fühlen, richtig handeln und Rechtes tun in Übereinstimmung mit der goldenen Regel und dem Gesetz der Liebe.

Vers 8: *Die sie gemacht haben, sollen ihrem Machwerk gleichen, alle, die den Götzen vertrauen.*

Wir werden zu dem, worüber wir nachdenken, da die schöpferische Aktion unseres Geistes die Verkörperung unserer Vorstellung zeitigt. Auf diese Weise reproduzieren wir unsere Vorstellung von Gott in uns selbst.

Vers 17: *Tote können den Herrn nicht mehr loben, keiner, der ins Schweigen hinabfuhr.*

In der Bibel sind die Toten jene, die die Gesetze des Verstandes und das Wesen des unendlichen Geistes nicht kennen. Sie wissen nicht, daß Gott in ihnen wohnt und daß sie Söhne und Töchter des Unendlichen sind und damit Anspruch haben auf alle Reichtümer Gottes. Sie wissen nicht, daß ihre Gedanken schöpferisch sind und jeder Gedanke einem Gebet gleicht und daß der Mensch zu dem wird, was er denkt.

Gott zu preisen heißt, die Quelle aller Macht zu erkennen und zu bejahen, daß Gott das Gute in dir nach diesen Grundsätzen vermehrt. Gott schenkt dir das Wachsen an Weisheit, Wahrheit und Schönheit.

116. Psalm

Vers 7: *Komm wieder zur Ruhe, mein Herz! Denn der Herr hat dir Gutes getan.*

Dies bedeutet, sich nach innen zu wenden, zum Einzigen, zum Schönen und zum Guten hin und an Gott und seine grenzenlose Liebe zu denken. Wenn du dein Gemüt besänftigst und über die Eigenschaften und Attribute Gottes nachdenkst, bist du allein am geheimen Ort. Bejahe in dieser ruhigen entspannten Gemütsverfassung: »Gott befriedigt alle meine Bedürfnisse entsprechend Seinen Reichtümern in himmlischer Herrlichkeit, und ICH BIN dabei, ein höchst erfülltes Leben zu führen.«

Vers 13: *Ich will den Kelch des Heils erheben und anrufen den Namen des Herrn.*

Der in diesem Vers erwähnte Kelch ist dein Herz, der empfängliche Raum deines Gemüts. Fülle dein Unterbewußtsein mit lebensspendenden Verhaltensmustern und richte dich aus nach dem unendlichen Leben und der unendlichen Liebe. Indem du dieses spirituelle Einströmen in dein Unterbewußtsein zuläßt, wirst du die negativen Muster auslöschen und die Erlösung bzw. die Lösung deines Problems erfahren.

Das Wort »Erlösung« in der Bibel bedeutet Harmonie, Gesundheit, Frieden und Freisein von jeglicher Angst. Wenn du ein erfülltes und glückliches Leben führst, wenn du dir in einer wundervollen Weise Ausdruck verleihen kannst, wenn deine Zeit ausgefüllt ist mit erfreulichen und nützlichen Aktivitäten, und wenn du jeden Tag in ein umfassenderes Verständnis Gottes hineinwächst, dann hast du das erfahren, was die Bibel Erlösung nennt.

117. Psalm

Vers 1: *Lobet den Herrn, alle Völker, preist ihn, alle Nationen.*

Vers 2: *Denn mächtig waltet über uns seine Huld, die Treue des Herrn währt in Ewigkeit. Halleluja!*

Die Göttliche Gegenwart in uns, das Unendliche unserer selbst – je höher wir uns diese Gegenwart vorstellen, desto stärker wird dieser Entwurf von uns selbst reproduziert und erfahren. In Wirklichkeit ist dies das Grundprinzip hinter dem Preisen Gottes.

118. Psalm

Vers 6: *Der Herr ist bei mir, ich fürchte mich nicht. Was können Menschen mir antun?*

Hier erklärt der Psalmist folgendes: Wenn du dein Einssein mit Gott spürst und erkennst, daß nichts und niemand sich dem Allmächtigen widersetzen kann, dann weißt du auch, daß niemand dich verletzen kann, weil du ein Anhänger des Guten bist. So wie es im 91. Psalm geschrieben steht: *Dir begegnet kein Unheil, kein Unglück naht deinem Zelt* (Psalm 91,10).

Vers 7: *Der Herr ist bei mir, er ist mein Helfer; ich aber schaue auf meine Hasser herab.*

Wenn andere mit einem ähnlichen Gemüt mit dir zusammen beten, vergrößern sich dein Glaube und deine Erkenntnis der Macht Gottes, und deshalb kann niemand dich verletzen.

Vers 16: *Die Rechte des Herrn ist erhoben, die Rechte des Herrn wirkt mit Macht.*

Vers 17: *Ich werde nicht sterben, sondern leben, um die Taten des Herrn zu verkünden.*

Die *rechte Hand* ist der rechte Gebrauch der Gesetze des Verstandes, das bedeutet, die Macht Gottes weise, wohlüberlegt und konstruktiv anzuwenden. Alles was wir mit unseren Händen in der äußeren Erscheinungswelt erschaffen, basiert auf unserem Denken und auf unseren Überzeugungen.

Wenn es in Vers 17 heißt *Ich werde nicht sterben,* muß dazu erst mal gesagt werden, daß es keinen Tod gibt, weil Gott nicht sterben kann und Gott dein Leben ist. Aber du brauchst auch nicht durch das hindurchgehen, was wir auf dieser Ebene körperlichen Tod nenen. Durch regelmäßiges und systematisches Besinnen auf die großartigen spirituellen Wahrheiten Gottes und auf seine Liebe ist es gut möglich, die Molekularstruktur deines Körpers in einem Ausmaß zu vergeistigen, daß du in eine derart verfeinerte Atmosphäre eintrittst, daß du unsichtbar werden könntest. Obwohl du hier wärest, könnten wir dich nicht sehen. Wenn du Eis zum Schmelzen bringst, erhältst du Wasser, und durch das Erhitzen des Wassers erhältst du Dampf. Alle sind verschiedene Formen von H_2O, jedoch existieren sie in unterschiedlichen Schwingungszuständen.

Jesus verschwand in der Menge. Es besteht die Möglichkeit, den stofflichen Zustand deines Körpers aufzulösen und ihm an jedem beliebigen Punkt der Erde wieder stoffliche Form zu geben, wenn du dazu spirituell weit genug entwickelt bist.

Wenn du ständig im Bewußtsein von Gottes Liebe lebtest, reines Essen zu dir nähmst und reine Luft atmetest, würdest du allmählich unsichtbar werden. Du wärst hier, aber andere könnten dich nicht sehen, weil du einen verfeinerten, verdünnten und geläuterten Körper hättest.

17
Höhepunkte der Psalmen 119 bis 125

Der 119. Psalm befaßt sich mit den 22 Buchstaben des hebräischen Alphabets. Die alten hebräischen Mystiker sagten, daß das hebräische Alphabet einen Code bildet, mit dem die Eingeweihten der Mysterienschulen in den Tempeln unter sich kommunizierten.

Alef

Der erste Buchstabe ist Alef und wird zu Beginn des Psalms erwähnt. Alef bedeutet Ochse. Er ist ein Symbol für den Atem des Lebens, auf hebräisch Ruach genannt. Alle Sprachen bezeichnen den Geist mit einem Wort, das die Luft meint, die wir atmen. (»Spirit« kann mit »Geist« oder auch »Lebenshauch/Odem« übersetzt werden. Anm. des Übers.). Das Wort Geist (Spirit) kommt aus der lateinischen Wurzel, die »atmen« bedeutet. Sein Zahlenwert ist eins. Jeder hebräische Buchstabe hat einen äußerlich sichtbaren Wert und einen verborgenen Wert. Dieser Psalm enthüllt nun die spirituelle Bedeutung, die in jedem Buchstaben verborgen ist.

Eine Alef-Meditation aus alter Zeit lautet so: »Alef bin ich, das Erste und die Wurzel. Aus meinem unerforschlichen Willen heraus nahm das Universum seinen Anfang. Meine grenzenlose Weisheit umfaßt alle Urbilder und Grundmuster aller Dinge. Vor allen Welten BIN ICH; in allen Welten BIN ICH, und wenn Welten nur noch Erinnerung sind, dann werde ich sein.«

Vers 1: *Wohl denen, deren Weg ohne Tadel ist, die leben nach der Weisung des Herrn.*

Vers 2: *Wohl denen, die seine Vorschriften befolgen und ihn suchen von ganzem Herzen.*

Es ist Gesetz, daß jede Handlung eine gleichartige und ihr entsprechende Wirkung hat. Die Handlung entspringt deinem Wachbewußtsein, und die Erwiderung kommt aus dem Unterbewußtsein. Einfach ausgedrückt lautet das Gesetz: Was du in deinem Unterbewußtsein säst, erntest du auch. Deshalb heißt es auch, daß der Mensch das ist, was er den Tag über denkt. Man ist das, worüber man nachdenkt. Es ist sowohl das Wesen der Liebe als auch das Wesen des Hasses, den Menschen in das Bild und Abbild dessen zu verwandeln, was er geistig betrachtet.

Wenn du Hunger und Durst nach den Wahrheiten Gottes verspürst und den dringlichen Wunsch hast, ein neuer Mensch zu werden in Gott, dann begibst du dich von ganzem Herzen auf die Suche nach Ihm, und du wirst Segnungen erfahren, die deine kühnsten Träume übertreffen.

Bet

Vers 11: *Ich berge deinen Spruch im Herzen, damit ich gegen dich nicht sündige.*

Vers 13: *Mit meinen Lippen verkünde ich alle Urteile deines Mundes.*

Der *Spruch* steht für einen Gedanken deines Verstandes. Er ist eine formulierte Bejahung, sei sie nun hörbar oder stumm. Wenn du den Spruch in deinem Herzen birgst, dann tränkst du dein Unterbewußtsein, indem du die Wirklichkeit des Bejahten spürst.

Was du mit deinen Lippen verkündest, muß in deinem Herzen (dem Unterbewußtsein) als wahr empfunden werden. Beim Gebet müssen die Lippen und das Herz übereinstimmen; dann stellt sich die Antwort ein.

Der Buchstabe Bet bedeutet Haus. Der physische Körper ist dein Haus, und der Körper ist das Heim des Verstandes. Dieser Buchstabe symbolisiert den antreibenden Geist, der uns belebt, stützt und stärkt.

Gimel

Vers 18: *Öffne mir die Augen für das Wunderbare an deiner Weisung!*

Die Augen bedeuten hier spirituelle Wahrnehmung. Wenn wir Gott betrachten, werden unsere Augen geöffnet, und sie staunen; neue Ideen werden geboren, die der Menschheit zahllose Segnungen bringen.

Gimel ist der dritte hebräische Buchstabe. Er bedeutet sowohl Kamel wie auch Mond. In der Symbolik wird das Unterbewußtsein als Mond bezeichnet, weil es nur durch das reflektierte Licht der Sonne, des Wachbewußtseins, leuchtet. Der Name Kamel steht für das Zentrum des Gedächtnisses.

Dalet

Vers 30: *Ich wählte den Weg der Wahrheit; nach deinen Urteilen hab' ich Verlangen.*

Wenn du den Weg der Wahrheit wählst, dann denkst, sprichst und handelst du aus deiner göttlichen Mitte; du wirst vom Heiligen Geist belebt und mit Leben erfüllt.

Dalet bedeutet Tür, ist der vierte hebräische Buchstabe und steht auch für das universelle Unterbewußtsein. Dein Bewußtsein (deine verstandesmäßige Einstellung und dein Glauben) ist die Tür allen Ausdrucks. Zuerst mußt du das mentale Äquivalent – die geistige Entsprechung – erstellen, bevor du das, was du willst, zum Ausdruck bringst.

He

Vers 33: *Herr, weise mir den Weg deiner Gesetze! Ich will ihn einhalten bis ans Ende.*

Wenn du etwas verfügst, bringst du das Gesetz deines Unterbewußtseins in Bewegung; und weil das Gesetz ganz unabhängig von der Person ist, funktioniert es erstaunlich genau.

He ist der fünfte hebräische Buchstabe und steht für das Sehen. Dieser Buchstabe meint die Bilder, die du mit deinem geistigen Auge siehst.

Waw

Vers 44: *Ich will deine Weisung beständig folgen, auf immer und ewig.*

Wenn sich dein Herz und dein Gehirn vereinigen, oder wenn dein Wachbewußtsein und dein Unterbewußtsein über etwas einer Meinung sind, dann wird sich dieses Etwas verwirklichen und manifestieren. Der Mensch ist das, was er denkt.

Waw, im Hebräischen VV geschrieben, bedeutet Nagel, ist der sechste hebräische Buchstabe und bezieht sich auf die Fähigkeit zu hören. Symbolisch steht dieser Buchstabe für die Fähigkeit, die Wahrheit zu hören und die Wirklichkeit in deinem Herzen zu spüren. Ein Nagel hält zwei Dinge zusammen. Wenn beide einig sind (Wachbewußtsein und Unterbewußtsein), wird dein Gebet erhört.

Sajin

Vers 54: *Zum Lobgesang wurden mir deine Gesetze im Haus meiner Pilgerschaft.*

Die Kenntnis der Gesetze ist ein Grund zur Freude. Sajin, ZIU geschrieben, bedeutet Schwert, ist der siebte hebräische Buchstabe und steht für die Fähigkeit zu riechen, d.h. die Urteilskraft, die Fähigkeit, Falschheiten von Wahrheiten zu trennen und alle irrigen Ideen zu verwerfen.

Chet

Vers 64: *Von deiner Güte, Herr, ist die Erde erfüllt. Lehre mich deine Gesetze!*

Dies bedeutet, daß die ganze Welt voll göttlichen Erbarmens oder göttlicher Liebe ist. Gott ist Leben, und des Lebens Liebe zum Menschen ist Sein Wunsch, sich durch uns alle zu manifestieren. Liebe ist lebensspendend. Wir dürfen die Wechselwirkung von Aktion und Reaktion zwischen Individuen und dem universellen Bewußtsein nicht vergessen.

Chet bedeutet ein eingezäuntes Feld, ist der achte hebräische Buchstabe und steht für Sprache.

Tet

Vers 66: *Lehre mich Erkenntnis und rechtes Urteil! Ich vertraue auf deine Gebote.*

Das Fundament aller Lehren ist der Glaube an Gott oder das Universelle Gute, und zwar so tiefgehend, daß der Glaube an eine andere Macht ausgeschlossen ist. Das Ergebnis ist die Erfahrung der Manifestation des Guten um uns herum, in all unseren Angelegenheiten.

Tet ist der neunte Buchstabe im hebräischen Alphabet. Er steht für die Schlange. Sie symbolisiert die Fähigkeit, zu schmecken und zu verdauen. Im Schlangensymbol liegt die Lehre von der zeitlosen Wahrheit verborgen. Diese zeitlose Wahrheit weist darauf hin, daß Suggestionen für das Unterbewußtsein nicht abstrakt sein dürfen. Sie sollten vielmehr konkret und emotional sein. Je stärker der Wunsch, desto eher wird das Unterbewußtsein antworten.

Jod

Vers 80: *Mein Herz richte sich ganz nach deinen Gesetzen; dann werde ich nicht zuschanden.*

Der Glaube an dein Herz bedeutet, das zu subjektivieren, was du bejahst. Da die Gesetze deines Unterbewußtseins zwingend sind, drückst du zwangsläufig das aus, was in deinem Herzen (dem unbewußten Gemüt) eingraviert ist.

Jod – im Hebräischen IVD geschrieben – bedeutet Hand. Es steht für den Tastsinn und die Fähigkeit, sich mit dem Unendlichen zu vereinigen. Jod ist der wichtigste Buchstabe im hebräischen Alphabet. In römischen Schriftzeichen findet man ihn als J + i, manchmal auch als Y (y).

Kaf

Vers 86: *Zuverlässig sind alle deine Gebote. Zu Unrecht verfolgt man mich. Kommt mir zu Hilfe!*

Die göttlichen Gebote sind immer zuverlässig, man kann ihnen also vertrauen und mit ihnen rechnen. Das römische

Schriftzeichen für Kaf ist K. Geschrieben wird es KP und bedeutet greifende Hand. Es ist der elfte Buchstabe des hebräischen Alphabets und steht für ein Gegensatzpaar: Reichtum und Armut, gesunder oder kranker Körper. Dieser Buchstabe symbolisiert auch, daß der Körper nichts anderes als verdichtete Energie oder Geist ist. Die Wissenschaft verwendet für Geist oder Gott den Begriff Energie.

Lamed

Vers 96: *Ich sah, daß alles Vollkommene Grenzen hat; doch dein Gebot kennt keine Schranken.*

Das Gebot ist in seinen Möglichkeiten völlig unbegrenzt. Lamed bedeutet Stachelstock zum Antreiben von Ochsen. Es ist der zwölfte hebräische Buchstabe. Er ist ein Symbol für Arbeit und Aktion. Alef, der Lebenshauch, symbolisiert den Ochsen, und das, was ihn antreibt zur Aktion und ihn zum Arbeiten bringt, ist eben dieser Stachelstock. In alter Zeit zog der Ochse die Pflugschar, um den Boden zu lockern und so das Sonnenlicht ins Erdreich zu lassen. All dies hat eine symbolische Bedeutung. Ein Stachelstock ist ein oben zugespitzter Stab, um das Vieh anzutreiben. Dich treibt dein Wunsch nach einem großartigeren Maßstab für dein Leben an.

Mem

Vers 97: *Wie lieb ist mir deine Weisung; ich sinne über sie nach den ganzen Tag.*

Die Weisung lautet: Du bist das, worüber du nachsinnst. Sinne nach über das, was lieblich, edel und gottähnlich ist.

Mem, geschrieben MIM, hat die Bedeutung von Meer und Wasser. Er ist der dreizehnte hebräische Buchstabe und bezieht sich auf das Wasser des Lebens und der Liebe, das deinen Körper und deinen Geist durchströmt.

Nun

Vers 105: *Dein Wort ist meinem Fuß eine Leuchte, ein Licht für meine Pfade.*

Du wirst geleitet und geführt von einer Unendlichen Intelligenz, und die göttliche Liebe geht vor dir her und sorgt dafür, daß dein Weg gerade, glücklich und freudig verläuft.

Nun, hebräisch NVN geschrieben, bedeutet Fisch. Er ist der vierzehnte Buchstabe und steht für Veränderung. In der Bibel war Joshua der Sohn von Nun. Joshua und Jesus sind synonym. Beide Namen bedeuten das, was Gott in uns freisetzt.

Samech

Vers 114: *Du bist mein Schutz und mein Schild, ich warte auf dein Wort.*

Dein Wissen um Gott und deine Fähigkeit, durch deine Gedanken augenblicklich mit dem Unendlichen in Verbindung zu treten, sind dein schützender Hort und dein Schild aus Liebe und Licht.

Samek, SMK geschrieben, bedeutet Stütze oder Halt. Er ist der fünfzehnte hebräische Buchstabe und steht für Zorn, also für das Handeln Gottes. Die Grundbedeutung von Zorn ist Schwingung, und Zorn bedeutet auch Eifer und Intensität. Wenn du für das fiebernde Kind betest, kann es eben sein, daß die Temperatur noch ansteigt und die Krankheit schlimmer wird, bevor ganz plötzlich eine völlige Heilung stattfindet. Diese Heilung kommt zustande durch den Zorn beziehungsweise das Handeln Gottes. Das hohe Fieber vernichtet zweifellos die bösartigen Organismen, und so kann eine Heilung erfolgen. Gott kann nicht zornig werden. Gott ist absoluter Frieden.

Ajin

Vers 127: *Darum liebe ich deine Gebote mehr als Rotgold und Weißgold.*

Das Wissen um die Unendliche Gegenwart ist wertvoller als alles Gold. Schau immer auf die Quelle aller Dinge und richte dich aus nach der einzigen Gegenwart, Macht, Ursache und Substanz; dann wird es dir nie an guten Dingen fehlen. Schau nach innen, nicht nach außen.

Ajin ist der sechzehnte hebräische Buchstabe und wird in Hebräisch OIN geschrieben. Die Bedeutung ist einerseits Auge – als Instrument der Sehkraft – und andererseits Heiterkeit. Die Augen urteilen nach der Erscheinung, weshalb auch viele Menschen meinten, die Erde sei flach. Wer spirituell sehen kann, weiß, daß der sogenannte Teufel ein auf den Kopf gestellter Gott ist. Der Teufel ist Gott insofern, als unwissende Leute Gott mißverstehen.

PE

Vers 135: *Laß dein Angesicht leuchten über deinem Knecht, und lehre mich deine Gesetze.*

Gott hat weder ein Angesicht noch eine Form oder Gestalt. Erkenne die Unendliche Kraft in dir selbst und beanspruche die Führung der Höchsten Intelligenz und das Licht Gottes auf deinem Pfad, dann wird das Licht durch dich scheinen.

Pe wird PH geschrieben. Er ist der siebzehnte hebräische Buchstabe und hat die Bedeutung von Mund – als Werkzeug der Sprache. Dein Wort ist ausgedrückter Gedanke. Erlaube deinen Worten, jeden um dich herum zu heilen, zu segnen und zu inspirieren.

ZADE

Vers 137: *Herr, du bist gerecht, und deine Entscheide sind richtig.*

Das Gesetz ist immer gerecht und im höchsten Maße aufrichtig. Du kannst nicht etwas Bestimmtes denken und etwas anderes bewirken.

Zade bedeutet Angelhaken. Er ist der achtzehnte Buchstabe und steht für spirituelles Denken und Meditation. Meditation ist die Vereinigung deines Bewußtseins mit dem Superbewußtsein, mit dem ICH BIN in dir, mit Gott.

QOF

Vers 151: *Doch du bist nahe, Herr, und alle deine Gebote sind Wahrheit.*

Gott ist nahe, dir am nächsten von allem; wie Tennyson sagt: *Vertrauter als der Atem und näher als Hände und Füße.*

Qof bedeutet Hinterkopf. Er ist der neunzehnte Buchstabe und steht für Schlaf. In Psalm 127,2 heißt es: *...den Seinen gibt's der Herr im Schlaf.* Tatsächlich bekommst du viele Antworten, wenn du tief und fest schläfst, in den Träumen und Visionen der Nacht.

Resch

Vers 155: *Fern bleibt den Frevlern das Heil; denn sie fragen nicht nach deinen Gesetzen.*

Gott verurteilt oder bestraft nie. Alles Richten ist dem Sohn überlassen, d.h. deinem Verstand. In dem Moment, in dem wir uns selbst ergeben, wird uns vergeben. Während wir uns noch an die Unendliche Gegenwart wenden, um eine Antwort zu bekommen, erwidert sie auch schon. Jene, die sich weigern, die innere Macht zu erkennen, werden bleiben, wie sie sind – unglücklich. Das Heil ist die Lösung deiner Probleme.

Resch. RISH geschrieben, bedeutet Gesicht oder Kopf. Er ist der zwanzigste Buchstabe und bedeutet auch ausgewogenes Bewußtsein, wenn das Gewahrsein des Selbst sich mit dem Unbewußten vereinigt und mit ihm in völliger Harmonie und Einheit zusammenarbeitet.

Schin

Vers 165: *Alle, die deine Wirkung lieben, empfangen Heil in Fülle; es trifft sie kein Unheil.*

Der Geist in dir ist Gott. Nichts kann sich ihm widersetzen, ihn verletzen oder verwunden. Das ist deine Realität. Mit anderen Worten, niemand hat die Macht, dich zu verletzen. Es ist immer das Wirken deiner eigenen Gedanken. Du kannst verfluchen oder segnen.

Schin bedeutet Zahn oder Fangzahn. Er ist der einundzwanzigste Buchstabe und steht symbolisch für Feuer. Dies verweist auf deine Fähigkeit, jeglichen negativen Gedanken mit dem Feuer göttlicher Liebe zu verbrennen.

Vers 174: *Ich sehne mich, Herr, nach deiner Hilfe, und deine Weisung macht mich froh.*

Die Lösung jedes Problems entspringt den Entgegnungen des Unendlichen Geistes, wenn du ihn anrufst. Wenn du kühn die ewigen Wahrheiten bejahst, führt das zur Befreiung von aller Negativität, da die niedrige spirituelle Schwingung der höheren untertan ist.

Taw ist der zweiundzwanzigste hebräische Buchstabe und bedeutet Kreuz oder Unterschrift; er steht für das Gegensatzpaar von Herrschaft und Sklaverei. Als letzter Buchstabe im Alphabet repräsentiert er das Ende der Offenbarung bzw. den Abschluß eines Lebenszyklus; doch die Herrlichkeit, die der Mensch darstellt, hat kein Ende. Die Reise geht immer weiter, aufwärts und hin zu Gott.

120. Psalm

Vers 7: *Ich verhalte mich friedlich; doch ich brauche nur zu reden, dann suchen sie Hader und Streit.*

Frieden ist die Macht in der Mitte Gottes. Er ist das innerste Prinzip der Stabilität sowohl in uns selbst als auch in allen Dingen, mit denen wir uns auseinandersetzen müssen. Wenn wir wütend sind und ein hitziges Temperament haben, befinden wir uns in einem inneren Kriegszustand. Die Bibel sagt: »Gott erschuf den Menschen nach seinem Ebenbilde.« Die Worte »nach seinem Ebenbilde« bedeuten, daß der Mensch über dieselben Eigenschaften, Merkmale, Stärken und Fähigkeiten im besonderen verfügt wie Gott im Reich des Universellen. Gott wirkt auf der kosmischen Stufe des Universums und der Mensch auf der Stufe des Individuellen. Jeder Mensch hat die Macht, sich etwas vorzustellen und zu beobachten, wie sich dieses geistige Bild manifestiert. In seinem Gemüt, seinem Körper und seinen Aktivitäten ist der Mensch gottgleich.

Nach dem wohlbekannten geistigen Gesetz wird jedes gedankliche Bild, das man bewußt, eindringlich und gefühlvoll wiederholt, im unterbewußten Gemüt (dem Herzen) gespeichert; dort entwickelt es eine Eigendynamik und lenkt, regiert und beherrscht uns entsprechend seinem Wesen. Wenn wir also die Idee von Frieden, Harmonie und Gleichmut auf den Thron unseres Wachbewußtseins setzen und diese Grundwahrheiten ruhig und wissend wiederhölen, kann diese von uns bewußt gesteuerte Bildwelt unser Leben völlig verändern und uns wieder auf den Pfad von Frieden und Wohlbehagen führen.

121. Psalm

Vers 1: *Ich hebe meine Augen auf zu den Bergen: von wo mir Hilfe kommt.*

Voller Verehrung und Bewunderung erhebst du deine Augen zur höchsten Macht in dir in der Gewißheit, daß Gott für dich sorgt. Emerson sagte: »Ich, der Unvollkommene, verehre den Vollkommenen.«

Vers 2: *Meine Hilfe kommt vom Herrn, der Himmel und Erde gemacht hat.*

Die Weisheit und die Macht des Unendlichen existieren in jedem einzelnen von uns, wodurch wir mit der Oberherrschaft über unser persönliches Leben ausgestattet sind. Sobald wir uns dieser Macht zuwenden und sie anrufen, wird uns Hilfe und Beistand zuteil, und wir werden bei jedem Schritt unseres Weges göttliche Führung bekommen.

Vers 4: *Nein, der Hüter Israels schläft und schlummert nicht.*

Dein Unterbewußtsein schläft nie. Es arbeitet vierundzwanzig Stunden am Tag. Dein Hör- und Geruchssinn und auch dein Sehvermögen sind munter, auch wenn du schläfst. Im Traum und durch nächtliche Visionen erreichen dich viele Antworten. Während du schläfst, regelt dein Unterbewußtsein alle Vorgänge in deinem Körper. Im Schlaf sind Heilungsprozesse im Gang. Hülle dich ein in die Stimmung von Frieden, Wohlwollen und Vergebung, bevor du einschläfst; dann wirst du zum Gesetz von Freiheit und Fülle Zugang haben.

Vor kurzem sprach ich mit einer jungen Frau aus San Diego, die jeden Abend vor dem Einschlafen bejahte: »Gott liebt mich und sorgt für mich.« Es war noch nicht lange her, daß sie in drei aufeinanderfolgenden Nächten geträumt hatte, wie ihr Verlobter mit einem Revolver in der Hand eine Bank überfiel. Als sie ihm von dem lebhaften Wiederholungstraum erzählte, gab er zu, daß er tatsächlich mit einem Revolver eine Bank überfallen und der Kassierer ihm damals 2000 Dollar gegeben hatte. Er war auf Bewährung freigesprochen worden und hatte ihr die ganze Geschichte verschwiegen. Unverzüglich brach sie daraufhin diese trügerische Liebesverbindung ab, die von seiner Seite aus auf einem Geflecht von Lügen beruhte. Die Weisheit ihres Unterbewußtseins hatte sie gewarnt und vor einer tragischen Ehe bewahrt. Der, der über dich wacht, schläft nie.

Vers 6: *Bei Tag wird dir die Sonne nicht schaden noch der Mond in der Nacht.*

Vers 8: *Der Herr behüte dich, wenn du fortgehst und wiederkommst, von nun an bis in Ewigkeit.*

Dein Gemüt ist allzeit offen und zugänglich für Suggestionen, weil das kollektive Denken oder das Gesetz des Durchschnitts – also die Denkstrukturen von vier Milliarden Menschen! – ihre negativen Gedanken und Bilder ständig auf dich projizieren.

Aus diesem Grunde mußt du ständig wachsam sein und deine Aufmerksamkeit auf konstruktive Gedanken und Bilder richten, so daß statt der Gedanken der Masse deine gottähnlichen Gedanken in deinem Unterbewußtsein registriert werden. Die negativen und ängstlichen Gedanken der Massen werden von dir nicht Besitz ergreifen, wenn du dich regelmäßig und systematisch auf die ewigen Wahrheiten Gottes besinnst.

Ein Gebet ist das Betrachten der Wahrheiten Gottes vom höchsten Standpunkt aus. Wenn du diesen Prozeß des Betens weiterführst, kann das Massendenken, auch weltliches Denken genannt, mit all seinem Glauben an Konflikt, Krankheit, Armut und Begrenzungen aller Art dein Gemüt nicht beherrschen und dich nicht zum Sklaven oder zur Schachfigur degradieren. Durch den wissenschaftlichen Gebetsprozeß entwikkelst du eine Immunität, und du wirst behütet sein in deinem Kommen und Gehen.

122. Psalm

Vers 3: *Jerusalem, du starke Stadt, dicht gebaut und fest gefügt.*

Jerusalem ist die Stadt des Friedens, das heißt, dein Gemüt ist auf einer Wellenlänge mit dem Unendlichen. Fest gefügt in dem Sinne, daß du spirituell, geistig, emotional und körperlich ruhig, entspannt und heiter bist und dich wohl fühlst. Die einwandfreie Koordination dieser vier Bereiche schafft ein vollkommenes Wesen namens Jerusalem.

Vers 7: *Friede wohne in deinen Mauern, in deinen Häusern Geborgenheit.*

Du erlangst Frieden im Gefolge deiner Entdeckung der Einen Macht, die sich um deinetwillen rührt. Nichts kann sich ihr entgegenstellen. In der Gewißheit dieser großartigen Wahrheit lebst du in Frieden. Außerdem wirst du geborgen und wohlhabend sein, wenn du weißt, daß es nur eine einzige Quelle gibt. Wenn du kühn beanspruchst, daß die Reichtümer Gottes auch in deinem Leben zirkulieren, wird dein Erfolg deine kühnsten Träume überflügeln.

123. Psalm

Vers 2: *Wie die Augen der Knechte auf die Hand ihres Herrn, wie die Augen der Magd auf die Hand ihrer Herrin, so schauen unsre Augen auf den Herrn, unsern Gott, bis er uns gnädig ist.*

Das Erheben der Augen kam schon im 121. Psalm vor und ist dort erklärt worden. Die Gnade Gottes ist die göttliche Liebe, die unser Gemüt und unser Herz durchfließt und alles auflöst, was ihr nicht gleicht. Lebst du in einer Haltung freudiger Erwartung, wird dir Führung und richtige Lenkung zuteil werden.

124. Psalm

Vers 2: *... hätte sich nicht der Herr für uns eingesetzt, als sich gegen uns Menschen erhoben...*

Vers 4: *... dann hätten die Wasser uns weggespült, hätte sich über uns ein Wildbach ergossen.*

Dieser Psalm zeigt auf, wo die Quelle der Macht liegt: in der Erkenntnis, daß Gott auf unserer Seite ist.

Ist Gott für uns, wer ist dann gegen uns? (Röm. 8,31). Wir ziehen Gott auf unsere Seite, indem wir erkennen und annehmen, daß die Liebe, die Intelligenz und die Macht des Unendlichen uns durchströmen und Harmonie, Frieden und göttliche Lösungen in göttlicher Ordnung hervorbringen.

Wenn wir diese einfache Gebetstechnik praktizieren, werden die Wildbäche aus Furcht, Zweifel und Hoffnungslosigkeit versiegen, weil wir sie überwunden haben werden durch unseren Glauben und unser Vertrauen in die große Wahrheit: *... er führt mich zum Ruheplatz am Wasser* (Psalm 23,2).

125. Psalm

Vers 1: *Wer auf den Herrn vertraut, steht fest wie der Zionsberg, der niemals wankt, der ewig bleibt.*

Vers 4: *Herr, tu Gutes den Guten, den Menschen mit redlichem Herzen!*

Zion bedeutet spirituelles Bewußtsein oder dein deutliches Gewahrsein der allmächtigen Gegenwart Gottes in dir. Ein fester Glaube an Gott ist das wahre Fundament von innerem Frieden und von heiterer Gelassenheit. *Sein Sinn ist fest; du schenkst ihm Ruhe und Frieden; denn er verläßt sich auf dich* (Jesaja 26,3).

Wenn du Gott und allem Guten dein Vertrauen schenkst und rechtes Denken ausübst, dann bist du ein aufrechter Mensch. An die Ewigen Universellen Gesetze und Prinzipien denken ist rechtes Denken. Die Wirkung deines spirituellen Denkens wird sich in besseren Bewußtseinszuständen und in harmonischeren Verhältnissen und Lebensumständen zeigen.

18
Höhepunkte der Psalmen 126 bis 139

126. Psalm

Vers 4: *Wende doch, Herr, unser Geschick, wie du versiegte Bache wieder füllst im Südland.*

Vers 5: *Die mit Tränen säen, werden mit Jubel ernten.*

Versklavt zu sein und von dieser Sklaverei frei zu kommen, ist das Hauptthema dieses Psalmes. Wenn der Geist – oder das Lebensprinzip – dich nicht frei durchfließen kann, dann ist er versklavt. Es ist ein bißchen, wie wenn ein Mann seinen Garten mit einem Schlauch bewässern will, und jemand tritt auf den Schlauch, so daß der Wasserfluß versiegt. Angst, Kummer, Sorgen und Unwillen anderen gegenüber verhindern den Fluß des Lebensprinzips durch dich hindurch. Wenn du dir vergibst, daß du solche negativen Gedanken hegst und dich der göttlichen Gegenwart und Macht in dir zuwendest, befreist du das Lebensprinzip, und die Fülle des Lebens und die vollkommene Freude können dich durchfließen.

Vor einigen Jahren besuchte ich einen Mann, der hinter Gittern saß. Die Schuld dafür gab er dem Richter, seinem Rechtsanwalt und Kollegen von der Bank, in der er gearbeitet hatte. Er hatte offenbar Geld von der Bank veruntreut. Er wurde festgenommen und verurteilt. Der Staat hatte ihn im Gefängnis hinter Gittern und steinernen Mauern eingesperrt, und er war voller Groll, Feindseligkeit und unterdrückter Wut.

Die Wahrheit dieser Geschichte ist, daß der Mann sich selbst durch seine psychologische Einstellung und seine Taten ins Gefängnis gebracht hatte. Das Bestehlen anderer ist ein

Zustand des Mangels und der Einschränkung, der die weitere Verarmung des Selbst zur Folge hat. Daraufhin bekam er Schuldgefühle, und mit Schuldgefühlen kommt die Angst vor Strafe.

Ich habe ihm auseinandergesetzt, daß den objektiven Taten Geisteszustände vorausgehen und daß er sich tatsächlich selbst in seinem Verstand eingesperrt hatte; die Gerichte, die Gesellschaft, hatten seine Einsperrung nur bestätigt, indem sie ihn hinter Gitter und Steinmauern gesperrt hatten. Er hatte das Geld versteckt, und auf meinen Vorschlag hin war er einverstanden, daß eine Wiedergutmachung durch seinen Rechtsanwalt eingeleitet wurde. Anschließend wurde seine Strafe zur Bewährung ausgesetzt, was ihn sehr glücklich machte.

Er hatte sich selbst befreit. Er wußte, daß seine Freiheit seines ausdrücklichen Einverständnisses bedurfte, in harmonischem Einklang mit seinen Kollegen, seinem Arbeitgeber und allen anderen zu leben. In Vers 5 hat der Psalmist die Wahrheit gesagt: *Die mit Tränen säen, werden mit Jubel ernten.*

127. Psalm

Vers 1: *Wenn nicht der Herr das Haus baut, müht sich jeder umsonst, der daran baut. Wenn nicht der Herr die Stadt bewacht, wacht der Wächter umsonst.*

Vers 2: *Es ist umsonst, daß ihr früh aufsteht und euch erst spät niedersetzt, um das Brot der Mühsal zu essen; denn den Seinen gibt's der Herr im Schlaf.*

In diesem Psalm ist der Herr eindeutig »der Bauherr«. Das Haus ist unser Verstand. Wir müssen den Geist oder Gott unseren Leiter, unseren Berater sein und ihn alle unsere Aktivitäten leiten lassen. Wenn wir unerschrocken bejahen, glauben und bestätigen, daß der Geist Gottes in uns und durch uns wirkt und alle unsere Angelegenheiten regelt, dann bauen wir unser Haus aus den wertvollen Steinen der Weisheit, Wahrheit und Schönheit, und unser Verstand wird Gottes Haus werden. *Die Stadt* meint alle Gedanken, Ideen, Überzeugungen, Meinungen und Bilder in unserem Verstand. Das sind die Leute, die unseren Verstand bewohnen; und sie alle sollten mit Harmonie, Frieden, Schönheit, Liebe und rechtem Handeln im Einklang sein.

Eine sehr ernste junge Frau sagte mir einmal, daß sie eigentlich keine Probleme haben dürfte, weil sie die Wissenschaft des Verstandes studiere. Ihr wurden einige Probleme gestellt, die sie lösen sollte. Die Erklärung ist in vielen Fällen schon das Heilmittel.

Ich habe ihr erklärt, daß, nur weil sie Metaphysik oder die Wissenschaft des Verstandes studiere, das nicht heißt, daß sie keine Probleme habe. So denken bedeutet sich Illusionen hingeben. Probleme sind ein Teil des Lebens, an dem wir wachsen können. Tragödien, Notfälle, das Ableben unserer Lieben und Beziehungen mit Menschen sind alle Teil des Lebens, ob wir nun Heilige oder Sünder sind.

Ich sagte ihr, daß sie die gleichen Probleme zu bewältigen habe wie jeder andere, daß aber diese Probleme keine Narben auf ihrer Seele oder Verluste hinterlassen müßten, weil sie im geistigen und spirituellen Bewußtsein anders reagieren wird.

Du kannst Narben und Bitterkeit vermeiden, wenn du regelmäßig betest und deinen Verstand an die Grundlagen der ewigen Prinzipien gewöhnst. Du erkennst, daß der Geist – oder Gott – in dir die Situation meistern und heilen wird. Der Geist ist die einzige Macht. Dieses Wissen befähigt dich zur Bewältigung, und darin liegt die Freude. Von nun an wirst du deine Probleme mutig anpacken in der Gewißheit, daß eine allmächtige Kraft in deinem Sinne wirkt und Sieg und Triumph zeitigen wird.

Du mußt mit deinem wachbewußten Verstand achtgeben und verhindern, daß irgend etwas in dein Unterbewußtsein eindringt, das deine Seele verderben oder dein tieferes Gemüt verunreinigen könnte. Viele Menschen, die sich vor ähnliche Probleme gestellt sahen wie du, zeigen in ihrem Gesicht, ihrer Sprache oder ihrem Verhalten Verbitterung, Feindseligkeit und seelische Erschütterung, weil sie die Erfahrung der Allmächtigen Kraft und ihrer Fähigkeit zu heilen nicht gemacht haben.

Viele sind unausgewogen, gefühlsmäßig verkrüppelt und negativ beeinflußt von Vorurteilen.

Es ist töricht, in Schwermut, Verzagtheit und Gram zu verfallen aufgrund von äußeren Bedingungen, Umständen oder Ereignissen. Die Empfindung von Kummer wirkt äußerst destruktiv auf den gesamten Organismus. Den Seinen gibt's der Herr im Schlaf. Du mußt lernen, dich den Ängsten und der Propaganda der Welt gegenüber schlafend zu stellen und wach zu sein für die Gegenwart und die Macht Gottes in dir. *Gott steht auf, seine Feinde zerstieben...* (Psalm 68,1). Die Feinde der göttlichen Gegenwart wie Falschheit, Furcht, Unwissenheit, Aberglaube, Unaufrichtigkeit, Zweifel, Haß und Kompromisse mit dem Falschen liegen in dir selbst.

Gott ist unsere Bezeichnung für die geistige Macht in uns und für das Gesetz des Geistes. Das Unendliche kann nicht *in toto* wahrgenommen werden; deshalb mußt du Gott als das erkennen, wofür du ihn hältst, plus deiner Wahrnehmung der Kraft, der Weisheit und der Wunder des Unendlichen, das in den Tiefen deiner Subjektivität zu Hause ist.

Laß Gott in dir erstehen, indem du den Fluß des Unendlichen Geistes betrachtest, der zu deinen Gunsten wirkt; dann wirst du in deinem Denken und Fühlen erhöht, und die Antwort wird Heilung sein, Segnung und freudige Erlösung.

128. Psalm

Vers 1: *Wohl dem Mann, der den Herrn fürchtet und ehrt und der auf seinen Wegen geht!*

Die Furcht vor dem Herrn ist nichts anderes als das heftige Begehren, die ewigen, unveränderlichen Gesetze des Lebens anzuwenden. Indem du dies tust, zeigst du deinen Respekt und deine Verehrung für die Unendliche Gegenwart und Macht. Wie Emerson es ausdrückte: »Ich, der Unvollkommene, verehre den Vollkommenen.« Laß dich vom Gesetz der Harmonie, Schönheit, des Friedens, rechten Handelns und der göttlichen Führung leiten und bestimmen; das Ergebnis wird sein, daß alle leeren Gefäße deines Lebens von den Segnungen des Unendlichen reichlich gefüllt werden.

Vers 3: *Wie ein fruchtbarer Weinstock ist deine Frau drinnen in deinem Haus. Wie junge Ölbäume sind deine Kinder rings um deinen Tisch.*

Deine Frau steht hier für dein unbewußtes Gemüt. Was immer du ihm auch aufprägst, wird vergrößert und vervielfacht.

Deine Kinder sind die Ideen, die du hervorbringst, beispielsweise neue Erfindungen und Entdeckungen auf den Gebieten der Kunst, der Wissenschaft, der Medizin und der Industrie, wo sie Millionen von Menschen zugute kommen. Diese schöpferischen Gedanken nehmen Form an und gebären wieder Kinder.

129. Psalm

Vers 4: *Doch der Herr ist gerecht, er hat die Stricke der Frevler zerhauen.*

Vers 5: *Beschämt sollen alle weichen, alle, die Zion hassen.*

Die Frevler sind jene, die negativ und destruktiv denken. Wir erleben Massenmorde an Millionen von Menschen, wie in Kambodscha oder anderen Ländern. Werde dir darüber klar, daß der Zweck niemals die Mittel heiligt. Wenn Männer in hohen Positionen dogmatisch, tyrannisch und despotisch werden, die Menschenrechte und menschlichen Werte zutiefst verachten und die Unverletzlichkeit menschlichen Lebens völlig mißachten, ist es an der Zeit, daß spirituell gesinnte Menschen auf der ganzen Welt in spirituellem Bewußtsein und voller Vertrauen in ihre psychologische Mitte sich erheben. Verkünde die großen Wahrheiten, und die himmlischen Heerscharen des Unendlichen werden dir dabei den Rücken stärken. Wenn du zu dieser Entscheidung gekommen bist, wirst du die Macht deines Landes vergrößern.

In deinem Verstand liefern sich verschiedene Gedanken und Meinungen eine Schlacht. Bestreite diesen Kampf, und gelange zu einem Zustand des Friedens und der Ruhe in Gott. Jetzt herrscht kein Krieg mehr in deinem Verstand, und folglich gibt es auch kein Chaos mehr von dir. Laß Gott in dir aufsteigen, und zerschmettere und vernichte alle Lügen über Gott und die Wahrheit.

130. Psalm

Vers 1: *Aus der Tiefe rufe ich, Herr, zu dir.*

Vers 3: *Würdest du, Herr, unsere Sünden beachten, Herr, wer könnte bestehen?*

Aus der Tiefe meint die Tiefen der Verzweiflung, des Kummers und der Niedergeschlagenheit. Rufe den inneren Vater an, und erhebe den Anspruch, daß göttliche Liebe deine Seele erfülle und Sein Friedensstrom durch dich hindurchfließe und deine Seele besänftige und heile. Die Erwiderung wird Erlösung und Freiheit mit sich bringen.

Der Unendliche Geist – oder Göttliche Verstand – beachtet die Sünden nicht. Er behält sie nicht im Gedächtnis und handelt niemals rachsüchtig. Er bestraft nie. Er existiert jenseits von Zeit und Raum. Der Geist, Gott, das Lebensprinzip, kennt keinen Groll – genausowenig wie ein irgendein anderes Prinzip, beispielsweise das der Elektrizität. Verändere deine momentanen Gedanken und behalte diese Veränderung bei, dann wird deine Zukunft die Manifestation deines jetzigen gewohnheitsmäßigen Denkens sein.

Vers 6: *Meine Seele wartet auf den Herrn mehr als die Wächter auf den Morgen. Mehr als die Wächter auf den Morgen soll Israel harren auf den Herrn.*

Der Morgen kommt immer. Mit anderen Worten, es gibt keinen Zweifel in dir, daß Gott antworten wird. Wenn eine Mutter über ihr krankes Kind wacht und die Arznei das hohe Fieber nicht senken will, wird sie mit mehr Zuversicht und Vertrauen in die Unendliche Heilende Gegenwart beten, als die Wächter auf den Morgen warten. Sie weiß, daß Er uns nie im Stich läßt.

131. Psalm

Vers 1: *Herr, mein Herz ist nicht stolz, nicht hochmütig blicken meine Augen. Ich gehe nicht um mit Dingen, die mir zu wunderbar und zu hoch sind.*

Der einzige Kommentar zu diesem Psalm lautet, daß dein Verstand offen, empfänglich und gelehrig sein sollte. Einen verschlossenen Verstand kannst du genausowenig füllen wie eine umgedrehte Tasse. Dein Verstand muß einem Fallschirm gleichen: nur wenn er sich öffnet, ist er nützlich. ...*Lasset die Kindlein zu mir kommen, und wehret ihnen nicht! Denn solcher ist das Himmelreich* (Matth. 19,14).

132. Psalm

Vers 9: *Deine Priester sollen sich bekleiden mit Gerechtigkeit, und deine Frommen sollen jubeln.*

Du selbst bist ein Priester, weil du ständig zwischen dem Unsichtbaren und dem Sichtbaren vermittelst: dein Verstand ist mit Gerechtigkeit bekleidet, wenn du richtig denkst, fühlst und handelst. Beim Beten hüllst du dich in ein Gewand oder eine Stimmung aus Glauben, Vertrauen und Hoffnung. Diese Geisteshaltung kann umgesetzt werden in Gesundheit, Wohlstand, Frieden und Fülle.

Jeder ist ein Frommer, der sich den Wahrheiten Gottes widmet und weiht und die Freude eines glorreichen Lebens erfährt.

Vers 15: *Zions Nahrung will ich reichlich segnen, mit Brot seine Armen sättigen.*

Die Armen in diesem Psalm sind arm an Glauben, Vertrauen, Liebe und Wohlwollen und kennen weder die Gesetze des Verstandes noch den Pfad des Geistes. Jene, die nach der Fülle des Lebens hungern und dürsten, werden gesättigt mit dem Brot des Friedens, der Harmonie, der Liebe und des inneren Gleichgewichts. Niemand kann ohne dieses Brot leben. ...*der Mensch lebt nicht vom Brot allein* (Matth. 4,4).

133. Psalm

Vers 1: *Seht doch, wie gut und schön ist es, wenn Brüder miteinander in Eintracht wohnen.*

In der Eintracht liegt Stärke. Eintracht steht für das Gefühl des Einsseins mit dem Unendlichen; und wenn wir die Göttlichkeit in uns selbst ehren und verherrlichen, dann ehren und verherrlichen wir automatisch auch die Göttlichkeit in anderen. Eintracht und Wohlwollen herrschen sowohl in deinem Hause als auch in deinem Geschäft, in deinen zwischenmenschlichen Beziehungen und in allen Bereichen deines Lebens, sobald du erkennst, daß der Geist in dir mit dem Geist in deinen Mitbewohnern, deinen Geschäftspartnern, deinen Kollegen und Freunden in Verbindung steht; das Resultat wird Harmonie, Frieden, Liebe und Verständnis sein.

Vers 2: *Das ist wie köstliches Salböl, das vom Kopf hinabfließt auf den Bart, auf Aarons Bart, das auf sein Gewand hinabfließt.*

Das bewußte Nachdenken über die Gegenwart Gottes wird zur Folge haben, daß dein Intellekt mit der Weisheit Gottes gesalbt wird und du von höchster Ebene aus inspiriert wirst. Der Bart symbolisiert spirituelle Gedanken und Aaron deinen bewußten Verstand. Wenn du Gutes denkst, wird Gutes folgen. Gefühl folgt dem Gedanken. Wenn du dein spirituelles Denken weiterverfolgst, wirst du eine wunderbare Stimmung erzeugen, gewebt aus Glauben, Vertrauen und Wohlwollen für jeden Menschen. Allmählich wirst du dich in erhabene und prächtige Gewänder hüllen und jeden Tag mehr von deiner Göttlichkeit enthüllen.

134. Psalm

Vers 2: *Erhebt eure Hände zum Heiligtum, und preiset den Herrn!*

Mit deinen Händen kannst du gestalten, formen und erschaffen. Hände sind symbolisch für die Macht Gottes und deine

Fähigkeit, sie zu nutzen. Das Heiligtum, von dem hier die Rede ist, ist die Tiefe deiner Subjektivität, wo die Gegenwart und Macht Gottes lebt. Wenn du die Macht des Unendlichen in deiner eigenen Mitte verehrst und erkennst, daß mit Gott alles möglich ist, dann erhebst du – bildlich gesprochen – deine Hände.

135. Psalm

Vers 15: *Die Götzen der Heiden sind nur Silber und Gold, ein Machwerk von Menschenhand.*

Wie schon zuvor erläutert, sind die *Heiden* keine Menschen, sondern negative Gedanken und Aberglaube in unseren Gemütern. Du darfst dir von Gott keine Götzenbilder machen wie beispielsweise Statuen, die man anbetet, seien sie nun aus Silber, Gold, Bronze oder einem anderen wertvollen Metall. Götzenbilder werden aber auch von der geistigen Vorstellungskraft erstellt. Die Vorstellung, daß Gott ein großer König ist an einem Ort, den man Himmel nennt, läßt solch ein geistiges Bild entstehen, und Millionen in aller Welt glauben daran und beten dieses imaginäre Wesen an statt den wahren Gott, der der Lebendige Allmächtige Geist in jedem von uns ist.

Vers 20: *Haus Levi, preise den Herrn! Alle, die ihr den Herrn fürchtet, preist den Herrn!*

Levi bedeutet die Fähigkeit göttlicher Liebe. Liebe ist die vereinende, verbindende Kraft des Göttlichen Gemüts. Das Haus Levi segnen entspricht einer großartigen spirituellen Entfaltung, einem Aufnehmen der Liebesfähigkeit in dein eigenes Bewußtsein.

136. Psalm

Vers 1: *Danket dem Herrn, denn er ist gütig* und *seine Huld währt ewig!*

Hauptthema dieses Psalms ist die Huld und Gnade Gottes, und damit ist er eine Weiterführung des 100. Psalms. Der gnädige Gott ist das genaue Gegenteil zu einem Gottesbegriff, der Gott als einen Vergeltenden definiert; ein Gott der Liebe ist das wahrhaftige Ideal Gottes. Gott ist Grenzenlose Liebe, und Er kann nichts tun, was lieblos ist.

137. Psalm

Vers 1: *An den Strömen von Babel, da saßen wir und weinten, wenn wir an Zion dachten.*

Vers 2: *Wir hängten unsere Harfen an die Weiden in jenem Land.*

Vers 3: *Dort verlangten von uns die Zwingherren Lieder, unsere Peiniger förderten Jubel: »Singt uns Lieder von Zion!«*

Der Psalmist spricht hier von Kummer, Leid und Depression. Du hast vielleicht schon mal dieses chinesische Sprichwort gehört: »Du kannst nicht verhindern, daß die Vögel der Traurigkeit über deinen Kopf hinwegfliegen; aber du kannst sie daran hindern, sich in deinem Haar einzunisten.« Wenn du vom Tod eines geliebten Menschen erfährst, oder von einer menschlichen Tragödie, erlaubst du dir vielleicht depressive Gedanken und verfällst in einen Zustand tiefer Trauer. Du kannst Gedanken der Trauer und Schwermut zurückweisen und den Hinübergegangenen segnen, indem du bejahst: »Er (oder sie) ist lebendig im Leben Gottes, und ich strahle Liebe, Frieden, Freude und Wohlwollen auf ihn (oder sie) aus.« Damit segnest du den anderen und verhinderst, daß die Vögel der Traurigkeit in deinem Haar nisten.

Sieh jeder Andeutung von Trauer, Schwermut, Verderben oder Verzweiflung ins Auge und analysiere sie. Frage dich: Soll ich diese negativen, deprimierenden Gedanken in meinem Geist beherbergen und ihnen ein Zuhause geben? Deine Antwort soll »nein« sein.

Babel steht hier für deinen Verstand, der Gedanken der Einschränkung, Verzweiflung und Mutlosigkeit angenommen hat, die wiederum negative Emotionen erzeugen und darüber hinaus Krankheit und tiefe Depression. Du hast dich in die Sklaverei begeben. *Die Ströme von Babel* sind der Verstand, der die Einflüsterungen von Elend, Mangel und Einschränkung aufsaugt.

Wir weinten, wenn wir an Zion dachten. Zion stellt den spirituellen, glücklichen Geisteszustand dar und das Weinen die Seelenqual, die eintritt, wenn sich der Verstand daran erinnert, wie alles sein sollte in Zion, also auf der Grundlage von Gottes Gegenwart in dir.

Die Gegenwart Gottes in dir ist ein Zeichen für die Gegenwart von Harmonie, Gesundheit, Frieden und einem ruhigen Geist in dir.

Der Psalmist sagt in Vers 2: *Wir hängten unsere Harfen an die Weiden in jenem Land.* Dies ist eine symbolische Beschreibung deines Zustands, wenn du dich nicht der unendlichen Macht zuwendest und das Lied des Triumphes und Erfolgs singst. Ein spirituelles Lied singst du, indem du deinem Ideal, der Lösung, dem Ausweg die Macht gibst in der Erkenntnis, daß die Allmächtige Macht den Weg öffnen und die Göttliche Lösung zeigen wird.

Fang an, das Lied des Triumphes der spirituellen Macht in deinem eigenen Verstand zu singen. Dann wirst du die Freude des beantworteten Gebets erfahren.

Vers 4: *Wie könnten wir singen die Lieder des Herrn, fern, auf fremder Erde?*

Kürzlich hatte ein kleines Kind hohes Fieber, und das vom Arzt verschriebene aspirinhaltige Medikament half nicht. Das Fieber blieb gefährlich hoch. Das ist die fremde Erde, die in diesem Vers erwähnt wird. Die Mutter war auch noch krank, sie erholte sich gerade von einer Grippe. Niemand war da, um ihr zu helfen, aber sie sang ihrer Tochter den 23. Psalm vor, ungefähr eine Stunde lang, und das Fieber sank, die Temperatur wurde wieder normal. Sie sang das Lied des Triumphes.

Das Lied von Zion singen heißt einfach das Lied des Triumphes und des Wirkens Gottes in deinem Leben singen, das Harmonie und Frieden ringsum ist.

Einer meiner Freunde, ein Schauspieler, wollte einmal gerade auf die Bühne gehen, wo er sang und Witze erzählte. Aber gerade in dem Moment, als er die Bühne betreten wollte, bekam er ein Telegramm, in dem stand, daß seine Frau und seine drei Kinder bei einem Unfall in Indien umgekommen waren. Dennoch ging er auf die Bühne, zwang sich zu lächeln und erzählte viele seiner üblichen Witze. Er sang majestätisch und herrlich.

Die göttliche Gegenwart half ihm, und sein Auftritt war großartig. Sein Herz war schwer, aber in diesem Moment forderte das Leben sein Bestes. Er reagierte, und seine Stimme erschallte in einem triumphierenden Lied.

Vers 5: *Wenn ich dich je vergesse, Jerusalem, dann soll mir die rechte Hand verdorren.*

Vers 6: *Die Zunge soll mir am Gaumen kleben, wenn ich an dich nicht mehr denke, wenn ich Jerusalem nicht zu meiner höchsten Freude erhebe.*

Jerusalem steht für ein Gemüt voller Frieden und im Einklang mit der Unendlichen Gegenwart. Es gibt Momente im Leben, in denen du dich zwingen mußt, an die göttliche harmonische Lösung zu denken. Wenn du es dann tust, entspannt sich dein Gemüt plötzlich, und eine Welle inneren Friedens und der Kraft durchflutet dich. Die Macht und die Weisheit Gottes werden dir zu Hilfe eilen und dir den Ausweg zeigen, unabhängig von Bedingungen und Zuständen.

138. Psalm

Vers 8: *Der Herr nimmt sich meiner an. Herr, deine Huld währt ewig. Laß nicht ab vom Werk deiner Hände!*

Gottes rechte Hand ist das Wirken des Gesetzes vom rechten Handeln in uns, durch uns und um uns herum. Gott ist der Erlöser all derer, die ihr Vertrauen in Ihn setzen. Ein wunderbares Gebet für jede Aufgabe oder jedes Unternehmen in deinem Leben ist die kühne Feststellung: »Der Herr nimmt sich meiner an.« Wenn wir die Tatsache akzeptieren, daß es Gott ist, der durch uns wirkt, wird Er es durch uns zu einer vollkommenen Manifestation bringen. Das ist die Manifestation des Göttlichen in uns und durch uns und ist daher Gott in Aktion.

Vers 4: *Noch liegt mir das Wort nicht auf der Zunge – du, Herr, kennst es bereits.*

Dein Unterbewußtsein gleicht einem Aufnahmegerät. Es nimmt deine stillen Gedanken auf, deine Selbstgespräche und manifestiert sich in allen Phasen deines Lebens. Dein Unterbewußtsein erschafft ständig etwas in Übereinstimmung mit deinen inneren Gesprächen oder deinen lautlosen Gedanken.

Vers 7: *Wohin könnte ich fliehen vor deinem Geist, wohin mich vor deinem Angesicht flüchten?*

Vers 8: *Steige ich hinauf in den Himmel, so bist du dort; bette ich mich in der Unterwelt, bist du zugegen.*

Der Psalmist spricht hier über die Allgegenwart Gottes; da diese Gegenwart überall ist, muß sie auch in dir sein. Sie macht im Grunde dein Leben aus. Diese Gegenwart wartet unaufhörlich darauf, von dir angerufen zu werden. Unabhängig vom Grad der Versklavung, in der du dich befinden magst, wird diese Macht in Gnade antworten und deine Seele besänftigen, heilen und gesundmachen.

Omar, der Zeltmacher, sagte:

Ich sandte meine Seele hinaus in das Reich des Unsichtbaren, um mir das Nach-dem-Tode zu enthüllen:

Nach und nach kam meine Seele zurück zu mir und antwortete:

»Ich selbst bin Himmel und Hölle zugleich.«

Der Himmel ist die Selbstvergebung, ist unser Gemüt in Frieden. Die Hölle ist die Selbstverurteilung, ist unsere Seele in selbstgewählter Knechtschaft, Beschränkung und Schuld.

Vers 13: *Denn du hast mein Inneres geschaffen, mich gewoben im Schoß meiner Mutter.*

Vers 14: *Ich danke dir, daß du mich so wunderbar gestaltet hast. Ich weiß: staunenswert sind deine Werke.*

Du entstammst dem Unsichtbaren, und wenn die Eizelle befruchtet wird, enthält sie die Urform eines Mannes oder einer Frau. Unendliche Intelligenz erschuf all deine Organe und deinen ganzen Körper aus dem Göttlichen Entwurf, dem in der befruchteten Zelle eine konkrete Form gegeben wird. Diese Unendliche Intelligenz kennt alle Vorgänge und Funktionsweisen deines Körpers und weiß auch, wie jedes einzelne Organ geheilt werden kann.

Vers 15: *Als ich geformt wurde im Dunkeln, kunstvoll gewirkt in den Tiefen der Erde, waren meine Glieder dir nicht verborgen.*

Vers 16: *Deine Augen sahen, wie ich entstand, in deinem Buch war schon alles verzeichnet; meine Tage waren schon gebildet, als noch keiner von ihnen da war.*

In diesen Versen wird nochmals erläutert, daß der Unendliche Geist dich erschuf und dafür sorgte, daß sich deine Organe so entwickelten, wie es dem Göttlichen Bauplan in der Eizelle entsprach. Das Buch, das hier erwähnt wird, ist das Buch des Lebens oder auch dein Unterbewußtsein, welches der Schöpfer deines Körpers ist. Es kann dich heilen und deine Gesundheit vollständig wiederherstellen. In deinem Unterbewußtsein sind die perfekten Muster deiner Augen, Ohren und aller Organe unauslöschlich und unfehlbar registriert. Du bist in geistiger Hinsicht vollkommen, und alle Muster aller Organe und Körperfunktionen sind in deinem tieferen Gemüt gespeichert und sind vollkommen.

Ein wunderbares Heilungsgebet*, das auf der Wahrheit dieses Psalms beruht, geht folgendermaßen:

Imprägnieren des Unterbewusstseins

Der erste Schritt in der geistigen Annahme deines Wunsches oder deiner Vorstellung besteht darin, dich zu entspannen, die sich jagenden Gedanken zum Stillstand zu bringen, die Aufmerksamkeit in den Griff zu bekommen und still zu werden. Dieser stille, entspannte und friedliche Gemütszustand läßt es nicht zu, daß irgendwelche Äußerlichkeiten und Falschgedanken die restlose geistige Absorbtion deines Ideals verhindern.

---

* Dieses Gebet findet sich unter vielen anderen in ›Spezielle Meditationen für Gesundheit, Wohlstand, Liebe und Selbstausdruck‹ und in ›Laß los und laß Gott wirken‹, erschienen im Verlag Peter Erd.

Darüber hinaus ist jede Anstrengung in diesem Gemütszustand auf ein Minimum reduziert. So entspannt, bejahst du still und ruhig mehrmals täglich:

»Die Vollkommenheit Gottes findet jetzt ihren Ausdruck durch mich. Die Idee vollkommener Gesundheit setzt sich jetzt in meinem Unterbewußtsein fest. Das Gedankenbild, das Gott von mir hat, ist ein Gedankenbild der Vollkommenheit. Deshalb erschafft mein Unterbewußtsein meinen Körper in perfekter Übereinstimmung mit dem im Gemüt Gottes festgehaltenen Vorstellungsbild.«

Das ist ein einfaches und leicht zu handhabendes Verfahren, dem Unterbewußtsein die Idee vollkommener Gesundheit aufzuprägen.

19
Höhepunkte der Psalmen 140 bis 150

140. Psalm

Vers 6: *Ich sage zum Herrn: Du bist mein Gott. Vernimm, o Herr, mein lautes Flehen!*

Wenn du einen Spaziergang machen willst, gibt es etwas in dir, das alle Muskeln deines Körpers so koordiniert, daß du gehen kannst. Dein Denken, deine Entscheidung oder deine Willenskraft beeinflußten die unsichtbare Macht in dir, und sie reagierte deinen Gedanken entsprechend. Manche nennen dieses Es Energie, Geist, Gott oder Höchste Intelligenz.

Diese Unendliche Intelligenz ist von Natur aus erwidernd. Erwiderung ist auch in Tieren, Bäumen und Pflanzen vorhanden. Dies ist die Herrliche Macht, von der die Rede ist, und sie ist allgegenwärtig. Wenn du weißt, daß die Intelligenz in dir immer deinen Gedanken entsprechend erwidert, dann hast du Vertrauen; und mit dieser Erkenntnis kannst du jeden Tag dein Vertrauen durch Anwendung dieser einfachen Wahrheit vergrößern.

Du kannst »mein Gott« sagen. Wenn du die Überzeugung inthronisierst, daß die Höchste Intelligenz dich lenkt und dirigiert, wirst du aufhören, Äußerlichkeiten Macht zu geben. Dann kannst du »mein Gott« sagen.

Vers 7: *Herr, mein Gebieter, meine starke Hilfe, du beschirmst mein Haupt am Tag des Kampfes.*

Vor kurzem sprach ich mit einem früheren Oberst der Armee, der im Korea-Krieg gedient hatte. Er sagte, er sei einmal von feindlichen Truppen umzingelt gewesen. Als die Situation hoffnungslos wurde, begann er ruhig vor sich hin zu sagen: »Ich stehe unter dem Schutz des Höchsten. Ich ruhe im Schatten des Allmächtigen« (aus dem 91. Psalm übernommen). Wie er sagte, wurde er plötzlich emporgehoben und mit Macht von oben ausgestattet. Er erteilte Befehle, die in dieser Situation einzig richtig waren. »Kugeln flogen überall um mich her, und ich stellte fest, daß ich unverwundbar, unbesiegbar und unerreichbar für jeden Schaden war«, erklärte er. »Ich hatte keine Angst mehr, und ich wußte, daß nichts mir etwas anhaben konnte.«

Der Oberst bekam das Gefühl des Einsseins mit dem Unendlichen. Für kurze Zeit verschmolz er mit der Göttlichen Gegenwart und erfuhr die absolute Überzeugung, daß er vor allen Schäden geschützt sei. Damals in dem Moment befand er sich auf einer anderen Bewußtseinsebene. Viele Generäle und andere Männer in gefährlichen Situationen, die Gottes Gegenwart kontempliert haben, sind Zeuge der gleichen Erfahrung geworden. Sie wurden mit Macht von oben ausgestattet und erkannten, daß sie vor allen Schäden geschützt waren.

Vers 8: *Herr, erfülle nicht die Wünsche des Frevlers, laß seine Pläne nicht gelingen! (Sela)*

Jedes Übel zerstört sich selbst. Göttliche Mühlen mahlen langsam, aber sie mahlen extrem gründlich. Die Forderung in Vers 8 zeigt die zwangsläufige Konsequenz, wenn gegen das Unendliche und die Geistesgesetze verstoßen wird.

141. Psalm

Vers 3: *Herr, stell eine Wache vor meinen Mund, eine Wehr vor das Tor meiner Lippen!*

Es ist notwendig, daß du dich darauf trainierst, niemals eine negative Äußerung von dir zu geben. Oft hörst du die Leute reden über Tragödien, Krankheiten, geschäftliche Zusammenbrüche oder über den Nachbarn, der an einer abscheulichen Krankheit starb. Es ist besser, sich nicht an solchen Unterhaltungen zu beteiligen. Kehre in deinem Geist um, was diese Leute gesagt haben; sonst wirst du diesen negativen Erfahrungen Realität verleihen, indem du an der Unterhaltung teilnimmst. Dir geschieht nur das, woran du glaubst; daher könntest du gerade diese Erfahrung für dich selbst erschaffen.

Vielleicht meinst du, es sei nicht immer leicht, solche Unterhaltungen zu unterlassen, sei es in einer Gruppe, mit einem Kollegen oder einem Freund, der gern die eigenen Mißgeschikke und die der anderen als Gesprächsthema aufgreift; es ist aber unabdingbar, daß du dich von einer solchen Geisteseinstellung distanzierst. Das Thema kannst du wechseln, wenn du dir sagst, »Gott legt mir die richtigen Worte in den Mund, und sie werden für diese Situation richtig sein«. Dann neutralisierst und veränderst du die Unterhaltung, ohne deinen Freund zu verletzen und ohne in den Ruf zu kommen, gefühllos zu sein.

Wenn es dir sehr schwer fällt, jemanden von seiner morbiden Beschäftigung mit Katastrophen und Tragödien loszureißen, dann halte dich im Reden zurück und meide seine Gesellschaft. Du hast eine Wehr vor dem Tor deiner Lippen, wenn du aufhörst, über die krankhaften und grauenhaften Aspekte des Lebens zu reden und nachzudenken.

Die Welt und die Medien haben ein krampfhaftes Verlangen nach den negativen Aspekten des Lebens. Wenn du einem beliebigen Moderator bei den Abendnachrichten zuhörst oder ruhig in einer ganz normalen Runde sitzt und der Unterhaltung lauschst, wirst du feststellen, daß vieles davon sich um »meine« Operation dreht, um den tragischen Tod von Herrn Soundso, den Mord in der Nachbarschaft, um die Scheidung von Peter und Susanne, den Krebstod von Freunden oder um den Alkoholismus bei Kindern.

Dabei brauchst du nicht als übertrieben penibel zu erscheinen oder mit schmalen Lippen dabeisitzen und über die Unterhaltung die Nase rümpfen. Du kannst vielmehr dem Gespräch eine optimistische Wendung geben in der Gewißheit, daß der Geist in deinem Innern deine Worte lenkt und führt. So stellst du eine Wache vor deinen Mund.

Das zentrale Thema dieses Psalms ist das persönliche Vertrauen in die Höchste Intelligenz, die immer erwidern wird und dir die Antwort gibt.

142. Psalm

Vers 1: *Mit lauter Stimme schreie ich zum Herrn, laut flehe ich zum Herrn um Gnade.*

Vers 2: *Ich schütte vor ihm meine Klagen aus, eröffne ihm meine Not.*

Deine Stimme steht für das, was du verkündest. Dein Wort ist ausgedrückter Gedanke. Mit deinem Gedanken rufst du das Unendliche an. Der Herr ist der Name für die geistige Gegenwart, für Gott in deinem Innern, er ist dein eigenes Wachbewußtsein. Die Aufgabe deines Bewußtseins ist das Denken und Fühlen. Du erkennst, daß die schöpferische Macht in dir liegt, daß Gedanken Wirklichkeiten sind, und in diesem Wissen traust du deinen Gedanken und Gefühlen zu, dein Leben zu regieren, zu kontrollieren und zu leiten.

Von nun an wirst du Äußerlichkeiten nicht mehr so viel Aufmerksamkeit schenken. Du wirst nicht mehr so sehr auf Menschen, Ereignisse und Umstände achten. Ganz im Gegenteil, du wirst dich auf die schöpferische Macht deines eigenen Denkens und Fühlens verlassen.

Vers 3: *Wenn auch mein Geist in mir verzagt, du kennst meinen Pfad. Auf dem Weg, den ich gehe, legten sie mir Schlingen.*

Die Unendliche Intelligenz kennt den Pfad. Wenn du ihr vollständig vertraust, wirst du merken, daß sich der Weg nach Göttlichem Recht und Gesetz öffnet, weil Gott der Weg ist, die Wahrheit und das Leben.

143. Psalm

Vers 8: *Laß mich deine Huld erfahren am frühen Morgen; denn ich vertraue auf dich. Zeig mir den Weg, den ich gehen soll; denn ich erhebe meine Seele zu dir.*

Die Grundlage dieses Psalms ist unsere Erkenntnis und unser Wissen, daß Gott göttliche Liebe ist und daß es der Wille des Unendlichen ist, zu heilen, zu segnen, zu inspirieren und seine

Segnungen über uns auszuschütten, wenn unser Verstand und unser Herz offen und empfänglich sind. Wenn du auf Äußerlichkeiten angewiesen bist, vergißt du die innere Kraft, die der wahre Sitz deiner Sicherheit ist. Mit deinen Gedanken kannst du die geistige Kraft anspornen, beschleunigen und motivieren, ihren beherrschenden Platz in deinem Gemüt einzunehmen, so daß sich Äußerlichkeiten und falsche weltliche Ansichten nicht den rechtmäßigen Platz des Unendlichen Geistes in dir aneignen können.

Wenn du dem Massendenken, den falschen Überzeugungen deiner Umwelt und den äußeren Umständen gestattest, den rechtmäßigen Platz des Unendlichen einzunehmen, tauchen Krankheit, Mangel, Beschränkung, Verletzungen und Verluste auf. Du solltest Vertrauen haben in den Unsichtbaren Geist, der dich und die ganze Welt erschaffen hat, weil du sonst zum Spielball wirst von Überzeugungen, Meinungen und Aberglauben des Massendenkens und der Zustände, die dich umgeben.

144. Psalm

Vers 1: *Gelobt sei der Herr, der mein Fels ist, der meine Hände den Kampf gelehrt hat, meine Finger den Krieg.*

Die Unendliche Intelligenz ist der großartige Lehrer. Sie ist allweise und kann dich alles lehren. Du kannst boxen lernen, kämpfen und Kriege führen. All dies steht allen Menschen zur Verfügung und kann – wie jede Macht – auf zwei Arten genutzt werden. Zu lehren setzt Wissen voraus, und der Geist ist der Lehrer, der dir alles enthüllt, was du wissen mußt. Gott weiß und Gott kümmert sich; wenn du dich um die Wahrheiten des Lebens kümmerst, wird sich Gott um dich kümmern.

Vers 7: *Streck deine Hände aus der Höhe herab, und befreie mich; reiß mich heraus aus gewaltigen Wassern, aus der Hand der Fremden!*

In der esoterischen Bedeutung dieses Verses stellt das Wasser den weiblichen Aspekt dar oder das Unbewußte und die Hand den wachbewußten Verstand oder das männliche Prinzip. Die gewaltigen Wasser repräsentieren die Anima Mundi, also den Geist der Welt, der Masse, das Gesetz des Durchschnitts. Es ist also die Art und Weise gemeint, wie viereinhalb Milliarden Menschen denken. Wir alle befinden uns in diesem großen psychischen Ozean voller Strudel aus allen möglichen negativen Gedanken und Emotionen.

Anima Dei, also der Geist Gottes, trennt uns vom Geist der Masse, und wir erheben uns darüber und neutralisieren ihn durch ständiges Gebet. Wenn unser wachbewußter Verstand regelmäßig bei den großen Wahrheiten Gottes verweilt, radieren wir damit die negativen Muster des Massendenkens aus, weil nämlich unser bewußter Verstand unser Unterbewußtsein kontrolliert. Erkenne, daß der Unendliche Geist der Schöpfer ist, der Vater und Vorfahre aller Dinge und Formen. Dein individueller Geist ist eins mit dem Großen Geist und ist der Schöpfer deiner Erfahrungen im Leben. Dies verleiht dir die Macht der Kontrolle und befähigt dich, deinen Kurs in Frieden und Harmonie zu steuern. Die meisten unserer Ängste beruhen auf Unkenntnis und Unwissenheit.

Vers 10: *Der du den Königen den Sieg verleihst und David, deinen Knecht, errettest. Vor dem bösen Schwert errette mich, entreiß mich der Hand der Fremden!*

In dir wohnt eine unsichtbare Gegenwart, die man Gott in deinem Innern nennt. David symbolisiert dein Gewahrsein und deinen Glauben an Gott. Immer siegt David über Goliath. Glaube besiegt Furcht. Liebe vertreibt Angst und Sorgen. Verlaß dich auf deine geistige Kraft, und du wirst auf Wege des Angenehmen und auf Pfade des Friedens geführt werden.

145. Psalm

Vers 1: *Ich will dich rühmen, mein Gott und König, und deinen Namen preisen immer und ewig.*

Du bist eins mit dem Unendlichen, und während du dein Bild von Gott und deine Selbsteinschätzung als Sohn Gottes verherrlichst, wirst du feststellen, daß dir alle guten Dinge zugesprochen werden. Gott ist das Universale; der Mensch ist das Einzelne, das Individuum. Das Universale und das Einzelne sind die beiden Enden eines Stocks, sind die zwei Pole derselben Sache. Und weil sie eins sind, hat dein Verstand in seinem Reich Macht. Durch rechtes Denken kannst du deine eigene Zukunft nach Herzenslust umstimmen.

Je größer dein Ideal vom »Herrn« ist, desto großartiger wird die Widerspiegelung dieses Ideals in dir sein. Dieser Psalm berichtet ausführlich über das wahre Verhältnis des einzelnen zum Universalen, das den Kosmos lenkt und auf einer allumfassenden Skala wirkt. Es ist das große Gesetz der Aktion und Reaktion.

146. Psalm

Vers 1: *Ich will den Herrn loben, solange ich lebe, meinem Gott singen und spielen, solange ich da bin.*

Vers 3: *Verlaßt euch nicht auf Fürsten, auf Menschen, bei denen es doch keine Hilfe gibt.*

Der Hauptgedanke dieses Psalms ist, daß du dein Vertrauen Gott schenkst; dann wirst du nie enttäuscht. Wenn du dich auf andere verläßt und ihnen dein Vertrauen schenkst, dann kannst du enttäuscht werden, denn dein Vertrauen war falsch ausgerichtet. Laß den Lebendigen Geist dein Führer sein, dein Herrscher und Lenker. Wenn dein Verstand das annimmt, wirst du zu jeder Zeit bewacht und beschützt sein.

Das einzige, worauf du dich ganz verlassen kannst, ist, daß Gott Gott ist und daß Gesetz Gesetz ist – immer gleichbleibend gestern, heute und auf ewig. Setze von jetzt an dein Vertrauen in das Richtige, und Wunder werden sich in deinem Leben ereignen.

147. Psalm

Vers 2: *Der Herr baut Jerusalem wieder auf, er sammelt die Versprengten Israels.*

Vers 3: *Er heilt die gebrochenen Herzen und verbindet ihre schmerzenden Wunden.*

Jerusalem ist dein Geist im friedvollen Zustand. Wenn du diesen inneren Frieden hast, wird dir alles zufliegen. Du lernst, daß du nicht mehr Opfer der Umstände oder Umgebung bist. Du kannst über deiner Umwelt stehen und dein eigenes Schicksal schmieden.

Die Versprengten, die hier erwähnt werden, sind diejenigen, die sich als Opfer ihrer Umwelt empfinden, beherrscht von ihren fünf Sinnen. Sie wissen nicht, daß ihre gewohnheitsmäßigen Gedanken sie prägen und ihre Zukunft mitformen. Millionen von Menschen werden von Ideen, Meinungen und falschen religiösen Überzeugungen beherrscht, deren Ursprung Tausende von Jahren alt ist. Deshalb kannst du manchmal lesen, daß die Toten noch reagieren, es sind die toten Gedanken, Ideen, Glaubenssätze und Meinungen, die alle absolut falsch sind.

Deine Ideen, ob gut oder schlecht, lenken dich in bestimmte Richtungen und zwingen dich zu gewissen Aktionen und Reaktionen auf das Leben. Wenn du mit Ängsten und Sorgen großgeworden bist, bestimmen eben diese deine Stimmungen und dein Wesen heute. Wenn sie nicht verändert werden, werden sie selbstherrlich und machen deinem Geist Vorschriften. Eine Maschine hat keinen Geist; sie reagiert auf Befehle. Du darfst deinen Geist nicht zur Maschine werden lassen, die auf deine innere Konditionierung mechanisch reagiert. Du besitzt Willenskraft und die Fähigkeit zu wählen, kannst also eigene Bewegungen und eigene Handlungen auslösen. Du kannst Gottes Ideen wählen und deinen Verstand damit beschäftigen; dadurch wirst du Frieden finden, und die Versprengten deines Geistes werden vernichtet, denn die niederen, negativen Gedanken fallen immer den höheren, spirituellen Gedanken zum Opfer. Veränderte Einstellungen verändern alles.

Viele Menschen haben zwar keine Herzbeschwerden, doch sind sie schweren Herzens. Das Herz ist der Sitz der Emotionen, und Emotionen folgen auf Gedanken. Deshalb besteht das ideale Heilungsgebet für jede Art von Herzleiden in der häufigen Bejahung: »Gottes Liebe erfüllt meine Seele.« In vielen Fällen sind es Hürden in seinem Gemüt, die der Mensch zu überwinden versucht, seelische Belastungen, über die er sich Sorgen macht, Streit und Hader mit sich selbst. All das erschöpft ihn und schwächt seine ganze Vitalität. Jeder psychische Streit entkräftet. Die Lösung ist: Du kannst deine Meinung ändern. Und wenn du deine Meinung änderst, ändert sich auch dein Körper. Das ist die Wissenschaft des Geistes; und wer die Tat vollbringt, kennt die Lehre.

148. Psalm

Vers 5: *Loben soll sie den Namen des Herrn; denn er gebot, und sie waren erschaffen.*

Dieser Psalm ist ein Lied universeller Lobpreisung Gottes, deines Herrn. Er wird gepriesen und verehrt als die Quelle allen Lebens und der ganzen Welt.

Vers 6: *Er stellte sie hin für immer und ewig, er gab ihnen ein Gesetz, das sie nicht übertreten durften.*

Formen kommen und gehen; das Formlose nimmt immer wieder Form an, und das Geformte kehrt immer wieder ins Formlose zurück. Die Liebe Gottes für die Menschheit ist gleichzusetzen mit der Liebe des Lebens, das sich selbst manifestiert. Das Leben sucht sich ein immer erhabeneres Gefäß, damit es sich durch dich auf einer erhabenen Ebene ausdrücken kann. Gott denkt an den Menschen, und das, was Gott denkt, währt für immer und ewig. Deswegen sind wir unsterblich. Je näher wir an der Quelle des Lebens sind, desto größer wird der Reichtum unseres Lebens sein.

149. Psalm

Vers 1: *Halleluja! Singet dem Herrn ein neues Lied! Sein Lob erschalle in der Gemeinde der Frommen.*

Ein frommer Mensch ist jeder, der Gott an die erste Stelle in seinem Leben setzt und sich den ewigen Wahrheiten widmet und weiht. Den Herrn lobpreisest du, wenn du die göttlichen Mächte in dir verstärkst und deine gewaltigen Entwicklungsmöglichkeiten erkennst. Du bist glücklich und freudig und triumphierend, wenn du weißt, daß du den unendlichen Schatz, den dein Unterbewußtsein beherbergt, anzapfen kannst und du ihm die Freuden des beantworteten Gebets entlocken kannst.

Vers 3: *Seinen Namen sollen sie loben beim Reigentanz, ihm spielen auf Pauken und Harfen.*

Singen und tanzen stehen für den Rhythmus, die Ordnung, Schönheit und Proportion des Geistes, der in dir wirkt. Wenn du tanzt, tanzt du für Gott, und all deine Bewegungen stimmen überein mit dem Göttlichen Gesetz und Seiner Ordnung. Wenn du singst, singst du für Gott in der Erkenntnis, daß Gott in majestätischen Kadenzen durch dich singt, und deine Stimme wird die Seele der Menschen berühren. Die ganze Welt ist das Lied Gottes. Es ist eine Welt der Vibrationen, Frequenzen und Intensitäten. Dem Herrn singst du ein neues Lied, wenn du dich entfaltest, dich vorwärts bewegst und jeden Tag mehr und mehr von deiner Göttlichkeit zum Ausdruck bringst.

Vers 4: *Der Herr hat an seinem Volk Gefallen, die Gebeugten krönt er mit Sieg.*

Ein Vater freut sich über seinen Sohn, dem eine Ehrung zuteil wird und der seinen Teil zur Menschheit beiträgt. Ähnlich könnte man im übertragenen Sinn sagen, daß das Leben sich an seinen eigenen Widerspiegelungen freut, wenn immer mehr von den Qualitäten und Möglichkeiten, die in jedem von uns stecken, zum Ausdruck gebracht werden.

Die Gebeugten sind diejenigen, die belehrbar und aufnahmefähig sind. Sie hungern und dürsten danach, sich immer mehr Göttlichkeit anzueignen, die ihr Ziel bildet. Sie spüren ihre harmonische Verbindung mit Gott und wissen, daß Gott sie jederzeit umgibt; daher führen sie ein verzaubertes Leben.

Psalm 150

Vers 1: *Halleluja! Lobet Gott in seinem Heiligtum, lobt ihn in seiner mächtigen Feste!*

Vers 3: *Lobt ihn mit dem Schall der Hörner, lobt ihn mit Harfe und Zither!*

Vers 6: *Alles, was atmet, lobe den Herrn! Halleluja!*

Die Psalmen enden mit einem Jauchzer universaler Lobpreisung der Herrlichen Macht, die Gott heißt.

Eine Frau, die hier in Leisure World lebt, war durch eine Krankheit an den Rollstuhl gefesselt. Sie erzählte mir, daß sie damit begonnen hatte, folgendes zu bejahen: »Ich lobe Gott in mir, der die Macht hat, mich zu heilen. Ich lobpreise Gott. Er heilt mich jetzt.«

Ihre Lobpreisungen haben Gott nicht verändert, denn Gott ist unveränderbar; aber ihr Glauben, ihre Hingabe und das ständige Wiederholen ihres einzigen Gebetes haben ihren Geist und ihr Herz zur Annahme des Bejahten emporgehoben. Sie erfuhr eine wunderbare Heilung und kann jetzt herumlaufen, voller Energie und Vitalität. Ihr Gebet hatte sie viele Male am Tag wiederholt, jeweils ungefähr 15 bis 20 Minuten lang. Die meiste Zeit war es auf ihren Lippen.

Eines Nachts erschien ihr ein Mann im Traum. Es schien ein Weiser zu sein. In ihrem schlafenden Zustand sagte er zu ihr: »Du bist geheilt. Stehe auf und gehe.« Sie wachte auf, erschrokken, stand auf und ging. Sie entdeckte die große Wahrheit: *Alles, was atmet, lobe den Herrn…* (Psalm 150,6).

Ich glaube, ein passendes Gebet zum Schluß der Psalmen ist die Geschichte des Heiligen Mannes:

Der Heilige

Vor langer, langer Zeit lebte einmal ein heiliger Mann, der so gut war, daß selbst die erstaunten Engel vom Himmel herabstiegen, um zu sehen, wie einer so gottgleich sein konnte. Dabei ging er nur ganz einfach seinen täglichen Pflichten nach und strahlte dabei Liebe aus, so wie ein Stern Licht oder eine Blume Duft ausstrahlen, ohne sich dessen bewußt zu sein. Zwei Begriffe waren es, mit denen sich sein Tag zusammenfassen ließ: Er gab und er vergab. Dennoch kamen diese Worte niemals über seine Lippen; sie drückten sich vielmehr aus in seinem bereitwilligen Lächeln, seiner Freundlichkeit, seiner Liebe und seinem guten Willen.

Die Engel sprachen zu Gott: »O Herr, gewähre ihm einen Wunsch!«

Gott erwiderte: »Einverstanden; fragt ihn, was er sich wünscht.«

»Was wünschst du dir?« fragten die Engel.

»Was soll ich mir schon wünschen?« fragte der Heilige lächelnd, »da Gott mir seine Gnade erweist, sollte ich damit nicht bereits alles haben?«

Die Engel bestanden hartnäckig auf ihrem Vorhaben: »Du mußt um ein Wunder bitten, oder es wird dir eines aufgezwungen.«

»Nun gut«, sprach der Heilige, »dann soll mein Wunsch sein, daß ich viel Gutes tue, ohne mir dessen bewußt zu sein.«

Die Engel waren ob dieses Wunsches recht verblüfft. Sie berieten sich miteinander und faßten den folgenden Plan: Jedesmal wenn der Schatten des Heiligen so fällt, daß er ihn nicht sehen kann – hinter ihn oder auf die Seite – soll er die Macht haben, Krankheiten zu heilen, Schmerzen zu lindern und Kummer zu vertreiben.

So geschah es. Wo immer der Heilige wandelte, machte sein Schatten die Felder grün, brachte er verdorrte Pflanzen zum Blühen, ließ er versiegte Quellen sprudeln, verlieh er blassen Kindergesichtern Farbe und brachte unglücklichen Müttern Freude. Der Heilige lebte nur sein tägliches Leben und strahlte dabei Liebe aus, so wie ein Stern Licht und eine Blume Duft ausstrahlen, ohne sich dessen bewußt zu sein.

Und die Menschen respektierten seine Demut und folgten ihm still und sprachen niemals von seinen Wundern. Nach und nach vergaßen sie sogar seinen Namen und nannten ihn nur noch den »Heiligen«.